遙感與GIS應用實習教程

呂志強 編著

前 言

　　遙感（Remote Sensing）是指非接觸的，遠距離的探測技術，一般指運用傳感器、遙感器對物體的電磁波的輻射、反射特性的探測，並根據其特性對物體的性質、特徵和狀態進行分析的理論、方法和應用的科學技術。地理信息系統又稱為「地學信息系統」（Geographic Information System 或 Geo-Information system，GIS），是在計算機軟硬件系統支持下，對整個或部分地球表層（包括大氣層）空間中的有關地理分佈數據進行採集、儲存、管理、運算、分析、顯示和描述的技術系統。

　　遙感、地理信息系統技術和最近發展起來的全球定位技術，引起了地球科學的研究範圍、內容、性質和方法的巨大變化，標誌著地球科學的一場革命。隨著空間信息市場的快速發展，影像數據與 GIS 的結合日益緊密，遙感與 GIS 的一體化集成也逐漸成為一種趨勢和發展潮流。特別是近年來，遙感與 GIS 的綜合應用是蓬勃發展起來的新興技術領域。它們之間的綜合應用集中了計算機、通信和地球科學、生物學等學科的最新成就，在地球系統科學、資源與環境科學以及農業、林業、地質、水文、城市與區域開發、海洋、氣象、測繪等科學和國民經濟的重大發展方面，發揮著越來越大的作用。

　　本教程在作者所開設的遙感基礎與應用、地理信息系統、土地信息系統、環境信息系統等本科及研究生課程的基礎上，介紹了遙感與地理信息系統的基本操作原理、方法和應用操作實例，並結合若干具體的學科問題開展了遙感與 GIS 綜合應用的實際操作。

　　本書實用性強，可以使讀者具備遙感與地理信息系統專業的使用知識以及分析和解決相關專業中實際問題的能力，並為進一步的學習研究打好基礎。可供遙感、地理信息系統、生態環境與資源等領域的專業人士以及本科生、碩士和博士研究生參考，對從事資源與環境監測、管理評價和規劃決策的人員具有實用價值。

　　本書由呂志強、慶旭瑤、龐容、鄧睿編寫，由於編者水平有限，書中存在著一些錯誤和不當之處，懇請廣大讀者批評指正。本書由編委會委員駱東奇教授主審並給予了許多寶貴的意見，在此表示誠摯的感謝！

　　全書所涉及實驗數據文件均以 Img 格式提供，存放於本書數字資源包，請點擊 http://www.bookcj.com/download_content.aspx?id=311 進行下載。

目 錄

第一部分　遙感基礎 ……………………………………………………（1）

 遙感簡介 ……………………………………………………………（1）

  一、遙感系統 ………………………………………………………（1）

   （一）基本概念 …………………………………………………（1）

   （二）遙感系統組成 ……………………………………………（1）

  二、ENVI 軟件概述 ………………………………………………（2）

 實驗一　圖像幾何校正 ……………………………………………（10）

  一、基礎知識 ……………………………………………………（10）

   （一）ENVI 中帶地理坐標的影像 ……………………………（10）

   （二）圖像幾何校正概述 ………………………………………（10）

  二、目的和要求 …………………………………………………（11）

  三、實驗步驟 ……………………………………………………（11）

   （一）Image to Image 幾何校正 ………………………………（11）

   （二）Image to Map 幾何校正 …………………………………（23）

   （三）Image to Image 圖像自動配準 …………………………（25）

  四、問題思考 ……………………………………………………（29）

 實驗二　圖像融合 …………………………………………………（29）

  一、基礎知識 ……………………………………………………（29）

  二、目的和要求 …………………………………………………（29）

  三、實驗步驟 ……………………………………………………（29）

   （一）HSV 變換 …………………………………………………（29）

   （二）Brovey 變換 ………………………………………………（32）

  四、問題思考 ……………………………………………………（34）

 實驗三　圖像鑲嵌 …………………………………………………（34）

  一、基礎知識 ……………………………………………………（34）

二、目的和要求……………………………………………………（34）
　　三、實驗步驟………………………………………………………（35）
　　　（一）基於地理坐標的圖像鑲嵌……………………………（35）
　　　（二）基於像素的圖像鑲嵌…………………………………（39）
　　四、問題思考………………………………………………………（40）
實驗四　圖像裁剪………………………………………………………（40）
　　一、基礎知識………………………………………………………（40）
　　二、目的和要求……………………………………………………（40）
　　三、實驗步驟………………………………………………………（40）
　　　（一）規則分幅裁剪…………………………………………（40）
　　　（二）不規則分幅裁剪………………………………………（43）
　　　（三）掩膜……………………………………………………（48）
　　四、問題思考………………………………………………………（50）
實驗五　圖像增強………………………………………………………（51）
　　一、基礎知識………………………………………………………（51）
　　二、目的和要求……………………………………………………（51）
　　三、實驗步驟………………………………………………………（51）
　　　（一）圖像變換………………………………………………（51）
　　　（二）圖像拉伸………………………………………………（64）
　　　（三）濾波……………………………………………………（66）
　　四、問題思考………………………………………………………（70）
實驗六　圖像分類………………………………………………………（70）
　　一、基礎知識………………………………………………………（70）
　　二、目的和要求……………………………………………………（70）
　　三、實驗步驟………………………………………………………（71）
　　　（一）監督分類………………………………………………（71）
　　　（二）非監督分類……………………………………………（78）
　　　（三）分類后處理……………………………………………（83）
　　四、問題思考………………………………………………………（96）

實驗七　面向對象圖像特徵提取 …………………………………… （96）
　　一、基礎知識 ………………………………………………………… （96）
　　二、目的和要求 ……………………………………………………… （97）
　　三、實驗步驟 ………………………………………………………… （97）
　　四、問題思考 ………………………………………………………… （111）

第二部分　GIS 基礎 ……………………………………………………… （112）

ArcGIS 簡介 …………………………………………………………… （112）
　　一、地理信息系統 …………………………………………………… （112）
　　　（一）基本概念 …………………………………………………… （112）
　　　（二）GIS 系統構成 ……………………………………………… （112）
　　　（三）GIS 功能與應用 …………………………………………… （113）
　　二、GIS 空間分析 …………………………………………………… （114）
　　三、ArcGIS10.2 概述 ………………………………………………… （114）
　　　（一）ArcGIS 10.2 新特性 ……………………………………… （115）
　　　（二）ArcGIS 10.2 產品構成 …………………………………… （116）

實驗八　使用 ARCMAP 瀏覽地理數據 ……………………………… （117）
　　一、基礎知識 ………………………………………………………… （117）
　　二、實驗目的和要求 ………………………………………………… （117）
　　三、實驗步驟 ………………………………………………………… （118）
　　　（一）新建地圖文檔 ……………………………………………… （118）
　　　（二）加載數據層 ………………………………………………… （119）
　　　（三）ArcMap 窗口操作 ………………………………………… （120）
　　　（四）ArcMap 中的快捷操作 …………………………………… （128）
　　　（五）ArcMap 聯機幫助 ………………………………………… （130）
　　　（六）保存 ArcMap 並退出 ……………………………………… （131）
　　四、問題思考 ………………………………………………………… （132）

實驗九　空間數據庫創建及數據編輯 ………………………………… （132）

一、基礎知識 ……………………………………………………………（132）
二、實驗目的和要求 ……………………………………………………（133）
三、實驗步驟 ……………………………………………………………（133）
　（一）啟動 ArcCatalog ………………………………………………（133）
　（二）新建地理數據庫 ………………………………………………（134）
　（三）建立數據庫中的基本組成項 …………………………………（134）
　（四）拖放數據到 ArcMap 中 ………………………………………（137）
　（五）打開編輯工具 …………………………………………………（137）
　（六）圖形要素的輸入 ………………………………………………（138）
　（七）圖形編輯 ………………………………………………………（138）
　（八）屬性編輯與操作 ………………………………………………（148）
　（九）拓撲關係建立與拓撲編輯 ……………………………………（149）
四、問題思考 ……………………………………………………………（155）

實驗十　空間數據轉換與處理 ……………………………………………（155）
一、基礎知識 ……………………………………………………………（155）
　（一）地圖投影和投影變換 …………………………………………（155）
　（二）數據格式轉換 …………………………………………………（155）
二、實驗目的和要求 ……………………………………………………（156）
三、實驗步驟 ……………………………………………………………（156）
四、問題思考 ……………………………………………………………（166）

實驗十一　區域擇房 ………………………………………………………（166）
一、基礎知識 ……………………………………………………………（166）
　（一）空間分析 ………………………………………………………（166）
　（二）矢量數據空間分析 ……………………………………………（166）
二、實驗目的和要求 ……………………………………………………（167）
三、實驗步驟 ……………………………………………………………（167）
四、問題思考 ……………………………………………………………（174）

實驗十二　地形分析——TIN 及 DEM 的生成及應用 …………………（174）
一、基礎知識 ……………………………………………………………（174）

4

二、實驗目的和要求 ……………………………………………… (174)
　　三、實驗步驟 …………………………………………………… (175)
　　四、問題思考 …………………………………………………… (191)
實驗十三　土地經濟評價 …………………………………………… (191)
　　一、基礎知識 …………………………………………………… (191)
　　二、實驗目的和要求 ……………………………………………… (191)
　　三、實驗步驟 …………………………………………………… (192)
　　四、問題思考 …………………………………………………… (196)
實驗十四　最佳路徑 ………………………………………………… (196)
　　一、基礎知識 …………………………………………………… (196)
　　二、實驗目的和要求 ……………………………………………… (197)
　　三、實驗步驟 …………………………………………………… (197)
　　四、問題思考 …………………………………………………… (202)
實驗十五　數據三維顯示 …………………………………………… (202)
　　一、基礎知識 …………………………………………………… (202)
　　二、實驗目的和要求 ……………………………………………… (203)
　　三、實驗步驟 …………………………………………………… (203)
　　四、問題思考 …………………………………………………… (204)
實驗十六　GIS 輸出 ………………………………………………… (205)
　　一、基礎知識 …………………………………………………… (205)
　　二、實驗目的和要求 ……………………………………………… (205)
　　三、實驗步驟 …………………………………………………… (206)
　　四、問題思考 …………………………………………………… (215)

第三部分　GIS 與遙感綜合應用 ………………………………… (216)
實驗十七　基於 RS 和 GIS 的土地利用動態監測 ………………… (217)
　　一、背景知識概況 ……………………………………………… (217)
　　（一）基本名詞 ………………………………………………… (217)

（二）土地利用動態監測的內容 …………………………………（217）
　　（三）土地利用動態監測的方法 …………………………………（217）
　　（四）土地利用動態監測對象及目的 ……………………………（217）
　二、實驗目的和要求 …………………………………………………（218）
　三、實驗步驟 …………………………………………………………（218）
　　（一）實驗流程 ……………………………………………………（218）
　　（二）數據預處理 …………………………………………………（218）
　　（三）影像信息提取 ………………………………………………（219）
　　（四）分類后處理 …………………………………………………（220）
　　（五）屬性編輯 ……………………………………………………（224）
　　（六）數據更新 ……………………………………………………（226）
　四、問題思考 …………………………………………………………（226）
實驗十八　RS與GIS在城市植被覆蓋度動態分析中的應用 …………（226）
　一、背景知識概況 ……………………………………………………（226）
　二、實驗目的和要求 …………………………………………………（227）
　三、實驗步驟 …………………………………………………………（228）
　　（一）數據預處理 …………………………………………………（229）
　　（二）植被覆蓋度估算 ……………………………………………（229）
　四、問題思考 …………………………………………………………（241）
實驗十九　RS與GIS在城市熱環境監測中的應用 ……………………（241）
　一、背景知識概況 ……………………………………………………（241）
　　（一）理論基礎 ……………………………………………………（241）
　　（二）常見名詞 ……………………………………………………（242）
　　（三）地表溫度反演的應用 ………………………………………（242）
　二、實驗目的和要求 …………………………………………………（245）
　　（一）利用ENVI軟件提取影像的不透水面和NDVI信息 ……（245）
　　（二）將像元DN值算成地表的亮度溫度 ………………………（245）
　　（三）將亮度溫度換算成地表真實溫度 …………………………（245）
　　（四）獲取研究區綠地信息，並對所有數據處理分析 …………（245）

三、實驗步驟 …………………………………………（245）
  （一）城市密度提取 ………………………………（246）
  （二）地表溫度的提取 ……………………………（263）
  （三）城市綠地的提取 ……………………………（280）
  （四）綠地對地表溫度的影響 ……………………（286）
  （五）城市密度、NDVI 和地表溫度的關係 ……（288）
四、問題思考 …………………………………………（289）

第一部分　遙感基礎

遙感簡介

遙感技術是 20 世紀 60 年代興起並迅速發展起來的一門綜合性探測技術。它是在航空攝影測量的基礎上，隨著空間技術、電子計算機技術等當代科技的迅速發展，以及地學、生物學等學科發展的需要，發展形成的一門新興技術學科。從以飛機為主要運載工具的航空遙感，發展到以人造地球衛星、宇宙飛船和航天飛機為運載工具的航天遙感，大大地擴展了人們的觀察視野及觀測領域，形成了對地球資源和環境進行探測和監測的立體觀測體系，使地理學的研究和應用進入到一個新階段。

一、遙感系統

（一）基本概念

遙感，從廣義上說是泛指從遠處探測、感知物體或事物的技術。遙感是不直接接觸物體本身，從遠處通過儀器（傳感器）探測和接收來自目標物體的信息（如電場、磁場、電磁波、地震波等信息），經過信息的傳輸及其處理分析，識別物體的屬性及其分佈等特徵的技術。通常遙感是指空對地的遙感，即從遠離地面的不同工作平臺上（如高塔、氣球、飛機、火箭、人造地球衛星、宇宙飛船、航天飛機等）通過傳感器，對地球表面的電磁波（輻射）信息進行探測，並經信息的傳輸、處理和判讀分析，對地球的資源與環境進行探測和監測的綜合性技術。當前遙感形成了一個從地面到空中乃至空間，從信息數據收集、處理到判讀分析和應用，對全球進行探測和監測的多層次、多視角、多領域的觀測體系，成為獲取地球資源與環境信息的重要手段。遙感在地理學中的應用，進一步推動和促進了地理學的研究和發展，使地理學進入一個新的發展階段。

（二）遙感系統組成

根據遙感的定義，遙感系統包括目標物的電磁波特性、信息的獲取、信息的接收、信息的處理和信息的應用五大部分。

（1）目標物的電磁波特性

任何目標都具有發射、反射和吸收電磁波的性質，這是遙感的信息源。目標物與電磁波的相互作用，構成了目標物的電磁波特性，它是遙感探測的依據。

（2）信息的獲取

遙感信息獲取是遙感技術系統的中心工作。遙感工作平臺以及傳感器是確保遙感信息獲取的物質保證。

接收、記錄目標物電磁波特徵的儀器，稱為傳感器或遙感器。如掃描儀、雷達、攝影機、攝像機、輻射器等。它是信息獲取的核心部件，在遙感平臺上裝載上傳感器，按照確定的飛行路線飛行或運轉進行探測，即可獲得所需的遙感信息。

裝載傳感器的平臺稱遙感平臺，主要有地面平臺（如遙感車、手提平臺、地面觀測站等）、空中平臺（如飛機、氣球、其他航空器等）、空間平臺（如火箭、人造衛星、宇宙飛船、空間實驗室、航天飛機等）。

（3）信息的接收

傳感器接收到目標物的電磁波信息，記錄在數字磁介質或膠片上。膠片由人或回收艙送至地面回收，而數字磁介質上記錄的信息則可通過衛星上的微波天線傳輸給地面的衛星接收站。

（4）信息的處理

地面站接收到遙感衛星發送來的數字信息，記錄在高密度的磁介質上（如高密度磁帶 HDDT 或光盤等），並進行一系列的處理，如信息恢復、輻射校正、衛星姿態校正、投影變換等，再轉換為用戶可使用的通用數據格式，或轉換成模擬信號（記錄在膠片上），才能被用戶使用。

地面站或用戶還可根據需要進行精校正處理和專題信息處理、分類等。

（5）信息的應用

遙感信息應用是遙感的最終目的。遙感信息應用應根據專業目標的需要，選擇適宜的遙感信息及其工作方法進行，以取得較好的社會效益和經濟效益。

遙感技術系統是一個完整的統一體。它是構建在空間技術、電子技術、計算機技術以及生物學、地理學等現代科學技術的基礎上的，是完成遙感過程的有力技術保證。

二、ENVI 軟件概述

ENVI（The Enviroment for Visualizing Images）是一個完整的遙感圖像處理平臺，其軟件處理技術覆蓋了圖像數據的輸入/輸出、定標、圖像增強、糾正、正射校正、鑲嵌、數據融合以及各種變換、信息提取、圖像分類、與 GIS 的整合、DEM 及三維信息提取，提供了專業可靠的波譜分析工具和高光譜分析工具。

ENVI 是一個完善的數字影像處理系統，具有全面分析衛星和航空遙感影像的能力。它能在各種計算機操作平臺上提供強大新穎的友好界面，顯示和分析任何數據尺寸和類型的影像。

由於採用了基於文件和基於波段的技術，ENVI 能夠處理整個影像文件或單一的某個波段。當打開一個輸入文件後，操作者可以使用所有的系統函數對波段進行操作。而當打開多個輸入文件時，還可以從不同文件中選擇波段一同進行處理。此外，ENVI 自帶了多種波譜處理工具，可進行波譜提取、波譜庫以及分析高光譜數據集，這些高光譜數據集涵蓋了 AVIRIS、GERIS、GEOSCAN 和 HyMap 等數據。ENVI 除了先進的高

光譜處理工具之外，它還提供了專門分析 SIR-C、AIRSAR 以及 TOPSAR 等雷達數據的工具。

ENVI 5 採用全新的軟件界面，能高效地處理海量數據，快速顯示和瀏覽大數據，新的數據集管理機制能方便地管理地圖數據和影像數據；具備直觀的 ENVI 功能菜單和 Toolbox，可兼容現有的 IDL 定制服務；具備改進的圖像處理算法以及更多流程化的圖像處理工具；具備改進的面向對象的流程化工具和影像處理工具；具備更高級的影像配準的功能；直接在 Toolbox 中就可以方便地調用 IDL 程序並進行功能擴展；直接使用了 ArcGIS 的坐標投影引擎；Toolbox For Arc GIS 集成更多的工具，如光譜分析、植被分析、波段運算等。

ENVI 5 包括菜單項、工具欄、圖層管理、工具箱、狀態欄幾個組成部分，所有的操作都在一個窗口下。ENVI 5 在數據瀏覽、人機交互上跟以前的版本有點差別，但是 Toolbox 中工具的操作方式跟之前基本一樣。ENVI 5 還保留了經典的「菜單+三視窗」的操作界面，若熟悉 ENVI 之前的版本，也可以將 ENVI 5 轉換為經典界面。

這裡由於考慮到部分用戶熟悉之前的版本，在進行實驗操作時將 ENVI 5 轉換為經典界面。

1. ENVI 遙感圖像處理系統

ENVI 是用交互式數據語言（IDL）編寫的。IDL（Interactive Data Language）是一種用於圖像處理的功能強大的結構化程序語言。IDL 擁有豐富的分析工具包，採用先進的圖形顯示技術，是集可視化、交互分析、大型商業開發為一體的高效開發環境。IDL 能夠有效地從遙感影像中提取各種目標信息，可用於地物監測和目標識別，IDL 也使得 ENVI 具有其他同類軟件無可比擬的可擴展性，IDL 允許對其特性和功能進行擴展或自定義，以符合用戶的具體要求。這個強大而靈活的平臺，可以讓用戶創建批處理、自定義菜單、添加自己的算法和工具，甚至將 C++和 Java 代碼集成到用戶工具中等。ENVI 全模塊化設計易於使用，操作方便靈活，界面友好，廣泛應用於科研、環境保護、氣象、石油礦產勘探、農業、林業、醫學、國防安全、地球科學、公用設施管理、遙感工程、水利、海洋、測繪勘察和城市與區域規劃等行業，並在 2000、2001、2002 年連續三年獲得美國權威機構 NIMA 遙感軟件測評第一。

ENVI 強大的靈活性在很大程度上來源於 IDL 的功能。目前市面上有兩種類型的 ENVI 環境——ENVI/IDL 完全開發版本和 ENVI 運行環境（ENVI RT），后者不帶有底層 IDL 開發平臺。專業 ENVI 用戶應該對 IDL 交互式特性所提供的靈活性進行充分研究，這將為進行動態圖像分析提供有力支持。ENVI RT 提供所有的 ENVI 功能，但是不能編寫自定義程序。

2. ENVI 功能體系

ENVI 包含齊全的遙感影像處理功能，包括數據輸入/輸出、常規處理、幾何校正、大氣校正及定標、全色數據分析、多光譜分析、高光譜分析、雷達分析、地形地貌分析、矢量分析、神經網路分析、區域分析、GPS 連接、正射影像圖生成、三維景觀生成、制圖等，這些功能連同豐富的可供二次開發調用的函數庫，組成了非常全面的圖像處理系統。ENVI 對於要處理的圖像波段數沒有限制，可以處理最先進的衛星格式，

如 Landsat7、IKONOS、SPOT、RADARSAT、NASA、NOAA、EROS 和 TERRA，並準備接受未來所有傳感器的信息。

ENVI 作為功能強大的遙感軟件，擴展 ENVI 的功能包括創建波段和波譜數學函數、自定義數據輸入、交互式用戶程序和 ENVI 二次開發等。ENVI 的擴展，包括波段和波譜運算函數，自定義空間、波譜、感興趣區域（ROI）的處理、用戶函數、自定義文件輸入程序、分批處理，其他如報告和繪圖工具等。ENVI 提供了一系列工具為程序員使用，能夠極大地簡化自定義程序的開發，並保持和 ENVI 一致的外觀。

（1）數據輸入/輸出

1972 年美國發射了第一顆地球資源技術衛星 ERTS-1。從那時起，一些國家和國際組織相繼發射各種資源衛星、氣象衛星、海洋衛星以及監測環境災害的衛星，包括我國發射的風雲系列衛星和中巴地球資源一號衛星（CBERS-1），構成了對地觀測網，多平臺、多層面、多種傳感器、多時相、多光譜、多角度和多種空間分辨率的遙感影像數據，以驚人的數量快速湧來。把同一地區各類影像的有用信息聚合在一起，將有利於增強多種數據分析和環境動態監測能力，改善遙感信息提取的及時性和可靠性，有效地提高數據的使用率，為大規模的遙感應用研究提供一個良好的基礎，使花費大量經費獲得的遙感數據得到充分利用。

ENVI 能夠輸入的數據：

ENVI 能處理多種衛星獲取的不同傳感器、不同波段和不同空間分辨率的數據，包括美國 Landsat 系列衛星、小衛星 IKONOS 和環境遙感衛星 TERRA，法國 SPOT 衛星，我國的風雲系列衛星和 CBERS-1 獲取的數據。ENVI 還能處理未來更多傳感器收集到的數據。ENVI 還能處理光學傳感器和雷達傳感器數據，即：海洋衛星數據 SeaWIFS (Level 1B HDF)，軍事衛星數據 Military（ADRG、CADRG、CIB、NITF）、熱紅外數據 Thermal（TIMS、MASTER）、雷達數據 IRS（Fast）、CEOS（ERS-1、ERS-2、JERS-1）、Radar（RADARSAT、ERS、JERS、JPL TOPSAR & POLSAR、SIR-C、AIRSAR、SIR-C/X-SAR）、高程數據 DTED、USGS DEM、USGS SDTS DEM、DRG、DOQ、DEM、SDTS DEM、高光譜數據 AVIRIS、CASI、ATSR、CADRG、CIB 等。

ENVI 也可以處理通用格式的圖像數據，如格式為 TIFF、GEOTIFF、JPEG、BMP、SRF、XWD、MrSid（影像壓縮格式）的數據；處理地理信息系統的數據，包括 ARC/Info 的，e00、ArcView Shape 的，shp、ADRG、AutoCAD 的，DXF、MapInfo 的，mif、Microstation 的，DGN 的等多種格式的數據。

ENVI 與其他常用遙感圖像處理軟件是兼容的，能處理它們產生的影像數據，如 PCI 及 pix 格式的數據，ERDAS IMAGINE 8.X 的數據，ER Mapper、ARC/Info Images 的的數據，bil 格式的數據。ENVI 能自動導入/導出遙感影像的投影信息，大大地簡化了用戶在不同軟件系統之間轉換數據的繁瑣過程。

除了以上各種固定的數據格式外，ENVI 還支持廣泛的科學數據格式，讀取 ASCII 數據、二進制數據、底層開發平臺 IDL 的變量、甚至用戶自定義格式的數據。ENVI 同時提供對遙感數據特有的頭文件信息進行編輯的功能。

ENVI 能夠輸出的數據格式：

ENVI 的影像格式（.img）；通用影像格式（.TIFF）；如有地理坐標信息，則可另輸出成 GeoTIFF 文件或 tfw TIFF 文件 GIF、JPEG、ASCII 等；其他遙感影像格式，如 ERDAS、ERMAPPER、PCI、ARC/INFO Images 使用的數據格式；PostScript 格式；影像傳輸格式，NITF（National Imagery Transmission Format）02.00（MIL-STD-2500A）或 02.10（MIL-STD-2500B）。

(2) 強大的多光譜影像處理功能

ENVI 能夠充分提取圖像信息，具備全套完整的遙感影像處理工具，能夠進行文件處理、圖像增強、掩膜、預處理、圖像計算和統計、分類及后處理、圖像變換和濾波、圖像鑲嵌、融合等。ENVI 遙感影像處理軟件具有豐富完備的投影軟件包，可支持各種投影類型。同時，ENVI 還創造性地將一些高光譜數據處理方法用於多光譜影像處理，可更有效地進行知識分類、土地利用動態監測。

(3) 更便捷地集成栅格和矢量數據

ENVI 包含所有基本的遙感影像處理功能，如：校正、定標、波段運算、分類、對比增強、濾波、變換、邊緣檢測及制圖輸出功能，並可以加註漢字。ENVI 具有對遙感影像進行配準和正射校正的功能，可以給影像添加地圖投影，並與各種 GIS 數據套合。ENVI 的矢量工具可以進行屏幕數字化，栅格和矢量疊合，建立新的矢量層，編輯點、線、多邊形數據，緩衝區分析，創建並編輯屬性，進行相關矢量層的屬性查詢。

(4) ENVI 的集成雷達分析工具能快速處理雷達數據

用 ENVI 完整的集成式雷達分析工具可以快速處理雷達 SAR 數據，提取 CEOS 信息並瀏覽 RADARSAT 和 ERS-1 數據。用天線陣列校正、斜距校正、自適應濾波等功能提高數據的利用率。紋理分析功能還可以分段分析 SAR 數據。ENVI 還可以處理極化雷達數據，用戶可以從 SIR-C 和 AIRSAR 壓縮數據中選擇極化和工作頻率，用戶還可以瀏覽和比較感興趣區的極化信號，並創建幅度圖像和相位圖像。

(5) 地形分析工具

ENVI 具有三維地形可視分析及動畫飛行功能，能按用戶制定路徑飛行，並能將動畫序列輸出為 MPEG 文件格式，便於用戶演示成果。

(6) 預處理影像

ENVI 提供了自動預處理工具，可以快速、輕鬆地預處理影像，以便進行查看瀏覽或其他分析。通過 ENVI 可以對影像進行以下處理：正射校正、影像配準、影像定標、大氣校正、創建矢量疊加、確定感興趣區域（ROI）、創建數字高程模型（DEMs）、影像融合、掩膜和鑲嵌、調整大小、旋轉、數據類型轉換。

(7) 探測影像

ENVI 提供了一個直觀的用戶界面和易用的工具，讓用戶輕鬆、快速地瀏覽和探測影像。用戶可以使用 ENVI 完成的工作包括：瀏覽大型數據集和元數據、對影像進行視覺對比、創建強大的 3D 場景、創建散點圖、探測像素特徵等。

(8) 分析影像

ENVI 提供了業界領先的圖像處理功能，方便用戶從事各種用途的信息提取。ENVI 提供了一套完整的經科學實踐證明的成熟工具來幫助用戶分析影像。

(9) 數據分析工具

ENVI 包括一套綜合數據分析工具，可通過實踐證明的成熟算法快速、便捷、準確地分析圖像，創建地理空間統計資料，如自相關係數和協方差，計算影像統計信息，如平均值、最小/最大值、標準差。ENVI 還具備提取線性特徵、合成雷達影像、主成分計算、變化檢測、空間特徵測量、地形建模和特徵提取、應用通用或自定義的濾波器、執行自定義的波段和光譜數學函數等功能。

(10) 光譜分析工具

光譜分析是通過像素在不同波長範圍上的反應，來獲取有關物質的信息。ENVI 擁有目前最先進的、易於使用的光譜分析工具，能夠很容易地進行科學的影像分析。ENVI 的光譜分析工具包括以下功能：

運用監督和非監督方法進行影像分類、使用強大的光譜庫識別光譜特徵、檢測和識別目標、識別感興趣的特徵、對感興趣物質的分析和制圖、執行像素級和亞像素級的分析、使用分類後處理工具完善分類結果、使用植被分析工具計算森林健康度。

最後，ENVI 提供了將圖像數據轉換到最終地圖格式的工具。這包括：圖像→圖像和圖像→地圖的配準、正射校正、圖像鑲嵌、地圖合成。使用 ENVI 提供的一整套矢量 GIS 輸入、輸出和分析工具可以將行業標準的 GIS 數據加載到 ENVI 中，並對矢量和 GIS 屬性進行瀏覽和分析，編輯現有矢量；還可以進行屬性查詢。使用矢量層可進行柵格分析或從柵格圖像的處理結果中生成新的矢量 GIS 層，並生成標準的 GIS 輸出格式文件。

ENVI 提供的大部分功能都可以直接在圖像分析界面和對話框中完成。

3. ENVI 使用說明

(1) ENVI 的使用

ENVI 採用了圖形用戶界面 (GUI)，僅通過點擊鼠標就能訪問影像處理的功能模塊，還可以使用三鍵鼠標對菜單和函數進行選擇。

注意：在 Windows 環境下使用雙鍵鼠標操作 ENVI，可按 Ctrl 鍵加鼠標左鍵來模擬三鍵鼠標的中間鍵。如果在 Macintosh 環境下使用單鍵鼠標操作 ENVI，可以按 Option 鍵加鼠標鍵來模擬鼠標右鍵；按 Command 鍵加鼠標鍵來模擬鼠標中間鍵。

啟動 ENVI 後，其主菜單將會以菜單欄的方式出現在屏幕上。在 ENVI 主菜單的任意一個菜單項上點鼠標左鍵就會出現子菜單選項，而每一個選項中可能還含有子菜單，包含更多的選項。通常點擊這些子菜單會打開一個對話框，這些對話框需要輸入與所選的 ENVI 功能模塊相對應的影像信息，或者設置相應的參數。

(2) ENVI 文件格式

ENVI 使用的是通用柵格數據格式，包含一個簡單的二進制文件和一個相關的 ASCII (文本) 的頭文件。該文件格式允許 ENVI 使用幾乎所有的影像文件，包括包含自身嵌入頭信息的影像文件。

通用柵格數據都會存儲為二進制的字節流，通常它將以 BSQ (按波段順序)、BIP (波段按像元交叉) 或者 BIL (波段按行交叉) 的方式進行存儲。

4. ENVI 軟件界面系統介紹

（1）主菜單

所有的 ENVI 操作都通過使用 ENVI 主菜單來激活，它由橫跨屏幕頂部的一系列按鈕水平排列而成（見圖1）。

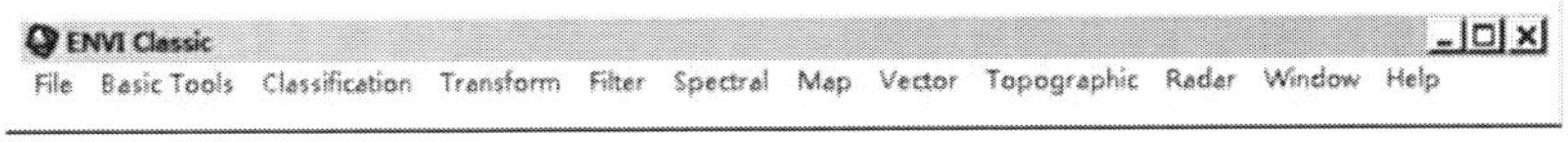

圖 1

File：ENVI 的文件管理功能。如打開文件，設置默認參數，退出 ENVI，實現其他文件和項目的管理功能等。

Basic Tools：提供對多種 ENVI 功能的訪問。如 Regions of Interest 功能可以用於多重顯示，Band Math 功能用於對圖像進行一般的處理，Stretch Data 功能提供了進行文件對比度拉伸的一個典範。

Classification：分類。如監督分類和非監督分類（Supervised/Unsupervised）、決策樹分類（Decision Tree）、波譜端元收集（Endmember Collection）、分類后處理（Post classification）等。

Transform：圖像轉換功能。如圖像銳化（Image Sharpening），波段比計算（Band Ratio），主成分分析（Principle Components Analysis）等。

Filter：濾波分析。包括卷積濾波（Convolutions）、形態學濾波（Morphology）、紋理濾波（Text）、自適應濾波（Adaptive）和頻率域濾波（傅立葉變換 FFT）。

Spectral：多光譜和高光譜圖像以及其他波譜數據類型的分析。包括波譜庫的構建、重採樣和瀏覽，抽取波譜分割，波譜運算，波譜端元的判斷，波譜數據的 N 維可視化，波譜分類，線性波譜分離，匹配濾波，包絡線去除以及波譜特徵擬合。

Map：圖像的配準（Registration）、正射校正（Ortho Retification）、鑲嵌（Mosaicking）、轉化地圖坐標和投影、構建用戶自定義投影、轉換 ASCII 坐標、GPS-Link。

Vector：打開矢量文件，生成矢量文件，管理矢量文件，將柵格圖像（包括分類圖像）轉換為 ENVI 矢量圖層，不規則點柵格化，以及將 ENVI 矢量文件（EVF）、註記文件（ANN）以及感興趣區（ROI）轉換為 DXF 格式的文件。

Topographic：可以對地形數字高程數據進行打開、分析和輸出等操作。比如提取陰影（Hill Shade）、提取地形特徵（Topographic Feature），三維表面分析（3D Surface）等。

Radar：對雷達數據的處理。如打開文件、拉伸、顏色處理、分類、配準、濾波、幾何糾正等，另外還提供可分析極化雷達數據的特定工具。

（2）可用波段列表

①在主菜單上打開任何文件，可用波段列表（Available Bands List）自動打開（見圖2）。比如，打開圖像文件，File→Open an image file。

圖2　　　　　　　　　　　　　　圖3

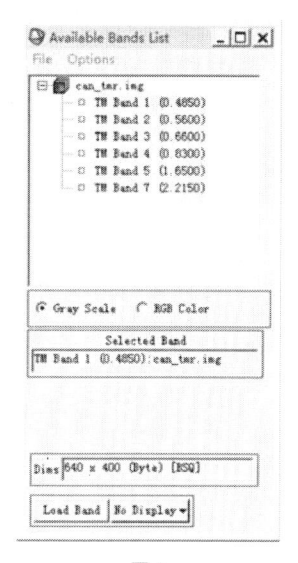

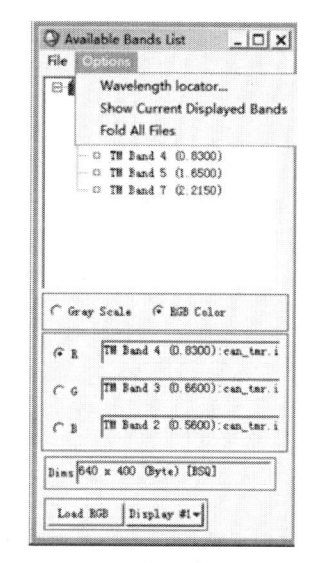

②可用波段列表頂部的菜單欄（見圖3），帶有的兩個下拉菜單：File 和 Option 來操作。

File：打開、關閉文件，顯示文件信息和退出可用波段列表的功能。

Options：提供三項功能，查找接近特定波長的波段、顯示當前所打開的波段、將一幅已打開的影像的所有波段名折疊顯示。

③在可用波段列表框選擇需要顯示的波段。

④Gray Scale 顯示一幅灰階圖像。

單擊需要顯示的波段，它將顯示在一個標籤為「Selected Band」的小文本框中。

在窗口底部點擊「Load Band」，加載影像。

⑤RGB Color 顯示一幅彩色圖像。

在序列中點擊所需要顯示的紅、綠和藍波段名。

在窗口底部點擊「Load Band」，加載影像。

⑥「Dims」顯示文件格式，比如「BSQ」代表波段順序存儲格式。每行數據後面緊接著同一波譜的下一行數據，這種格式最適合於對單個波段中任何部分的空間（X，Y）存儲。

(3) 圖像顯示窗口

主圖像窗口（Image）：100%顯示（全分辨率顯示）Scroll 的方框，功能菜單條包括5個下拉菜單，控制所有的 ENVI 交互顯示功能。其包括圖像連結和動態覆蓋，空間和波譜剖面圖，對比度拉伸，彩色制圖，ROI 的限定，光標位置和值，散點圖和表面圖，註記、網格、圖像等值線和矢量層等的覆蓋（疊置），動畫，存儲和圖像打印等文件管理工具，瀏覽顯示信息和打開顯示的顯示控制。

滾動窗口（Scroll）：只有要顯示的圖像比主圖像窗口能顯示的圖像大時，才會出

現滾動窗口。

縮放窗口（Zoom）：放大顯示了影像的某一部分，（200×200）顯示在 Image 的方框中。縮放系數（用戶自定義）出現在窗口標題欄的括號中（見圖4）。

圖4

第一部分安排了 ENVI 軟件基本操作，共分為 7 個實驗，主要針對遙感影像處理，即遙感影像幾何校正、融合、鑲嵌、裁剪、增強、圖像分類、面向對象特徵提取。

實驗一　圖像幾何校正

一、基礎知識

(一) ENVI 中帶地理坐標的影像

　　ENVI 的影像配準和幾何糾正工具允許用戶將基於像素的影像定位到地理坐標上，然后對它們進行幾何糾正，使其匹配基準影像的幾何信息。使用全分辨率（主影像窗口）和縮放窗口來選擇地面控制點（GCPs），進行影像到影像和影像到地圖的配準。基準影像和未校正影像的控制點坐標都會顯示出來，同時由指定的校正算法所得的誤差也會顯示出來。地面控制點預測功能能夠使對地面控制點的選取簡單化。

　　使用重採樣、縮放比例和平移（這三種方法通稱 RST），以及多項式函數（多項式系數可以從 1 到 n），或者 Delaunay 三角網的方法，來對影像進行校正。所支持的重採樣方法包括最近鄰法（Nearest Neighbor）、雙線性內插法（Bilinear Interpolation）和三次卷積法（Cubic Convolution）。使用 ENVI 的多重動態連結顯示功能對基準影像和校正后的影像進行比較，可以快速地評估配準的精度。

(二) 圖像幾何校正概述

　　遙感圖像的幾何糾正是指消除影像中的幾何形變，產生一幅符合某種地圖投影或圖形表達要求的新影像。

　　一般常見的幾何糾正有從影像到地圖的糾正，以及從影像到影像的糾正，后者也稱為影像的配準。遙感影像中需要糾正的幾何形變主要來自相機系統誤差、地形起伏、地球曲率以及大氣折射等。幾何糾正包括兩個核心環節：一是像素坐標的變換，即將影像坐標轉變為地圖或地面坐標；二是對坐標變換后的像素亮度值進行重採樣。

　　本實驗將針對不同的數據源和輔助數據，提供以下幾種校正方法：

　　Image to Image 幾何校正：以一副已經經過幾何校正的柵格影像作為基準圖，通過從兩幅圖像上選擇同名點（GCPs）來配準另一幅柵格影像，使相同地物出現在校正后的圖像相同位置。大多數幾何校正都是利用此方法完成的。選取 ENVI 主菜單→Map→Regisstration→Select GCPs：Image to Image，可以實現影像到影像的配準。

　　Image to Map 幾何校正：通過地面控制點對遙感圖像幾何進行平面化的過程，控制點可以從鍵盤輸入、從矢量文件中獲取或者從柵格文件中獲取。地形圖校正就採取這種方法。選取 ENVI 主菜單→Map→Regisstration→Select GCPs：Image to Map，可以實現影像到地圖的配準。

　　Image to Image 自動圖像配準：根據像元灰度值自動尋找兩幅圖像上的同名點，根據同名點完成兩幅圖像的配準過程。當同一地區的兩幅圖像由於各自校正誤差的影像，使得圖上的相同地物不重疊時，可利用此方法進行調整。選擇 ENVI 主菜單→Map→Regisstration→Automatic Regisstration：Image to Image，可以實現圖像自動配準。

二、目的和要求

熟練掌握在 ENVI 中對影像進行地理校正，添加地理坐標，以及針對不同的數據源和輔助數據，掌握以下幾種校正方法：Image to Image 幾何校正、Image to Map 幾何校正、Image to Image 圖像自動配準。

實驗數據文件以 Img 格式提供，存放於本書數字資源包（…\ex1\Data\etm1234567.img 和 tm1234567.img）。

三、實驗步驟

（一）Image to Image 幾何校正

這一部分將逐步演示影像到影像的配準處理過程。帶有地理坐標的 ETM 影像被用作基準影像，一個基於像素坐標的 TM 影像將被進行校正，以匹配該 ETM 影像。

1. TM 傳感器

TM 數據是第二代多光譜段光學機械掃描儀，是在 MSS 基礎上改進和發展而成的一種遙感器。TM 採取雙向掃描，提高了掃描效率，縮短了停頓時間，並提高了檢測器的接收靈敏度。

（1）波段設置：Landsat4、Landsat5 機載 TM 傳感器，均含 7 個波段（見表 1-1）。

（2）週期及覆蓋範圍：Landsat4 經過赤道時間是 9：45am，Landsat5 經過赤道時間是 9：30am，覆蓋地球範圍 N81°~S81.5°，覆蓋週期均為 16 天，掃描寬度 185km。

（3）服役時間：Landsat4 於 1982 年發射並於 1983 年傳感器失效退役，Landsat5 於 1984 年發射后至今仍在服役。

表 1-1　　　　　　　　　TM 傳感器波段設置

波段	波長範圍（um）	分辨率（m）
1	0.45~0.52	30
2	0.52~0.60	30
3	0.62~0.69	30
4	0.76~0.96	30
5	1.55~1.75	30
6	10.40~12.50	30
7	2.08~2.35	30

各波段的特徵：

TM1：0.45~0.52um，藍波段。對葉綠素和葉色素濃度敏感，對水體穿透強，用於區分土壤與植被、落葉林與針葉林，近海水域制圖，有助於判別水深和水中葉綠素分佈以及水中是否有水華等。

TM2：0.52~0.60um，綠波段。對健康茂盛植物的反射敏感，對綠的穿透力強，用

於探測健康植物綠色反射率，按綠峰反射評價植物的生活狀況，區分林型、樹種和反應水下特徵。在所有的波段組合中，TM2 波段分類精度是最高的，達到了 75.6%。從單時相遙感影像的分類來講，這種分類精度只相當於中等水平。但若從多時相圖像的角度來看，這一精度則相當於在採用分類后比較法時，每一景圖像的平均分類精度需達到 86.9% 的水平，而這種分類精度，特別是在山區，其實已經是比較好的了。

TM3：0.62~0.69um，紅波段。葉綠素的主要吸收波段，反應不同植物葉綠素吸收及植物健康狀況，用於區分植物種類與植物覆蓋率，其信息量大多為可見光最佳波段，廣泛用於地貌、岩性、土壤、植被、水中泥沙等方面。

TM4：0.76~0.96um，近紅外波段。對無病害植物近紅外反射敏感，對綠色植物類別差異最敏感，為植物通用波段，用於目視調查、作物長勢測量、水域測量、生物量測定及水域判別。

TM5：1.55~1.75um，中紅外波段。對植物含水量和雲的不同反射敏感，處於水的吸收波段，一般 1.4~1.9um 內反應含水量，用於土壤濕度、植物含水量調查及作物長勢分析，從而提高了區分不同作用長勢的能力，可判斷含水量和雪、雲。在 TM7 個波段光譜圖像中，一般第 5 個波段包含的地物信息最豐富。

TM6：10.40~12.50um，遠紅外波段。可以根據輻射回應的差別，區分農林覆蓋長勢、差別表層濕度、監測與人類活動有關的熱特徵。可作溫度圖，對植物熱強度測量。

TM7：2.08~3.35um，中紅外波段。為地質學家追加波段，處於水的強吸收帶，水體呈黑色，可用於區分主要岩石類型、岩石的熱蝕度，探測與岩石有關的黏土礦物。位於水的吸收帶，受兩個吸收帶控制。對植物水分敏感。

2. ETM+傳感器

ETM+（Enhanced Thematic Mapper）是增強型專題制圖儀，是美國陸地衛星 7（LANDSAT-7）於 1999 年 4 月 15 日由美國航天航空局發射時，攜帶的增強型專題成像傳感器。

（1）波段設置：共 8 個波段（見表 1-2）。

（2）覆蓋週期及範圍：覆蓋週期 16 天，掃描寬度 185km×170km。

（3）衛星服役時間：Landsat6 和 landsat7 機載 ETM+傳感器，但是 Landsat6 發射失敗，Landsat7 於 1999 年發射后在 2005 年出故障退役。

表 1-2　　　　　　　　　　ETM+傳感器波段設置

波段	波長範圍（um）	分辨率（m）
1	0.45~0.515	30
2	0.525~0.605	30
3	0.63~0.690	30
4	0.75~0.90	30
5	1.55~1.75	30
6	10.40~12.50	60

表1-2(續)

波段	波長範圍（um）	分辨率（m）
7	2.09~2.35	30
8	0.52~0.90	15

各個波段的特徵：

ETM1：0.45~0.515um，藍波段。該波段位於水體衰減系數最小的部位，對水體的穿透力最大，用於判別水深，研究淺海水下地形、水體渾濁度等，進行水系及淺海水域製圖。

ETM2：0.525~0.605um，綠波段。該波段位於綠色植物的反射峰附近，對健康茂盛植物反射敏感，可以識別植物類別和評價植物生產力，對水體具有一定的穿透力，可反應水下地形、沙洲、沿岸沙壩等特徵。

ETM3：0.63~0.690um，紅波段。該波段位於葉綠素的主要吸收帶，可用於區分植物類型、覆蓋度，判斷植物生長狀況等。此外該波段對裸露地表、植被、岩性、地層、構造、地貌、水文等特徵均可提供豐富的植物信息。

ETM4：0.75~0.90um，近紅外波段。該波段位於植物的高反射區，反應了大量的植物信息，多用於植物的識別、分類，同時它也位於水體的強吸收區，用於勾繪水體邊界，識別與水有關的地質構造、地貌等。

ETM5：1.55~1.75um，短波紅外波段。該波段位於兩個水體吸收帶之間，對植物和土壤水分含量敏感，從而提高了區分作物的能力。此外，在該波段上雪比雲的反射率低，兩者易於區分，B5的信息量大，應用率較高。

ETM6：10.40~12.50um，熱紅外波段。該波段對地物熱量輻射敏感，根據輻射熱差異可用於作物與森林區分，水體、岩石等地表特徵識別。

ETM7：2.09~2.35um，短波外波段。波長比B5大，是專為地質調查追加的波段，該波段對岩石、特定礦物反應敏感，用於區分主要岩石類型、岩石水熱蝕變，探測與交代岩石有關的黏土礦物等。

ETM8：0.52~0.90um，全色波段（Pan）。該波段為Landsat7新增波段，它覆蓋的光譜範圍較廣，空間分辨率較其他波段高，因而多用於獲取地面的幾何特徵。

3. 操作步驟

（1）啟動ENVI。

（2）分別打開並顯示標準影像和校正影像。

①打開並顯示Landsat TM圖像。

從ENVI主菜單中，選擇File→Open Image File。

當Enter Data Filenames對話框出現后，從列表中選擇tm1234567.img（待校正影像）文件。把待校正TM影像波段加載到可選波段列表（Available Bands List）中，如圖1-1。

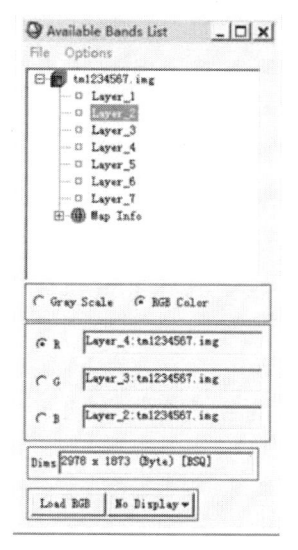

圖 1-1　可選波段列表

選擇「RGB Color」顯示一幅彩色圖像，分別把 4、3、2 波段加入到 R、G、B 通道，顯示標準假彩色影像。

點擊 No Display 按鈕，並從下拉式菜單中選擇 New Display。

點擊 Load Band 按鈕，把 TM 標準假彩色影像加載到一個新的顯示窗口 Display #1 中。

用同樣的方法把標準影像 etm1234567.img（已具有投影信息的參考影像）加載到另一個新的顯示窗口 Display#2 中（見圖 1-2）。

注意：只有空間分辨率相同的幾幅影像才可以同時加載到 R、G、B 通道中，比如 ETM+的影像的第 8 波段就不能與其他波段一起加載。

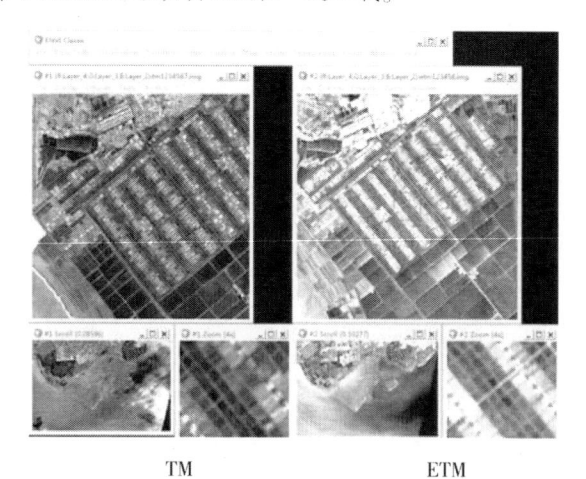

TM　　　　　　　　　ETM
圖 1-2　標準影像與校準影像的對比顯示

②顯示光標位置/值

要打開一個顯示主影像窗口、滾動窗口或者縮放窗口中光標位置信息對話框，可以按以下步驟進行操作。

從主影像窗口菜單欄中，選擇 Tools→Cursor Location/Value（見圖1-3）。

圖1-3　主影像窗口

在主影像窗口、滾動窗口和縮放窗口的 TM 影像上，移動光標。注意坐標是以像素為單位給出的，這是因為這個影像是基於像素坐標的，它不同於上面帶有地理坐標的影像（見圖1-4）。

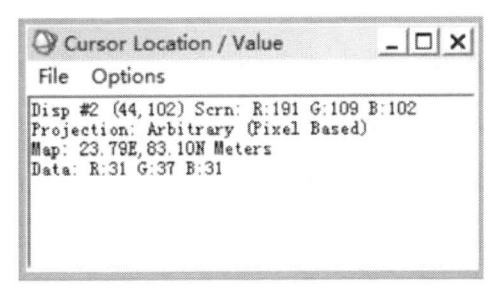

圖1-4　顯示光標位置/值

選擇 File→Cancel，關閉 Cursor Location/Value 對話框。

（3）定義北京54坐標系

一般國外商業軟件坐標系都分為標準坐標系和自定義坐標系兩種。我國的情況較為特殊，往往需要自定義坐標系。所以在第一次使用 ENVI 時，需要對系統自定義北京54坐標系或西安80坐標系。

在 ENVI 中自定義坐標系分三步：添加參考橢球體、添加基準面和定義坐標參數。

①添加參考橢球體

根據每臺電腦安裝的路徑，找到 ENVI 系統自定義坐標文件夾。

以記事本形式打開 ellipse.txt，將「Krasovsky, 6378245.0, 6356863.0」和「IAG-75, 6378140.0, 6356755.3」加入文本末端（這裡主要是為了修改克拉索夫斯基因音譯而產生的錯誤，以便讓其他軟件識別；另外中間的逗號必須是英文半角）。

②添加基準面

以記事本格式打開 datum.txt，將「Beijing-54, Krasovsky, -12, -113, -41」和「Xi』an-80, IAG-75, 0, 0, 0」加入文本末端。

③定義坐標

定義完橢球參數和基準面后就可以在 ENVI 中以我們定義的投影參數新建一個投影信息（Customize Map Projections），在編輯欄裡分別定義投影類型、投影基準面、中央子午線、縮放系數等，最后添加為新的投影信息並保存。

從 ENVI 主菜單欄中，選擇 Map→Customize Map Projections，定義坐標系。按圖1-5定義北京54坐標系：

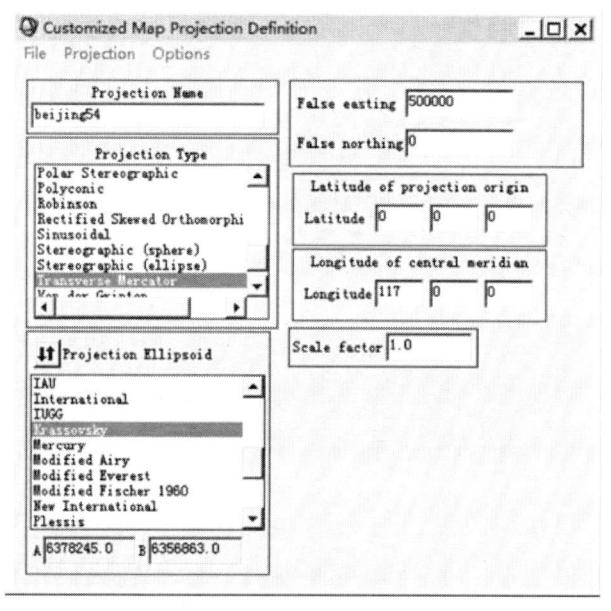

圖1-5　自定義坐標系

定義好之后，在 Customized Map Projection Definition 對話框中，選擇菜單欄中的 Projection→Add New Projection，將投影添加到 ENVI 所用的投影列表中（見圖1-6）。

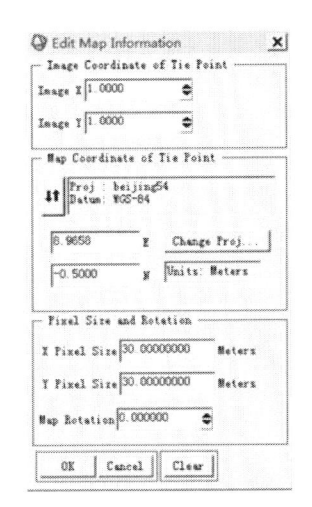

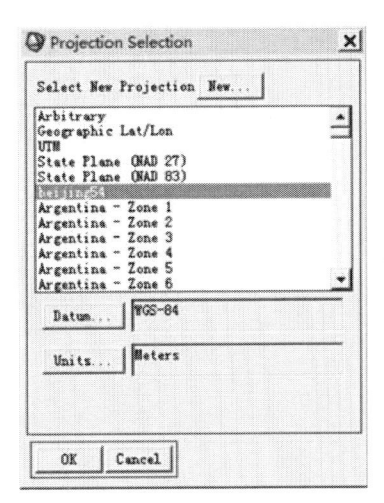

圖 1-6 編輯地圖信息及投影選擇

選擇 File 分別填寫投影系名稱、投影類型、選擇投影基準面、偏移距離以及中央經線和中央緯線、縮放比例。然後點擊 Projections，添加新坐標，便將該投影信息添加到 ENVI 所用的投影列表中。選擇 File→Save Projections，存儲新的或更改過的投影信息，完成自定義投影坐標操作。打開保存的 map_proj.txt，查看新建的坐標信息（見圖 1-7）。

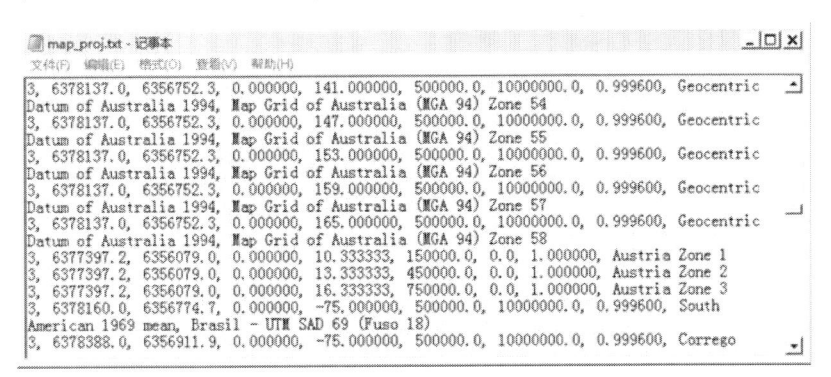

圖 1-7 坐標信息列表

(4) 修改 ENVI 頭文件中的地圖信息

①定義投影信息。打開數據文件，數據的投影信息丟失或在 ENVI 下不能識別，在 ENVI 中不能讀取數據的投影信息，ENVI 自動加載一個「偽投影信息」，重新設定投影信息。

②在可選波段列表中，鼠標右鍵點擊 etm1234567.img 標準影像文件名下的 Map Info 圖標，從彈出的快捷菜單中選擇 Edit Map Information。

③在 Edit Map Information 對話框中，點擊 Change projection，修改坐標信息，選擇剛剛建立好的北京 54 坐標系，點擊 OK。同理修改校正影像的坐標系（見圖 1-8）。

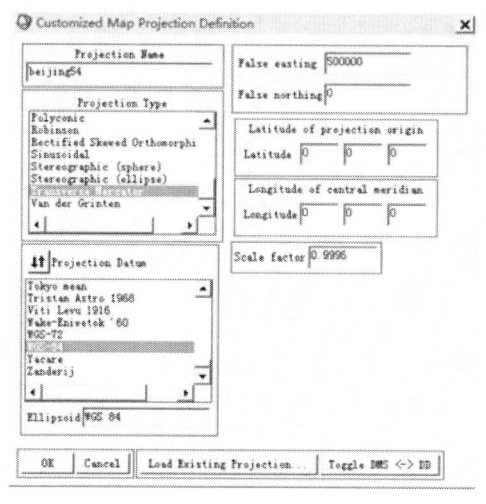

圖 1-8　自定義坐標系

（5）採集地面控制點

①從 ENVI 主菜單欄中，選擇 Map→Registration→Select GCPs: Image to Image（見圖 1-9）。

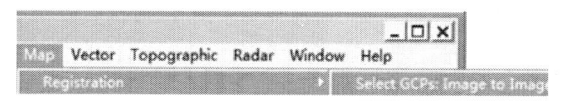

圖 1-9　啟動 Image to Image 對話框

②在 Image to Image Registration 對話框中，點擊並選擇 Display#1（ETM 影像），作為 Base Image。點擊 Display#2（TM 影像），作為 Warp Image（見圖 1-10）。

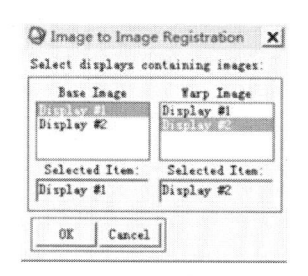

圖 1-10　選擇基準圖像與待校正圖像

③點擊 OK，啟動配準程序。通過將光標放置在兩幅影像的相同地物點上，來添加單獨的地面控制點（見圖 1-11）。

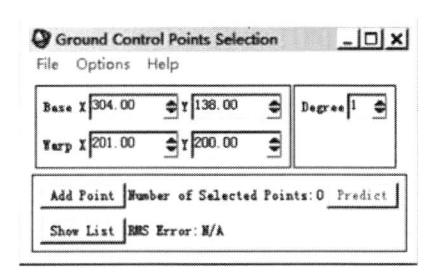

圖 1-11　地面控制點工具對話框

RMS Error（Root Mean Square Error，均方根誤差）可以顯示總的 RMS 誤差。為了最好的配準，應該試圖使 RMS 誤差最小化。

Predict 預測點坐標功能。

④在兩個縮放窗口中，查看光標點所處位置。如果需要，在每個縮放窗口所需位置上，點擊鼠標左鍵，調整光標點所處的位置。注意在縮放窗口中支持亞像元（Sub-pixel）級的定位。縮放比例越大，地面控制點定位的精度就越好。

⑤選擇 Options→Auto Predict，打開自動預測功能，這時在基準圖像顯示窗口上面定位一個特徵點，校正圖像顯示窗口上會自動預測。

⑥在 Ground Control Points Seletion 對話框中，點擊 Add Point，把該地面控制點添加到列表中。點擊 Show List 看地面控制點列表。用同樣的方法繼續尋找其餘的點，注意對話框中所列的實際影像點和預測點坐標。

⑦當選擇一定數量的控制點之後（至少 4 個），可以利用自動找點功能。在 Ground Control Points Seletion 對話框中，選擇 Options→Automatically Generate Tie Points（見圖 1-12）。

圖 1-12　啓動 Automatic Tie Point Method Parameter 對話框

⑧在 Automatic Tie Point Method Parameter 對話框中，設置 Tie 點的數量（Number of Tie Point）為 50；其他選擇默認參數，點擊 OK 按鈕（見圖 1-13）。

图 1-13　Tie 点选择参数设置

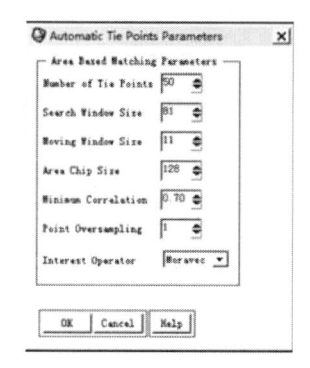

⑨在 Ground Control Points Selection 上，单击 Show List 按钮，可以看到选择的所有控制点列表（见图 1-14）。

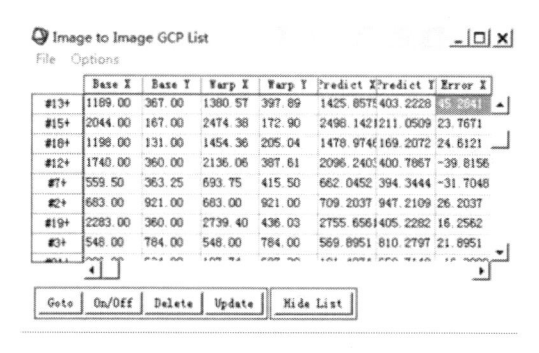

图 1-14　地面控制点列表

⑩在 Image to Image GCP List 对话框中，点击单独的地面控制点，查看两幅影像中相应地面控制点的位置、实际影像点和预测点的坐标以及 RMS 误差。选择 Options→Order Points by Error，按照 RMS 值由高到低排序。对于 RMS 值过高的，一是直接删除，二是在两个图像的 Zoom 窗口上，将十字光标重新定位到正确的位置，点击 Image to Image GCP List 上的 Update 按钮进行微调。

⑪在 Ground Control Points Selection 对话框中，选择 File→Save GCPs to ASCII，将控制点保存。

⑫保存地面控制点坐标，从 Ground Control Points Selection 对话框中，选择 File→Save GCPs to ASCII，输入文件名，保存。

⑬在 Ground Control Points Selection 对话框中，选择 Options→Clear All Points，可以清掉所有已选择的地面控制点。

（6）校正影像

我们可以校正显示的影像波段，也可以同时校正多波段影像中的所有波段。这里我们对整个影像进行校正。

①从 Ground Control Points Selection 对话框中，选择 Options→Warp File，选择校正

文件。

②在校正參數（Warp Parameters）對話框中，校正方法選擇 Polynomial（2 次）。

③重採樣選擇 Bilinear，背景值（Background）為 0。

④在 Output Image Extent 對話框中，默認是根據基準圖像大小計算，可以進行適當調整。

⑤選擇輸出路徑和文件名，單擊 OK。

校正參數說明：

ENVI 提供三種校正方法：RST 法（Rotation 旋轉、Scaling 縮放、translation 平移）、多項式校正法（polynomial）和三角校正法（Delaunay triangulation）。

RST 法糾正是最簡單的方法，需要三個或更多的 GCPs 運行圖像的旋轉、縮放和平移。仿射變換：

$x = a_1 + a_2X + a_3Y$
$y = b_1 + b_2X + b_3Y$

6 個參數，至少要 3 個控制點。這種算法沒有考慮圖像校正時的「Shearing」（切變）。為了允許切變，應該使用一階的多項式校正法。雖然 RST 方法是非常快的，但是，在大多數情況下，使用一階的多項式法校正能得到更加精確的結果。

多項式校正法（Polynomial）可以實現 1 次到 n 次多項式糾正。在「Degree」裡輸入需要的次數，可以得到的次數依賴於選擇的控制點數（#GCPs），要求（次數+1）2<=#GCPs，比如說希望 Degree=2，#GCPs 必須>=9。考慮到切變，一階的多項式法校正算法如下：

$x = a_1 + a_2X + a_3Y + a_4XY$
$y = b_1 + b_2X + b_3Y + b_4XY$

三角法校正（Triangulation）實際上是運用了德洛內（Delaunay）三角測量法。Delaunay 三角測量法就是利用不規則空間 GCPs 建立 Delaunay 三角形（由與相鄰 Voronoi 多邊形（即泰森多邊形）共享一條邊的相關點連接而成的三角形），並把值內插到所輸出的格網中。

Zero Edge 選擇是否要在三角測量糾正數據的邊緣，用單個像元的背景顏色作邊界。選擇這一項，將避免一個也許出現在糾正圖像的邊緣「托影（Smearing）」效果。

重採樣（Resampling）的三種方法：最鄰近法（Nearest Neighbor）、雙線性內插法（Bilinear interpolation）、三次卷積法（Cubic Convolution）

在「Background Value」裡，輸入 DN（Digital number）值，設定背景值（在糾正圖像裡，DN 值用於填充沒有圖像數據顯示的區域）。

輸出圖像大小範圍（Output Image Extent），由糾正輸入圖像的包絡矩形大小自動設定。所以，輸出的糾正圖像大小通常與基圖像（Base Image）的大小不一樣。輸出大小的坐標由基圖像坐標決定。所以，左上角的值（Upperleft Corner Values）一般也不是 (0，0)，而是顯示的從基圖像左上角原點計算的 X 和 Y 值。這些偏移值被儲存在文件頭裡，並允許基圖像和糾正圖像的動態覆蓋（疊置），儘管它們的大小不同。

選擇輸出到「File」或「Memory」，File 保存為文件，Memory 保存在內存中。

點擊OK。ENVI會把結果直接輸出可用波段列表（Available Bands List）。

（7）比較結果

使用動態連結來檢驗校正結果：

①在可用波段列表（Available Bands List）中，選擇tm1234567.img文件。在Display#下拉式按鈕中選擇New Display，點擊Load Band將該文件加載到一個新的顯示窗口中。

②在主影像窗口中，點擊鼠標右鍵，選擇Tools→Link→Link Displays，使用動態連結。

③在Link Displays對話框中，點擊OK，把標準影像（etm123456.img）和已添加了地理坐標的tm1234567-warp影像連結起來（見圖1-15）。

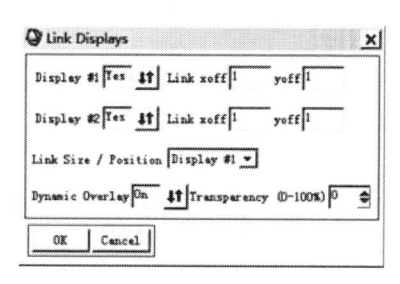

圖1-15　影像動態連結

④在主影像顯示窗口中，點擊鼠標左鍵，使用動態連結功能，對標準影像和校正後的影像進行比較（見圖1-16）。

⑤取消動態連結功能，選擇Tools→Link→Unlink Displays。

校正前TM　　　　有投影信息的ETM　　　　校正后TM

圖1-16　檢驗校正結果

（8）查看地圖坐標

①從主影像窗口菜單欄中，選擇Tools→Cursor Location/Value，或者在主影像窗口直接右鍵選擇Cursor Location/Value，顯示光標位置/值。

②瀏覽帶地理坐標的數據集，注意不同的重採樣法和校正法對數據值所產生的效果。

③選擇File→Cancel，關閉該對話框。

第一部分　遙感基礎

（二）Image to Map 幾何校正

1. 打開並顯示地形圖

從 ENVI 主菜單中，選擇 File→Open image file，打開地形圖文件。

2. 定義坐標

（1）從 ENVI 主菜單欄中，選擇 Map→Registration→Select GCPs: Image to Map。

（2）在 Image to Map Registration 對話框中，點擊並選擇 New，重新定義一個坐標系。

（3）在 Customized Map Projection Definition 對話框中，設置坐標投影參數，點擊 OK，應用自定義坐標（見圖 1-17）。

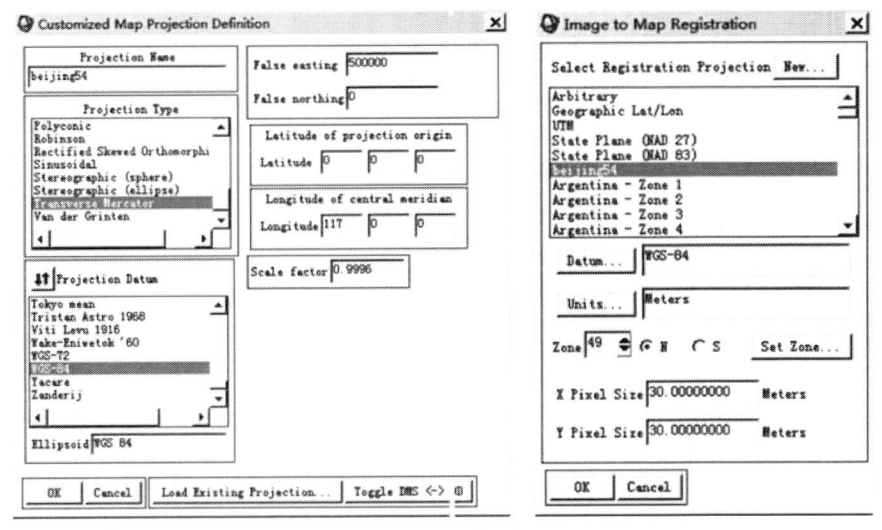

圖 1-17　自定義坐標系

3. 採集地面控制點

地面控制點採集有以下幾種方式：鍵盤輸入、從柵格文件中採集、從矢量文件中採集。

下面介紹從柵格文件採集地面控制點：

（1）打開柵格文件，在 Available Bands List 中選擇圖像顯示波段，加載到 Display 窗口。

（2）在窗口中尋找明顯的地物特徵點作為 GCP 輸入。

（3）在 Zoom 窗口中，將十字光標定位到地物特徵點進行精確定位。

（4）在窗口中右鍵打開快捷菜單選擇 Pixel Locator 或者在主影像窗口菜單下，選擇 Tools→Pixel Locator，在 Pixel Locator 對話框中，通過移動方向鍵使定位更精確。點擊 Export，系統自動將定位點輸入 Ground Control Points Selection 對話框中（見圖 1-18）。

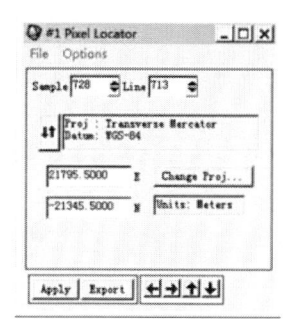

圖 1-18　控制點定位

（5）在 Ground Control Points Selection 對話框中，點擊 Add Point，把該地面控制點添加到列表中（見圖 1-19）。

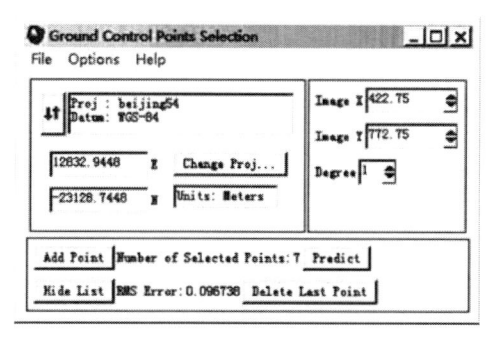

圖 1-19　添加地面控制點

（6）重複（1）～（4）的步驟採集其他控制點，點擊 Show list 查看地面控制點列表（見圖 1-20）。

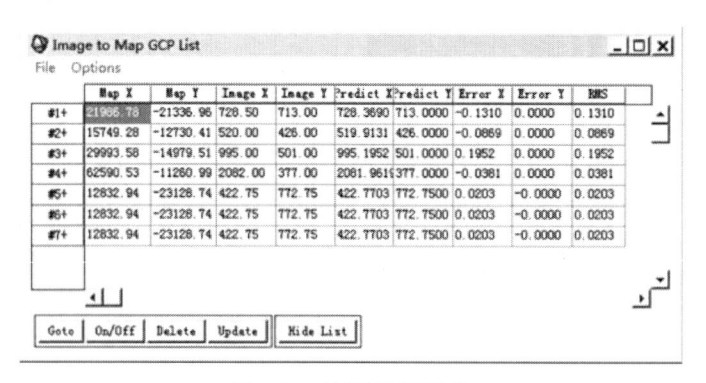

圖 1-20　地面控制點列表

注意：在縮放窗口中支持亞像元（Sub-pixel）級的定位，縮放的比例越大，地面控制點的精度就越高。地面控制點的選擇除了通過移動光標之外還可以直接在同名地物點上通過鼠標進行點擊完成。在 Show List 對話框中，一旦已經選擇了 4 個以上的地

面控制點後，RMS 誤差就會顯示出來。

（7）如果選擇的控制點中，某點的誤差很大，應刪除該點，重新尋找新的點來代替。在 Show Lis 對話框中用鼠標點擊該點，選擇 Delete 即可刪除該點。如果對所有選擇的控制都不滿意的話，可以通過 Ground Control Points Selection 對話框，選擇 Options→Clear All Points，清除掉所有的已選擇的地面控制點。

（8）若選擇的地面控制點比較滿意，控制點的數量足夠且均勻分佈，選擇 File→Save GCPs to ASCII，將控制點保存，完成控制點採集工作。

4. 校正影像

我們可以校正顯示的影像波段，也可以同時校正多波段影像中的所有波段。這裡我們對整個影像進行校正。

（1）從 Ground Control Points Selection 對話框中，選擇 Options→Warp File，選擇校正文件。

（2）在校正參數（Warp Parameters）對話框中，校正方法選擇 Polynomial（2次）。

（3）重採樣選擇 Bilinear，背景值（Background）為 0。

（4）在 Output Image Extent 對話框中，默認是根據基準圖像大小計算，可以進行適當調整。

（5）選擇輸出路徑和文件名，單擊 OK。

5. 比較結果

將標準矢量數據與經過校正的圖像加載到 Display 中，在主影像窗口中，點擊鼠標右鍵打開快捷菜單，選擇 Geographic Link，使用動態連結，檢查校正結果。

（三）Image to Image 圖像自動配準

由於幾何校正誤差的原因，同一地區的圖像或者相鄰地區有重疊區的圖像，重疊區的相同地物不能重疊，這種情況對圖像的融合、鑲嵌等操作帶來很大影響。可以利用重疊區的匹配點和相應的計算模型進行精確配準。

下面以兩幅經過幾何校正、重疊區的相同地物不能重疊的圖像為例介紹自動配準：

1. 分別打開並顯示標準影像與校正影像

（1）打開並顯示兩幅影像 tm1234567_ rectify. img 和 etm123456. img。

（2）在主菜單中，選擇 Map→Registration→Automatic Registration：Image to Image（見圖 1-21）。

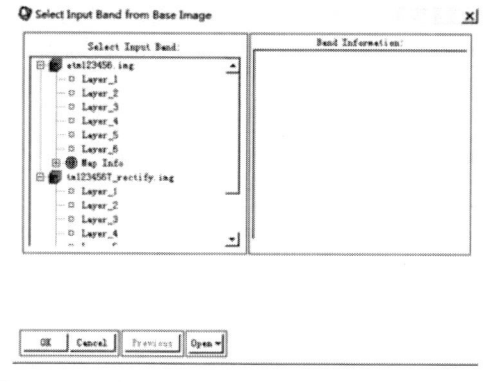

圖 1-21　啓動 Select Input Band from Base Image 對話框

在兩個視窗同時顯示兩景影像，用 Link 工具進行連接，查詢兩者關係。

（3）選擇 etm123456.img 的其中一個波段為基準圖像，在 Select Input Warp File 對話框中選擇另一個圖像的相應波段作為校正圖像，單擊 OK。注意選擇與基準圖像相同的波段（見圖 1-22）。

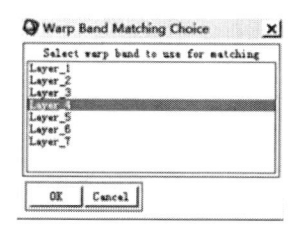

圖 1-22　選擇校正圖像的匹配波段

（4）在彈出的 ENVI Question 提示框內，選擇「是」，彈出匹配點文件選擇對話框；選擇「否」，直接進入下一步（見圖 1-23）。

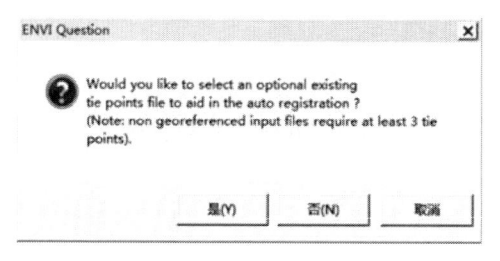

圖 1-23　選擇已經存在的匹配點文件

2. 生成匹配點

自動圖像配準工具提供了基於區域灰度匹配方法產生匹配點。如下設置地面控制點的自動匹配參數選項（見圖 1-24）。單擊 OK，系統自動尋找匹配點。

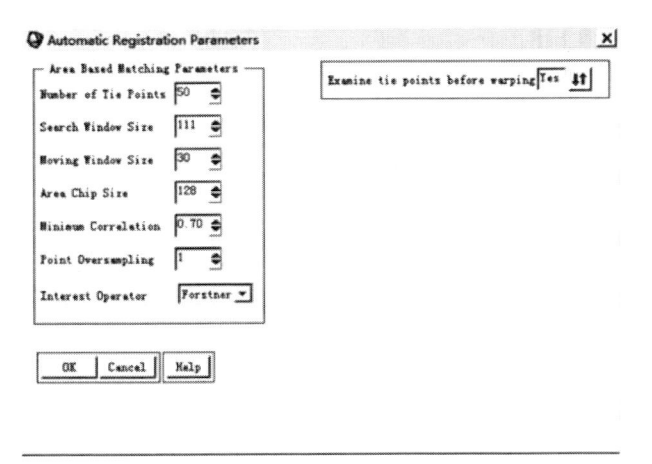

圖 1-24　基於區域的自動匹配參數選項

對話框中各參數設置的意義見表 1-3。

表 1-3　　　　　　　　　　　　自動匹配參數及意義

參數	意義
Number of Tie Points	尋找最大匹配點數量，默認為 25 個
Search Window Size	搜索窗口的大小。搜索窗口是影像的一個子集，移動窗口在其中進行掃描尋找地形特性匹配。搜索窗口大小可以是大於或等於 21 的任意整數，並且必須比移動窗口大。其默認值為 81，即搜索窗口的大小為 81×81 像素。該參數的值越大，找到匹配點的可能性也越大，但同時也要耗費更多的計算時間。
Moving Window Size	移動窗口的大小。移動窗口是在搜索窗口中進行檢查，尋找地形特徵匹配的小區域。移動窗口大小必須是奇數。最小的移動窗口大小是 5，即為 5×5 像素。使用較大的移動窗口將會獲得更加可靠的匹配結果，但也需要更多的處理時間。默認設置值為 11，即移動窗口大小為 11×11 像素。移動窗口的大小跟影像空間分佈率有關係，根據如下所列設置： 大於等於 10 米分辨率影像，設置值的範圍是 9~15。 5~10 米分辨率影像，設置值的範圍是 11~21。 1~5 米分辨率影像，設置值的範圍是 15~41。 小於 1 米分辨率影像，設置值的範圍是 21~81 或者更高。
Area Chip Size	設定用於提取特徵點的區域切片大小，默認值為 128。最小值為 64，最大值為 2045。
Minimum Correlation	最小相關係數。設定可以被認為是候選匹配點的最小相關係數，默認值為 0.7。如果使用了很大的移動窗口，把這個值設小一些。比如移動窗口的值為 31 甚至更大，最小相關係數設為 0.6 甚至更小。
Point Oversampling	採樣點數目。設定在一個影像切片中採集匹配點的數目。這個值越大，得到的匹配點越多，所花時間越長。如果想獲取高質量的匹配點，而且不想檢查匹配點，這個值推薦使用 2。
Interest Operator	設定感興趣運算的算法：Moravec 和 Forstner。

表1-3(續)

Number of Tie Points	尋找最大匹配點數量，默認為 25 個
Moravec	Moravec 運算計算某個像素和它周圍臨近像素的灰度值差異，運算速度要比 Fornster 快。
Forstner	Fornster 運算計算並分析某個像素和周圍它臨近像素的灰度梯度矩陣，匹配精度比 Moravec 高。
Examine tie point before warping	校正圖像之前是否需要檢查匹配點（默認 Yes）。

3. 檢查匹配點

（1）尋找的匹配點自動顯示在控制點列表中，在 Image to Image GCP List 對話框中，點擊單獨的地面控制點，查看兩幅影像中相應地面控制點的位置、實際影像點和預測點的坐標以及 RMS 誤差。選擇 Options→Order Points by Error，按照 RMS 值由高到低排序。對於 RMS 值過高的，一是直接刪除，二是在兩個圖像的 Zoom 窗口上，將十字光標重新定位到正確的位置，點擊 Image to Image GCP List 上的 Update 按鈕進行微調（見圖 1-25）。

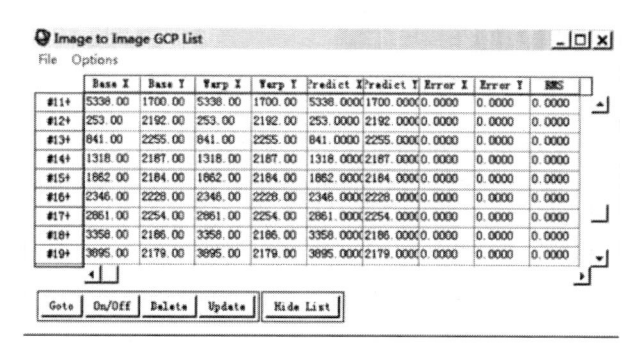

圖 1-25　地面控制點波段列表

（2）若選擇的地面控制點比較滿意，控制點的數量足夠且均勻分佈，選擇 File→Save GCPs to ASCII，將控制點保存，完成控制點採集工作。

4. 輸出結果

（1）從 Ground Control Points Selection 對話框中，選擇 Options→Warp File，選擇校正文件。

（2）在校正參數（Warp Parameters）對話框中，校正方法選擇 Polynomial（兩次）。

（3）重採樣選擇 Bilinear，背景值（Background）為 0。

（4）在 Output Image Extent 對話框中，默認是根據基準圖像大小計算，可以進行適當調整。

（5）選擇輸出路徑和文件名，單擊 OK。

5. 比較結果

打開標準圖像和經過校正的圖像，顯示在 Display 窗口中，在主影像窗口中，點擊鼠標右鍵打開快捷菜單，選擇 Geographic Link，使用動態連結，檢查校正結果。

四、問題思考

1. ENVI 針對不同的數據源和輔助數據，如何選取適當的校正方法？

2. 引起遙感影像位置畸變的原因是什麼？如果不做幾何校正，遙感影像有什麼問題？如果做了幾何校正，又會產生什麼新的問題？

實驗二　圖像融合

一、基礎知識

圖像融合是將低空間分辨率的多光譜圖像或高光譜數據與高空間分辨率的數據重新採樣，生成一幅高分辨率多光譜遙感圖像的圖像處理技術。融合後的圖像既有較高的空間分辨率，又具有多光譜特徵，從而便於目視解譯。高空間分辨率圖像可以使全色圖像，也可以是單波段合成孔徑雷圖像。

進行融合的圖像要麼是具有相同的地理坐標系統，要麼覆蓋相同的地理區域且圖像大小相同、像素大小相同、具有相同的方向。如果圖像不具有相同的地理坐標系統，低空間分辨率的圖像必須採樣到與高空間分辨率圖像的像素大小相同。

ENVI 中提供了兩種融合方法：HSV 變換和 Brovey 變換。這兩種方法均要求數據具有地理參考或者具有相同的尺寸，RGB 輸入波段必須為無符號 8-bit 數據或從打開的彩色 Display 中選擇。

二、目的和要求

掌握 ENVI 圖像融合方法：HSV 變換和 Brovey 變換。理解 ENVI 融合後生成既具有較高的空間分辨率，又具有多光譜特徵的圖像，以 TM 與 SPOT 數據融合為例。要求學會 HSV 變換、Brovey 變換兩種操作過程。

實驗數據文件以 Img 格式提供，存放於本書數字資源包（…\ex2\Data\TM-30m.img 和 SPOT.img）。

三、實驗步驟

（一）HSV 變換

這一部分將介紹融合操作，它將對兩幅不同分辨率的帶地理坐標的數據集進行融合處理。我們將使用配準過的 TM 彩色合成影像作為低分辨率的多光譜影像，而帶地理坐標的 SPOT 影像作為高分辨率的影像。融合後的結果為增強空間分辨率的彩色合成影像。

1. HSV 變換操作過程

打開融合的兩個文件：TM-30m.img 和 SPOT.img（分別在兩個 Display 窗口中顯示）。顯示之前配準好 30 米分辨率的 TM 彩色合成影像，點擊可用波段列表中的 RGB

單選按鈕，將波段 4、波段 3 和波段 2（分別對應 R、G 和 B）加載到一個新的顯示窗口中。

顯示 SPOT 影像，點擊可用波段列表中的 Gray Scale 按鈕，然後點擊 Display#按鈕，從下拉菜單中選擇 New Display。點擊 Load Band 按鈕，將 SPOT 影像加載到一個新的顯示窗口中。

將 SPOT 影像同 TM 影像進行比較，注意影像中相似的幾何信息，以及不同的空間範圍和影像比例，步驟如下：

（1）從 ENVI 主菜單中，選擇 Transform→Image Sharpening→HSV（見圖 2-1）。

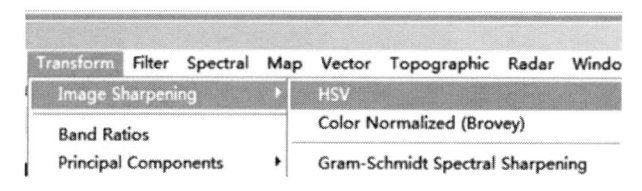

圖 2-1　啟動 Select Input RGB 對話框

（2）在 Select Input RGB 對話框中，Select Input for Color Bands 列表下選擇 TM 影像的波段 4、波段 3 和波段 2，然後點擊 OK（見圖 2-2）。

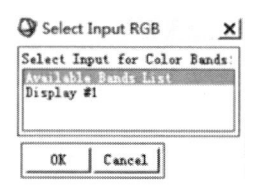

圖 2-2　選擇顯示波段

（3）打開 High Resolution Input File 對話框。在 Select Input Band 列表中選擇 SPOT 影像，點擊 OK（見圖 2-3）。

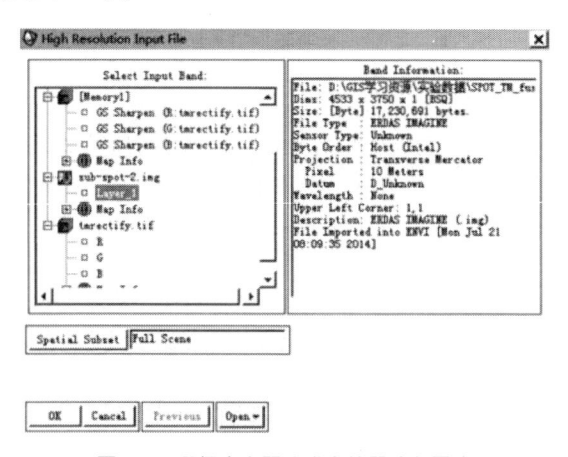

圖 2-3　選擇高空間分辨率的單波段圖像

（4）在 HSV Sharpening Parameters 對話框中，選擇一種重採樣方法，在 Output Result to 中輸入輸出文件名 TM_ SPOT_ fusion.img，點擊 OK（見圖 2-4）。一個顯示處理進度的狀態條出現在屏幕上。當處理完成后，新生成的影像會自動出現在可用波段列表中。

圖 2-4　選擇重採樣方法

（5）在可用波段列表中，選擇 RGB Color 單選按鈕，然後從列出的新生成的文件中，選擇 R、G 和 B 波段，點擊 Load RGB。將融合后的彩色影像加載到一個新的顯示窗口中。

（6）將 HSV 融合后的彩色影像同原始 TM 彩色合成影像以及 SPOT 影像進行比較（見圖 2-5）。

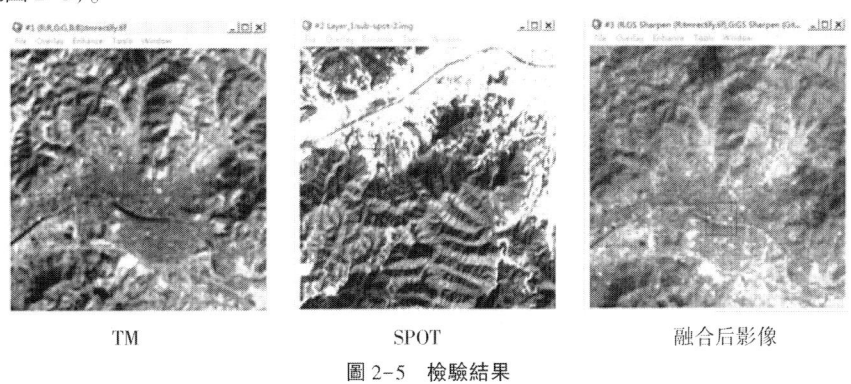

TM　　　　　　　　　　　SPOT　　　　　　　　融合后影像

圖 2-5　檢驗結果

2. 疊合地圖公里網

（1）在 HSV 變換融合后的主影像顯示窗口中，選擇 Overlay→Grid Lines。出現 Grid Line Parameters 對話框，一個虛擬的邊框也會添加到影像中，允許在影像外部顯示地圖公里網的標註。

（2）在 Grid Line Parameters 對話框中，選擇 File→Restore Setup。在隨後打開的 Enter Grid Parameters Filename 對話框中，選擇 bldrtmsp.grd 文件，點擊 Open。以前保存過的公里網參數被加載到對話框中。

（3）點擊 Apply，在影像中放置公里網。

3. 疊合影像註記

（1）從 HSV 變換融合后的主影像顯示窗口中，選擇 Overlay→Annotation。

（2）在相應的 Annotation：Text 對話框中，選擇 File→Restore Annotation，在文件列表中選擇 bldrtmsp. ann 文件，點擊 Open。將以前保存過的地圖註記加載到影像上。按住滾動窗口的一角，並拖動鼠標，拉大該滾動窗口。

（3）輸出影像地圖。

（二）Brovey 變換

（1）打開融合的兩個文件：TM-30m. img 和 bldr_ sp. img（分別在兩個 Display 窗口中顯示），將 TM-30m. img 以 RGB 格式顯示在 Display 窗口中。

（2）選擇主菜單→Transform→Image Sharpening→Color Normalized（Brovey），在 Select Input RGB 對話框中，有兩種選擇方式——可用波段列表中選擇或 Display 窗口中選擇，選擇 Display#1 窗口中的 RGB，單擊 OK 按鈕（見圖 2-6）。

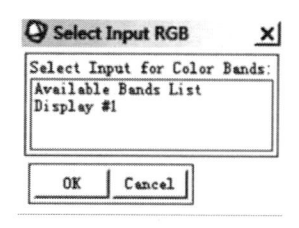

圖 2-6　選擇顯示的波段

（3）選中相應波段，出現 Color Normalized（Brovey）對話框，在 Color Normalized（Brovey）對話框中，選擇重採樣方式（Resampling）和輸入文件路徑及文件名，單擊 OK。

對於多光譜圖像，ENVI 可以利用以下融合技術：

Gram-Schmidt：能保持融合前后圖像波譜信息的一致性。

Color normalized：要求數據具有中心波長和 FEHM。

下面介紹參數相對較多的 Gram-schmidt 操作過程。

①打開融合的兩個文件：tmrectify. img 和 sub-spot-2. img。

②選擇 ENVI 主菜單→Transform→Image Sharpening→Gram-Schmit Spectral Sharpening，在 Select Low Spatial Resolution Multi Band Input File 對話框中，選擇低分辨率多光譜圖像 tmrectify. img，在 Select High Spatial Resolution Pan Input Band 對話框中，選擇高分辨率單波段圖像 sub-spot-2. img，彈出 Gram-Schmit Spectral Sharpening 對話框。

③在 Gram-Schmit Spectral Sharpening 對話框中，選擇降低高分辨率全色波段（見圖 2-7）。

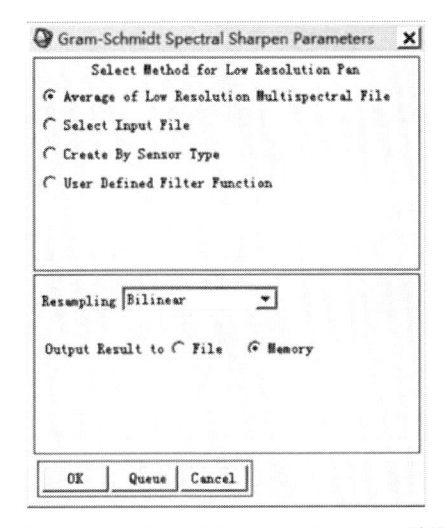

圖 2-7　Gram-Schmit Spectral Sharpening Parameters 輸出對話框

（4）選擇重採樣方式（Resampling）和輸入文件路徑及文件名，單擊 OK 按鈕輸出結果（見圖 2-8）。

圖 2-8　選擇重採樣方法

（5）融合后結果如下，可以對兩幅圖像連結進行比較（見圖 2-9）。

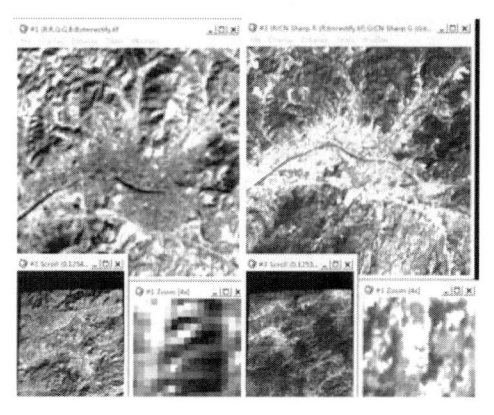

圖 2-9　檢驗結果

四、問題思考

1. 兩幅影像在融合前需要做哪些準備，才可能得到滿意的結果？
2. 思考低空間分辨率的多光譜圖像或高光譜數據與高空間分辨率的單波段圖像融合的原理。

實驗三　圖像鑲嵌

一、基礎知識

圖像鑲嵌是把多景相鄰遙感影像拼接成一個大範圍的影像圖的過程，把多幅影像連接合併，以生成一幅單一的合成影像。ENVI 提供了基於像元的拼接和基於地理坐標的拼接兩種方法。ENVI 提供對無地理信息圖像的交互拼接功能和對有地理信息的圖像的自動拼接功能。鑲嵌程序提供了透明處理、直方圖匹配，以及顏色自動平衡的選項功能。ENVI 的虛擬鑲嵌功能還允許用戶快速瀏覽鑲嵌結果，避免輸出占用很大內存。

把多幅影像連接合併，以生成一幅單一的合成影像，主要存在鑲嵌顏色不一致、接邊以及重疊等問題。

二、目的和要求

熟練掌握 ENVI 基於像元的拼接和基於地理坐標的拼接兩種方法。學會使用 ENVI 無地理信息圖像的交互拼接功能和對有地理信息的圖像的自動拼接功能以及設置透明度、直方圖匹配和自動顏色匹配的選項功能。此外，掌握 ENVI 的虛擬拼接功能可以避免輸出占用很大空間的文件。要求掌握兩種圖像鑲嵌的方法（基於地理坐標的圖像鑲嵌和基於像素的圖像鑲嵌）。

實驗數據文件以 Img 格式提供，存放於本書數字資源包（…\ ex3 \ Data \ sub_

122_44.pix 和 sub_123_44.pix）。

三、實驗步驟

（一）基於地理坐標的圖像鑲嵌

1. 啟動圖像鑲嵌工具

（1）在 ENVI 主菜單中，將兩幅有地理坐標的遙感影像加載到可用波段列表（見圖3-1）。

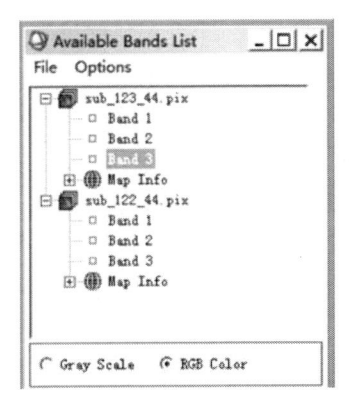

圖 3-1　加載遙感影像

（2）選擇 Map→Mosaicking→Georeferrnced，打開 Map Based Mosaic 對話框（見圖3-2）。

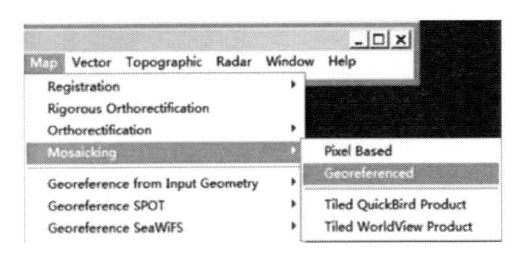

圖 3-2　啟動 Map Based Mosaic 對話框

2. 加載鑲嵌圖像

（1）在 Mosaic 對話框中，選擇 Import→Import Files，選擇 sub_122_44.pix 和 sub_123_44.pix 鑲嵌文件導入（見圖3-3）。

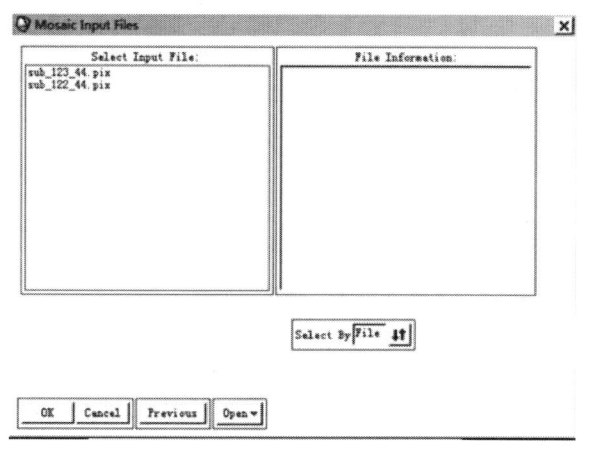

圖 3-3　加載鑲嵌圖像

（2）導入的鑲嵌文件顯示在圖像窗口以及文件列表，文件列表中的排在下面的文件在圖像顯示窗口中顯示在上層（見圖 3-4）。

圖 3-4　鑲嵌圖像顯示

（3）在文件列表中選擇需要調整順序的文件，單擊右鍵選擇快捷菜單 Lower Image to Bottom（降低影像到底層）或 Lower Image One Position（影像降低一層），或者在圖像窗口中單擊右鍵選擇快捷菜單。通過這個功能調整圖像疊加順序（見圖 3-5）。

图 3-5　图像叠加显示

3. 图像重叠设置

（1）选择文件列表中任意一个文件，单击右键选择 Edit Entry。

（2）在 Edit entry 对话框中，设置 Data Value to Ignore：0，忽略 0 值；设置 Feathering Distance 为 10，羽化半径为 10 个像素，单击 OK 按钮（见图 3-6）。

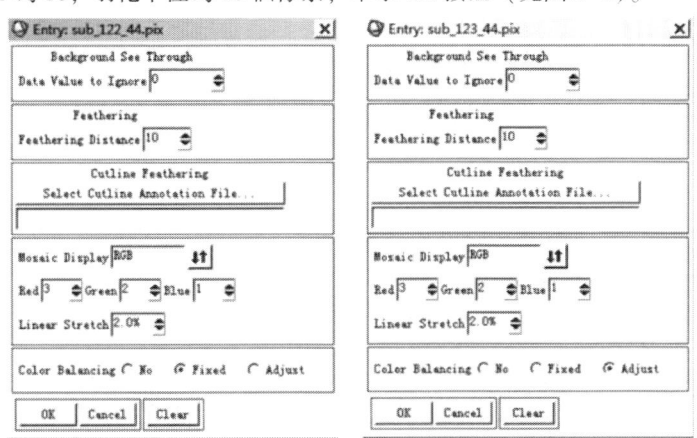

图 3-6　Entry 参数对话框

4. 切割线设置

（1）在 Mosaic 对话框中，选择 File→Save Template，选择输出路径和文件名，将模板文件显示在 Display 中。

（2）在 Display 中，选择 Overlay→Annotation，在重叠区域绘制一条折线当作切割线；绘制一个 Symbol 放在切割线一旁，标示这部分将被裁剪，注意单击两次右键以完

成 Symbol 註記的繪製；保存註記文件。

（3）回到 Mosaic 對話框中，在文件列表最下面文件處單擊右鍵，選擇 Edit Entry，在 Entry 參數對話框中，單擊 Select Cutline Annotation File 按鈕，選擇前面生成的註記文件，單擊 Clear 按鈕可以清除註記文件。

（4）在操作中也可以不做切割線設置，對圖像鑲嵌影響不大。

5. 顏色平衡設置

（1）在 Mosaic 對話框中，首先確定一個圖像當做基準，在文件列表中選擇這個圖像，單擊右鍵選擇 Edit Entry，打開 Entry 對話框。

（2）將 Mosaic Display 設置為 RGB，選擇波段合成 RGB 圖像顯示；選擇 Color Balancing 參數 Fixed 作為基準圖像；以同樣的方法對其他圖像文件進行設置，選擇 Color Balancing 參數 Adjust。

6. 輸出結果

（1）在 Mosaic 對話框中，選擇 File→Apply 加載鑲嵌結果（見圖 3-7）。

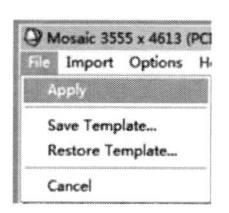

圖 3-7　加載鑲嵌結果

（2）在 Mosaic Parameters 對話框中，設置輸出像元大小、重採樣方式、文件路徑及文件名、背景值。其中 Color Balance using 選項中，默認的是統計重疊區的直方圖，可以單擊 ↕ 按鈕切換到統計整個基準圖像的直方圖用於顏色平衡（見圖 3-8）。

圖 3-8　設置 Mosaic Parameters

（3）整個鑲嵌過程已經完成，顯示鑲嵌結果查看效果（見圖 3-9）。在上述步驟中，其中第 3~5 步都是可選項，根據實際情況選擇。

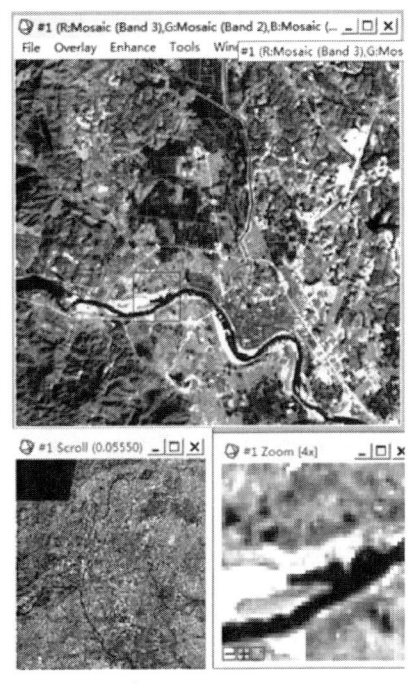

圖 3-9　檢驗結果

(二) 基於像素的圖像鑲嵌

1. 啟動圖像鑲嵌工具

在 ENVI 主菜單中，選擇 Map→Mosaicking→Pixel Based，開始進行 ENVI 基於像素的鑲嵌操作，Pixel Based Mosaic 對話框出現在屏幕上。

2. 加載鑲嵌圖像

（1）在 Mosaic 對話框中，選擇 Import→Import Files，選擇相應的鑲嵌文件導入。

（2）在 Select Mosaic Size 對話框中，指定鑲嵌圖像的大小，這個可以通過將所有的鑲嵌圖像的行列數相加，得到一個大概的範圍，設置「X size」為 1028，「Y size」為 1024。

3. 調整圖像位置

（1）在 Mosaic 對話框的下方 X_0 文本框和 Y_0 文本框輸入像素值，調整圖像位置，也可以在圖像窗口中，點擊並按住鼠標左鍵，拖拽所選圖像到所需的位置，然後松開鼠標左鍵就可以放置該圖像了。

（2）如果鑲嵌區域大小不合適，選擇 Options→Change Mosaic Size，重新設置鑲嵌區域大小。

接下來的步驟與基於地理坐標的圖像鑲嵌類似。

四、問題思考

在 ENVI 的圖像鑲嵌過程中,相鄰的兩個圖的重疊區內,如何更好地處理接邊線的問題?

實驗四　圖像裁剪

一、基礎知識

圖像裁剪的目的是將研究之外的區域去除。

常用的方法是按照行政區劃邊界或自然區劃邊界進行圖像裁剪。

在基礎數據生產中,還經常要進行標準分幅裁剪,按照 ENVI 的圖像裁剪過程,可分為規則裁剪和不規則裁剪。

二、目的和要求

熟練掌握 ENVI 圖像裁剪功能,在圖像中提取需要的感興趣區,重點掌握不規則分幅裁剪,規則分幅裁剪,掩膜。同時,學會手動繪製感興趣區和矢量數據生成感興趣區。

實驗數據文件以 Img 格式提供,存放於本書數字資源包(…\ ex4 \ Data \ 128＿39＿19880915. img)。

三、實驗步驟

(一)　規則分幅裁剪

規則分幅裁剪是指裁剪圖像的邊界範圍是一個矩形的圖像裁剪方法。這個矩形範圍獲取途徑包括行列號、左上角和右下角兩點坐標、圖像文件、ROI/矢量文件。

操作步驟:

(1) 在主菜單中,選擇 File → Open Image File,打開裁剪圖像 128＿39＿19880915. img。

(2) 在主菜單中,選擇 File→Save File as→ENVI Standard,彈出 New File Builder 對話框。在該對話框中,單擊 Import File 按鈕,彈出 Creat New File Input File 對話框(見圖 4-1)。

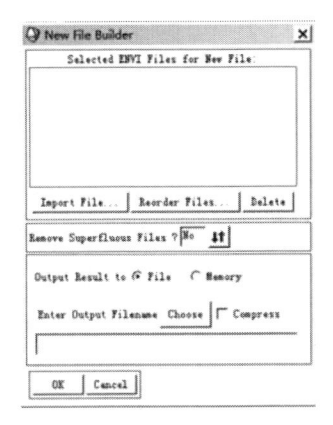

圖 4-1　New File Builder 對話框

（3）在 Create New File Input File 對話框中，選中 Select Input File 列表中的裁剪圖像（見圖 4-2），單擊 Spatial Subset 按鈕（空間波段子集），在 Spatial Subset 對話框中，單擊 Image 按鈕，彈出 Subset By Image 對話框，在所選波段中進行子波段裁剪範圍設置（見圖 4-3）。

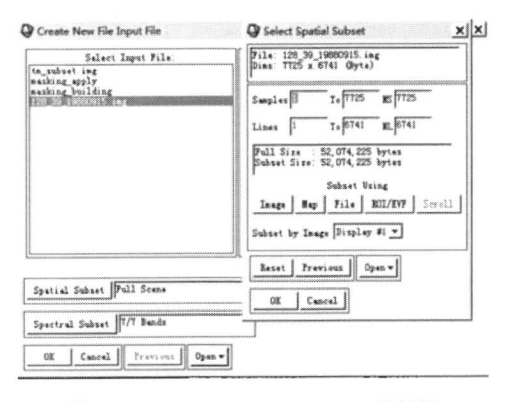

圖 4-2　Create New File Input File 對話框

圖 4-3　設置子波段裁剪範圍

（4）在 Subset By Image 對話框中，可以通過輸入行列數確定裁剪尺寸，按住鼠標左鍵拖動圖像中的紅色矩形框確定裁剪區域，或者直接用鼠標左鍵按住紅色邊框拖動來裁剪尺寸以及確定位置，單擊 OK 按鈕。

（5）在 Select Spatial Subset 對話框中可以看到裁剪區域信息，單擊 OK 按鈕（見圖 4-4）。

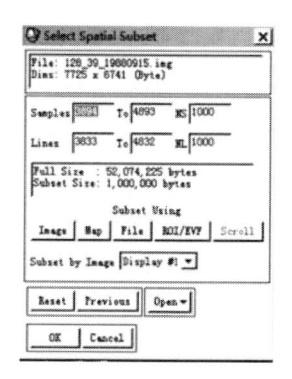

圖 4-4　Select Spatial Subset 對話框

（6）在 Creat New File Input File 對話框中，可以通過 Spectral Subset 按鈕選擇輸出波段子集，單擊 OK 按鈕（見圖 4-5）。

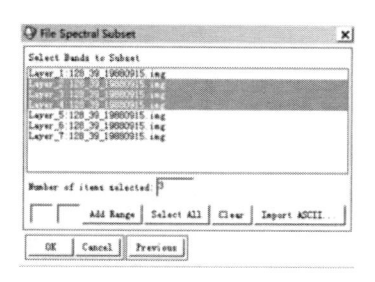

圖 4-5　File Spectral Subset 對話框

（7）選擇輸出路徑及文件名，單擊 OK 按鈕，完成規則分幅裁剪過程（見圖 4-6）。

圖 4-6　設置輸出路徑

(二) 不規則分幅裁剪

不規則分幅裁剪是指裁剪對象的外邊界範圍是一個任意多邊形的圖像裁剪方法。任意多邊形可以是事先生成的一個完整的閉合多邊形區域，也可以是一個手工繪製的 ROI 多邊形，還可以是 ENVI 支持的矢量文件。針對不同的情況採用不同的裁剪過程，下面介紹兩種方法：

1. 手動繪製感興趣區

（1）打開圖像 128_ 39_ 19880915.img，顯示在 Display 窗口中。

（2）在 Image 窗口中選擇 Overlay→Region of Interest。在 ROI Tool 對話框中，單擊 ROI_ Type→Polygon（見圖 4-7）。

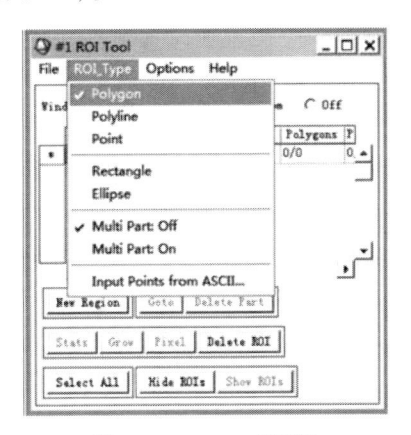

圖 4-7　ROI Tool 對話框

（3）在繪製窗口（Window）選擇 Image，繪製一個多邊形，右鍵結束。根據需求可以繪製若干個多邊形（見圖 4-8）。

圖 4-8　ROI 繪製窗口

（4）選擇主菜單→Basic Tools→Subset Data via ROI，或者選擇 ROI Tool→File→Subset Data via ROI，選擇裁剪圖像，雙擊左鍵，進入 Spatial Subset Data Via ROI 對話框（見圖 4-9）。

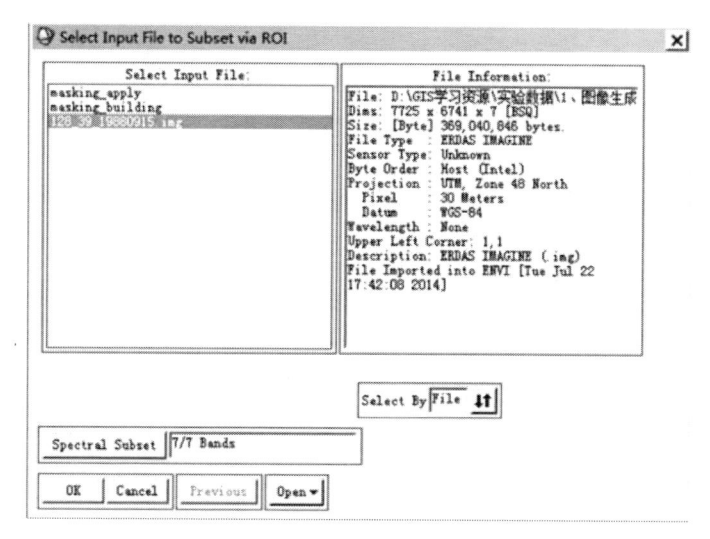

圖 4-9　Select Input File to Subset via ROI 對話框

（5）在 Spatial Subset Data via ROI 對話框中（見圖 4-10），設置以下參數：
在 ROI 列表中（Select Input ROI），選擇繪製的 ROI。
在「Mask pixels outside of ROI」項中選擇：Yes。
裁剪背景值（Mask background value）：0。

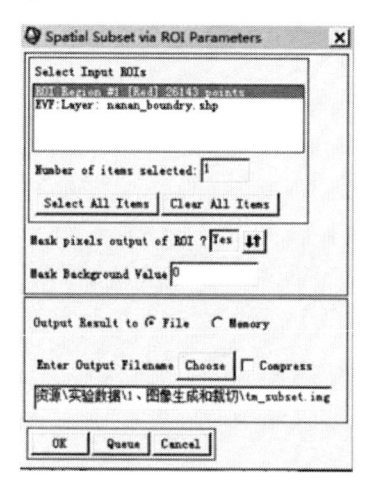

圖 4-10　Spatial Subset via ROI Parameters 對話框

（6）選擇輸出路徑及文件名，單擊 OK 按鈕，裁剪圖像（見圖 4-11）（以下為其中一個窗口的裁剪結果）。

圖 4-11　結果顯示

2. 矢量數據生成感興趣區

（1）在主菜單中，選擇 File→Open Vector File，打開裁剪圖像所在區域的 Shapefile 矢量文件，投影參數不變，選擇導入 Memory（見圖 4-12）。

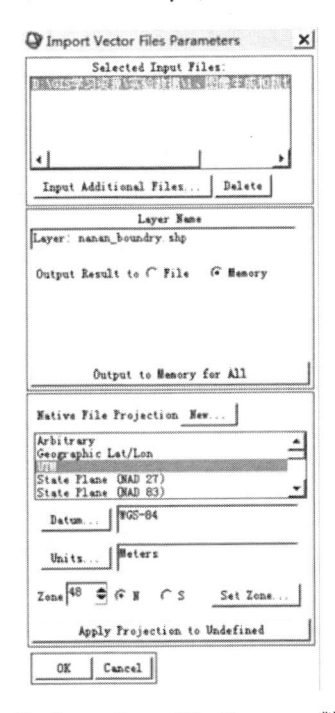

圖 4-12　Import Vector Files Parameters 對話框

（2）在主菜單中，選擇 File→Open Image File，打開一個裁剪圖像，加載到可用波段列表中（見圖 4-13）。

遙感與 GIS 應用實習教程

圖 4-13　Available Vector List 對話框

（3）在 Available Vector List 對話框中，選擇 File→Export Layer to ROI，在彈出的對話框中選擇裁剪圖像，單擊 OK 按鈕（見圖 4-14）。加載裁剪圖像的矢量圖（見圖 4-15）。

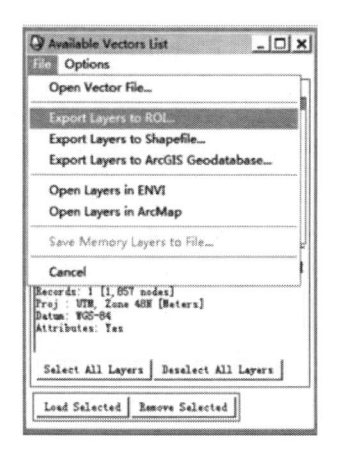

圖 4-14　Export Layer to ROI 對話框　　　　　圖 4-15　裁剪圖像

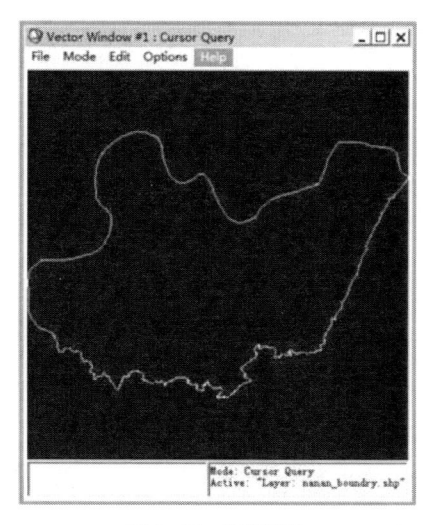

（4）在 Export EVF layer to ROI 選擇對話框中，選擇將所有矢量要素轉成一個 ROI（Convert all record of an EVF layer to one ROI），單擊 OK 按鈕（見圖 4-16）。

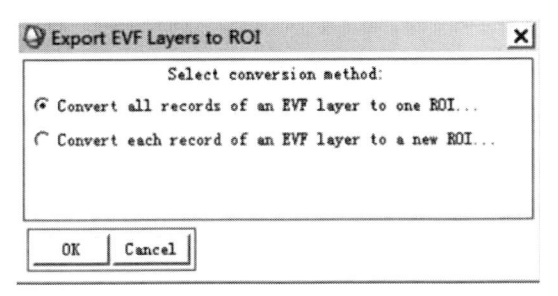

图 4-16　Export EVF layer to ROI 選擇對話框

（5）選擇主菜單→Basic tools→Subset data via ROI，選擇裁剪圖像（見圖 4-17）。

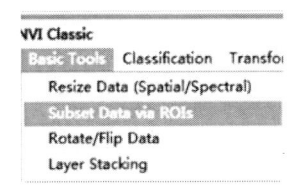

图 4-17　打開 Subset Data via ROI 設置

（6）在 Spatial Subset via ROI parameters 中（見圖 4-18），設置以下參數：
在 ROI 列表中（Select Input ROI），選擇繪製的 ROIS。
在「Mask pixels outside of ROI」項中選擇「Yes」。
裁剪背景值（Mask background value）：0。

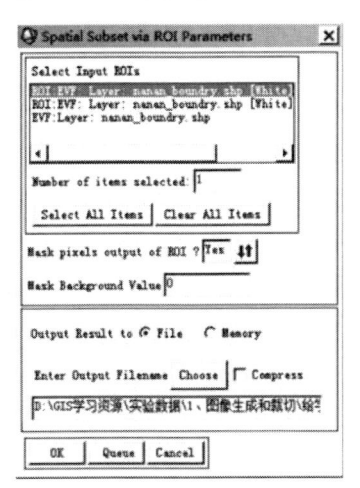

图 4-18　Spatial Subset via ROI parameters 對話框

（7）選擇輸出路徑及文件名，單擊 OK 按鈕，裁剪圖像（見圖 4-19）。

图 4-19　结果显示

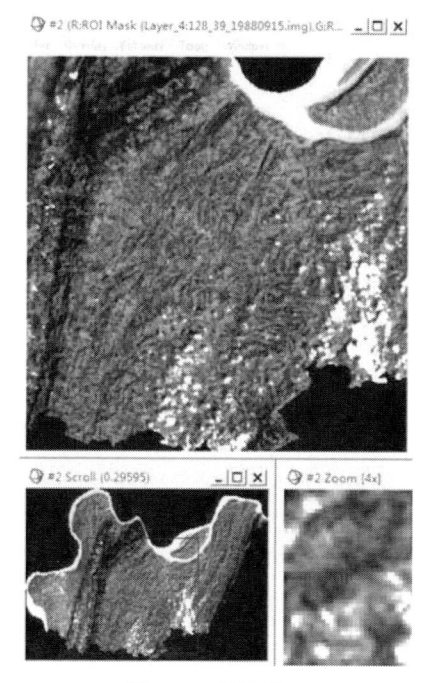

（三）掩膜

掩膜是由 0 和 1 组成的一个二进制图像。当在某一功能中应用掩膜时，1 值区域被处理，0 值区域被屏蔽。掩膜可以用于 ENVI 的多项功能，包括统计、图像分类、线性波谱分离、匹配滤波、包络线去除和波谱特征拟合等。

下面介绍利用掩膜图像分幅裁剪图像的过程。

1. 创建掩膜文件

（1）在主菜单中，选择 File→Open Vector File，打开裁剪图像所在区域的 Shapefile 矢量文件，投影参数不变，选择导入的 Memory。

（2）在主菜单中，选择 File→Open Image File，打开一个裁剪图像，并在 Display 中显示。

（3）单击主菜单→Basic Tool→Masking→Build Mask，在 Select Input Display 中选择被裁剪图像文件所在的 Display 窗口，这样系统会自动读取图像的尺寸大小作为掩膜图像的大小（见图 4-20）。

圖 4-20　Mask Definition 對話框

（4）在 Mask Definition 對話框中，單擊 Options→Import EVFS，選擇步驟（1）導入的 Shapefile 矢量文件，選擇輸出路徑，完成掩模文件的生成（見圖 4-21）。

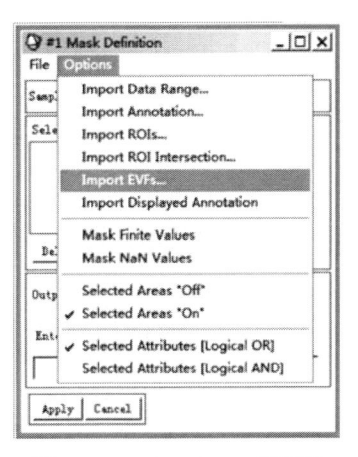

圖 4-21　Mask Definition 對話框

（5）在可選波段列表中可以看到生成的掩膜文件（見圖 4-22）。

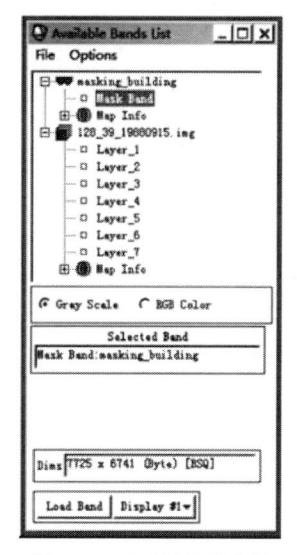

圖 4-22　生成的掩膜文件

2. 運行掩模計算實現圖像裁剪

（1）選擇主菜單→Basic tool→Masking→Apply Mask。

（2）在 Select Input File 中，選擇裁剪圖像文件。

（3）在 Select Mask Band 選擇中，選擇前面生成的掩模文件。

（4）單擊 OK 按鈕，輸出裁剪結果（見圖 4-23）。

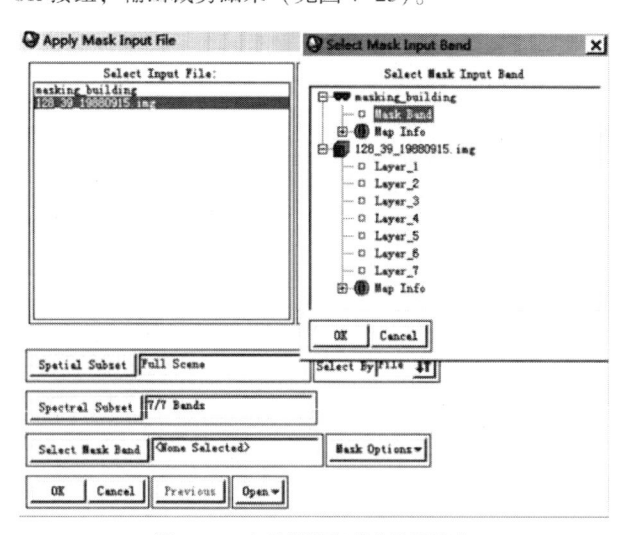

圖 4-23　文件選擇與裁剪結果輸出

四、問題思考

1. 思考一下確定外邊界矩形框的方式有哪幾種。

2. 在不規則分幅裁剪操作中，思考不同參數設置的意義。

實驗五　圖像增強

一、基礎知識

在圖像獲取的過程中，多種因素導致圖像質量下降。圖像增強的目的在於：採用一系列技術改善圖像的視覺效果，提高圖像的清晰度；將圖像轉換成一種更適合於人或機器進行分析處理的形式。圖像增強通過處理方法提取所需的信息，去除一些無用的信息，提高圖像的目視效果，以滿足圖像的實際應用。

圖像增強方法的選擇具有主觀能動性，對圖像數據採用不同的圖像增強算法，可得到不同的增強結果。

二、目的和要求

掌握遙感圖像增強的基本方法，理解不同處理方法的適用類型。根據需要對遙感圖像進行綜合處理。重點掌握圖像變換、圖像拉伸、濾波。

實驗數據文件以 Img 格式提供，存放於本書數字資源包（…\ex5\Data\TMCQ.img）。

三、實驗步驟

（一）圖像變換

1. 主成分分析

主成分分析（Principal Component Analysis，PCA）就是一種去除波段之間多余信息，將多波段的圖像信息壓縮到比原波段更有效的少數幾個轉換波段的方法。一般，第一主成分（PC1）包含所有波段中 80% 的方差信息，前三個主成分包含了所有波段中 95% 以上的信息量。

主成分分析用多波段數據的一個線性變換，變換數據到一個新的坐標系統，以使數據的差異達到最大。這一技術對於增強信息含量、隔離噪聲、減少數據維數非常有用。

ENVI 能完成主成分正向的和逆向的變換。

（1）打開圖像文件 TMCQ。

（2）在 ENVI 主菜單中，選擇 Transform→Principal Components→Forward PC Rotation→Compute New Statistics and Rotate，在出現的 Principal Components Input File 對話框中，選擇圖像文件 TMCQ，點擊 OK（見圖 5-1）。

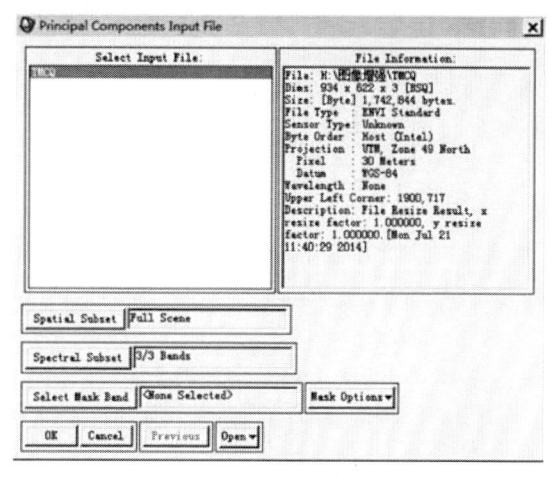

圖 5-1　Principal Components Input File 對話框

（3）在 Forward PC Rotation Parameters 對話框中，在 Stats X→Y Resize Factor 文本框中鍵入<=1 的調整系數，用於計算統計值時的數據的二次採樣。

（4）鍵入輸出統計路徑及文件名，選擇箭頭切換按鈕 Covariance Matrix（協方差矩陣）或 Correlation Matrix（相關係數矩陣）來計算主成分波段。

（5）選擇輸出路徑和文件名。

（6）在 Select Subset from Eigenvalues 選項中，選擇「YES」，統計信息將被計算，並出現 Select Output PC Bands 對話框，列出每個波段及其對應的特徵值；同時，也列出每個主成分波段中包含的數據方差的累積百分比。選擇「NO」，系統會計算特徵值並顯示供選擇輸出波段。

（7）輸出波段數（Number of Output PC Bands）設置默認值，點擊 OK（見圖 5-2）。

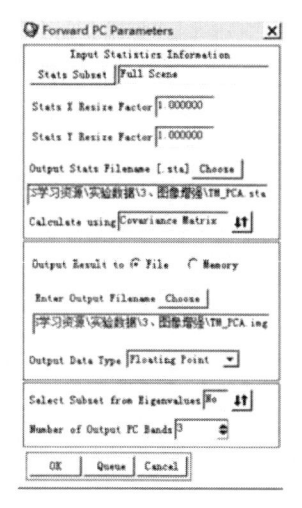

圖 5-2　Forward PC Parameters 對話框

（8）完成主成分變換后，在出現的 PC Eigen Values 繪圖窗口中，可以看出 PC1、PC1.5、PC2 具有很大的特徵值，PC2.5、PC3 特徵值較小（圖 5-3）。

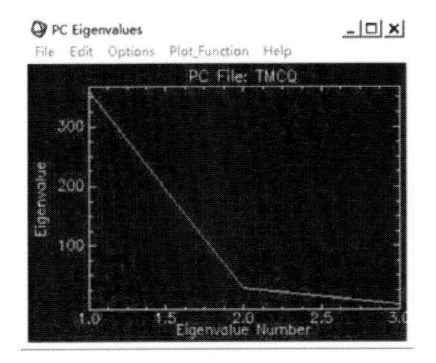

圖 5-3　PC Eigenvalues 繪圖框

（9）也可以加載主成分變換后生成的圖像，對比結果（見圖 5-4）。

圖 5-4　ENVI 計算結果

（9）在主菜單中，選擇 Basis Tools→Statistics→View Statistics File 打開主成分分析，選擇 PCA.sta 文件，可以得到各個波段的基本統計值、協方差矩陣、相關係數矩陣和特徵向量矩陣（見圖 5-5）。

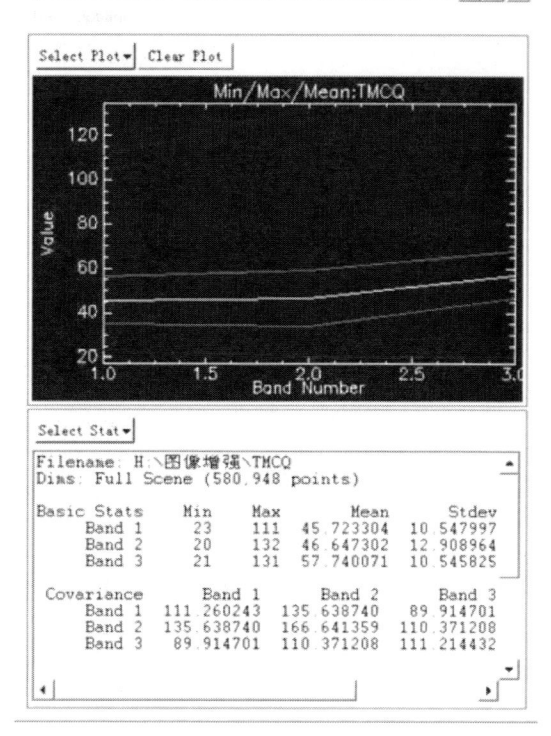

圖 5-5 主成分分析結果

運用同樣的方法，在主菜單中，選擇 Transform→Principal Components→Inverse PC Rotation 可以執行主成分分析的逆變換。

2. 獨立主成分分析

獨立主成分分析（Independent Components Analysis，ICA）將多光譜或高光譜數據轉換成相互獨立的部分，可以發現和分離圖像中隱藏的噪聲、降維、異常檢測、降噪、分類和波譜端元提取以及數據融合，把一組混合信號轉化成相互獨立的成分。

在感興趣信號與數據中其他信號相對較弱的情況下，獨立主成分分析（ICA）比主成分分析（PCA）得到的結果更加有效。

ENVI 能完成獨立主成分正向的和逆向的變換。

（1）打開圖像文件 TMCQ。

（2）選擇主菜單 Transform → Independent Components → Forward PC Rotation → Compute New Statistics and Rotate，在 Independent Components Input File 對話框中選擇圖像文件 TMCQ（見圖 5-6）。

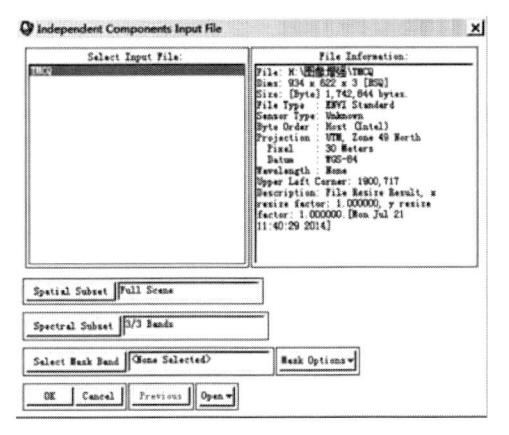

图 5-6 Independent Components Input File 对话框

（3）在 Forward IC Parameters 对话框中，Stats X/Y Resize Factor 文本框中键入<=1 的调整系数用于计算统计值时的数据的二次采样，键入输出统计路径及文件名。

（4）变化阈值（Change Threshold），范围为 10-8 ~10-2，值越小，结果越好，但计算量会增加；最大迭代次数（Maximum Iterations），最小为 100，值越大，其结果越好，计算量也增加；最大稳定性迭代次数（Maximization Stabilization Iterations），最小值为 0，值越大的结果越好；对比函数（Contrast Function），提供三个函数 LogCosh、Kurtosis、Gaussian，默认为 LogCosh。

（5）在 Select Subset from Eigenvalues 标签中，选择「YES」，统计信息将被计算出现在 Select Output PC Bands 对话框中，列出每个波段及其对应的特征值；选择「NO」，系统会计算特征值并显示供选择输出波段数。

（6）输出波段数（Number of Output IC Bands）选择默认值（输入文件的波段数）。

（7）选择结果输出路径及文件名。

（8）在 Output Transform Filename 中输入路径及文件名（.trans），输出转换特征（见图 5-7）。

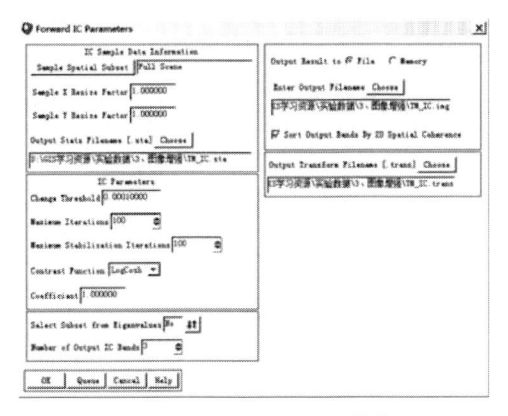

图 5-7 独立主成分分析对话框

（9）在可用波段列表中加載獨立主成分變換后的圖像（見圖 5-8）。

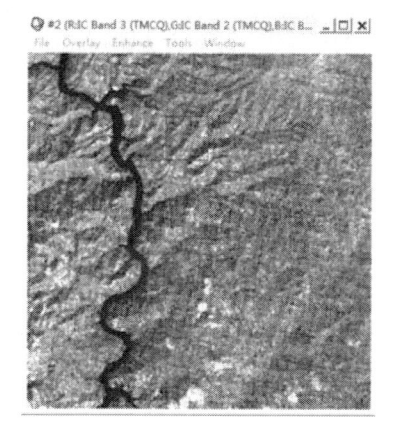

圖 5-8　結果顯示

用同樣的方法，在主菜單中，選擇 Transform→Principal Components→Inverse PC Rotation 可以執行獨立主成分逆變換。

3. 最小噪聲分離

最小噪聲分離（Minimum Noise Fraction，MNF）將一副多波段圖像的主要信息集中在前面幾個波段中，主要作用是判斷圖像數據維數、分離數據中的噪聲，減少后續處理中的計算量。

使用 MNF 變換從數據中消除噪聲的過程為：首先進行正向 MNF 變換，判定哪些波段包含相關圖像，用波譜子集選擇「好」波段或平滑噪聲波段；然后進行一個反向 MNF 變換。

下面介紹具體操作過程。

（1）正向 MNF 變換

①在主菜單 Spectral→MNF Rotation→Forward→Estimate Noise Statistics From Data 中選擇多光譜圖像文件，點擊 OK（見圖 5-9）。

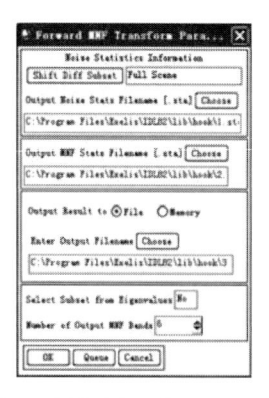

圖 5-9　Forward MNF Transform Parameter 對話框

②圖 5-9 對話框中 Shift Diff Subset 表示計算統計信息的空間子集、Enter Output Noise Stats Fliename 表示輸出噪聲統計文件、Enter Output Stats Fliename 表示輸出 MNF 統計文件、Select Subset from Eigenvalues 表示顯示每個波段及相應的特徵值。

③選擇 MNF 變換結果輸出路徑和文件名，單擊 OK 執行 MNF 變換（見圖 5-10）。

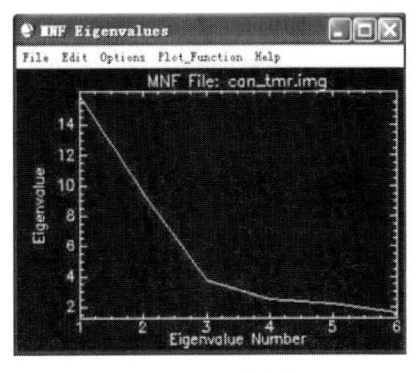

圖 5-10　特徵曲線

（2）逆向 MNF 變換

在主菜單 Spectral→MNF Rotation→Inverse MNF Transform 中選擇變換結果文件，單擊 OK。

在打開的對話框中，選擇正向的 MNF 統計文件，單擊 OK（見圖 5-11）。

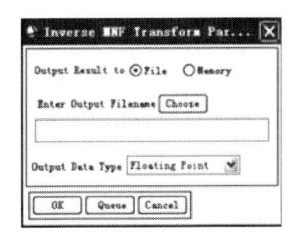

圖 5-11　Inverse MNF Transform Parameters 對話框

在圖 5-11 對話框中選擇輸出路徑和文件名、數據類型，點擊 OK 執行處理。

（3）波譜曲線 MNF 變換

ENVI 中的 Apply Forward MNF to Spectra 工具可以將端元波譜變換到 MNF 空間。

①選擇主菜單 Spectral→MNF Rotation→Apply Forward MNF to Spectra，在彈出的對話框中選擇 MNF 統計文件，單擊 OK。

②在圖 5-12 對話框中選擇 Import→選擇一種波譜曲線源、Apply 執行 MNF 變換。

圖 5-12　選擇波譜曲線源

4. 顏色空間變換（HSV，HLS）

ENVI 支持的彩色空間包括「色度、飽和度、顏色亮度值（HSV）」和「色度、亮度、飽和度（HLS）」。其中，色度代表像元的顏色，取值範圍為 0~360；飽和度代表顏色的純度，取值範圍為 0~1；顏色亮度值表示顏色的亮度，取值範圍為 0~1；亮度表示整個圖形的明亮程度，取值範圍為 0~1。

（1）RGB to HSV

這一變換類型允許將一幅 RGB 圖像變換為 HSV 彩色空間。生成的 RGB 值是字節數據，其範圍為 0~255。運行這一功能必須先打開一個至少包含 3 個波段的輸入文件，或一個彩色顯示能用於輸入。在彩色顯示中用到的拉伸將被用到輸入數據。這一功能產生範圍為 0~360 度的色調（紅是 0 度，綠是 120 度，藍是 240 度）、飽和度和值的範圍是 0~1（浮點型）。

①打開至少三個波段圖像文件，顯示 RGB 彩色圖像（見圖 5-13）。

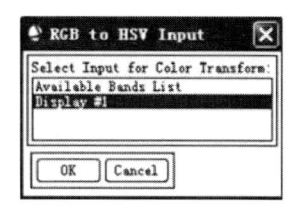

圖 5-13　RGB to HSV Input 對話框

②選擇主菜單 Transform→Color Transforms→RGB to HSV，在 RGB to HSV Input 對話框中，選擇打開的彩色圖像窗口或 Available Bands List 中選擇三個波段進行變換，點擊 OK。

③在 RGB to HSV Parameters 對話框中，選擇輸出路徑及文件名，點擊 OK。

④出現一個狀態窗口。當向前變換全部完成時，HSV 名字將被存入 Available Bands List 中，在那裡可以用標準 ENVI 灰階或 RGB 彩色合成方法顯示（見圖 5-14）。

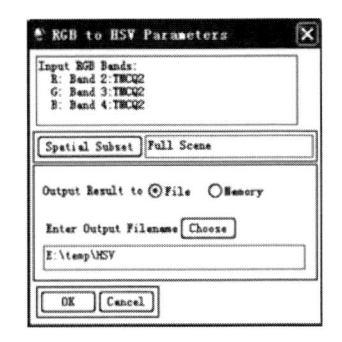

图 5-14　RGB to HSV Parameters 對話框

（2）RGB to HLS

這一項允許使用者將 RGB 圖像變換成 HLS（色調，亮度，飽和度）彩色空間。這一功能生成的色調範圍是 0~360 度（紅為 0 度，綠為 20 度，藍為 240 度），亮度和飽和度範圍為 0~1（浮點型）。運行這一功能必須先打開一個至少包含 3 個波段的輸入文件，或一個能用於輸入的彩色顯示。生成的 RGB 值是字節數據，其範圍為 0~255。

①選擇 Transforms→Color Transforms→Forward to Color Space →RGB to HLS。

②出現 RGB to HLS Input 對話框時，從一個顯示的彩色圖像或 Available Bands List 中選擇三個波段進行變換。

③選擇輸出到「File」或「Memory」。

若選擇輸出到「File」，鍵入要輸出的文件名。

④點擊「OK」開始處理。

出現一個狀態窗口。當向前變換全部完成時，新變換的圖像顯示在 Available Bands List 中，用標準 ENVI 灰階或 RGB 彩色合成方法顯示。

（3）HSV to RGB

這一項允許將一幅 HSV 圖像變換成 RGB 彩色空間。生成的 RGB 值是字節型數據，範圍為 0~255。

①選擇 Transforms→Color Transforms→Reverse to RGB→HSV to RGB。

②出現 HSV to RGB Input 對話框時，從整個 Available Bands List 中，點擊合適的波段名，選擇參與變換的波段。波段名將出現在標有「H」「S」「V」的文本框裡。

③點擊 OK，出現 HSV to RGB Parameters 對話框時，選擇輸出到「File」或「Memory」。

若選擇輸出到「File」，鍵入要輸出的文件名。

④點擊「OK」開始處理，出現一個狀態窗口。

當反向變換全部完成時，RGB 名字將被存入 Available Bands List 中，在那裡可以用標準 ENVI 灰階或 RGB 彩色合成方法顯示。

（4）HLS to RGB

這一項允許將一幅 HLS（色調、亮度、飽和度）圖像轉變回 RGB 彩色空間。產生的 RGB 值是字節型數據，範圍是 0~255。

①選擇 Transforms→Color Transforms→Reverse to RGB→HLS to RGB。

②出現 HLS to RGB Input 對話框時，點擊合適的波段名，選擇參與變換的波段。波段名將出現在標有「H」「L」「S」（分別代表色調、亮度和飽和度）的文本框裡。

若需要，用標準 ENVI 構建子集程序建立數據子集。

③點擊 OK 繼續。

④出現 HLS to RGB Parameters 對話框時，選擇輸出到「File」或「Memory」。

若選擇輸出到「File」，鍵入要輸出的文件名，或點擊「Choose」按鈕，選擇一個文件名。

⑤點擊「OK」開始處理，出現一個狀態窗口。

當反向變換全部完成時，RGB 名字將被存入 Available Bands List 中，在那裡可以用標準 ENVI 顯示方法顯示。

5. 穗帽變換

穗帽變換是一種通用的植被指數，可以被用於 Landsat MMS 或 Landsat TM 數據。對於 Landsat MMS 數據，穗帽變換將原始數據進行正交變換，變成四維空間（包括土壤亮度指數 SBI、綠色植被指數 GVI、黃色成分（stuff）指數 YVI，以及與大氣影響密切相關的 Non-such 指數 NSI）。對於 Landsat TM 數據，穗帽植被指數由三個因子組成——「亮度」「綠度」與「第三」（Third）。其中的亮度和綠度相當於 MSS 穗帽的 SBI 和 GVI，第三種分量與土壤特徵有關，包括水分狀況。

（1）打開一個 Landsat5 TM 數據文件。

（2）在 ENVI 主菜單中選擇 Transform→Tassled Cap，在 Tasseled Cap Transformation Input File 對話框中，選擇數據文件（見圖 5-15）。

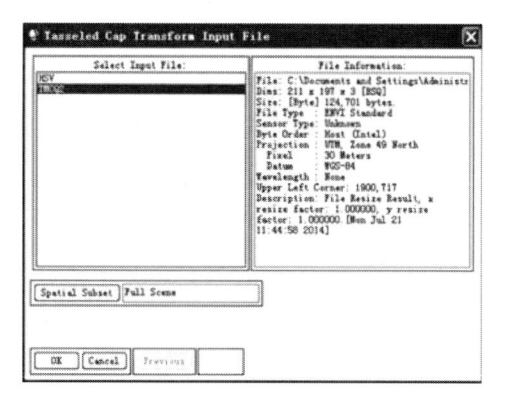

圖 5-15 選擇數據文件

（3）在 Tasseled Cap Transform Parameters 對話框中，選擇「Input File Type」中的「Landsat5TM」，選擇輸出路徑及文件名，點擊 OK。

（4）自動計算穗帽變換，ENVI 將穗帽變換后的圖像顯示在 Available Bands List 列表中，用標準 ENVI 灰階或 RGB 彩色合成方法顯示，查看結果。

6. 波段比運算（比值計算）

計算波段的比值可以增強波段之間的波譜差異，減少地形的影響。用一個波段除以另一個波段生成一副能增強波段之間的波譜差異的圖像，可以輸入多個波段比值。通過多個波段比，可以通過多比值合成為一副彩色合成圖像（Color-Ratio-Composite，CRC）。

（1）打開一個多波段的圖像文件。

（2）選擇 ENVI 主菜單 Transform→Band Ratios（見圖5-16）。

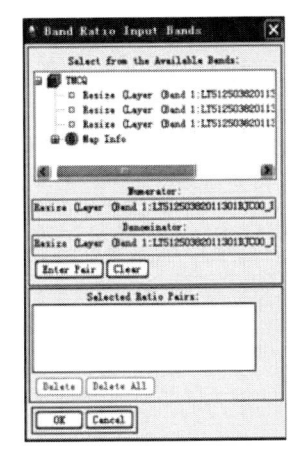

圖5-16 Band Ratios Input Bands 對話框

（3）在圖5-16對話框中選擇分子波段（Numerator）和分母波段（Denominatar），點擊 Enter Pairs，將波段比添加到 Selected Ratio Pairs 中，可以輸入多個波段比值。

（4）通過多個波段比，可以建立多比值合成。在 Selected Ratio Pairs 列表中的所有比值在一個單獨文件中作為多波段文件輸出，單擊 OK。

（5）顯示 Band Ratio Parameters 選擇輸出文件的名，點擊 OK，完成波段比的計算。

比值運算常用於突出遙感影像中的植被特徵、提取植被類別或估算植被生物量，這種算法的結果稱為植被指數。

常用算法：近紅外波段/紅波段、（近紅外-紅）/（近紅外+紅）例如，TM4/TM3，AVHRR2/AVHRR1，(M4-TM3)/(M4+TM3)、(AVHRR2-AVHRR1)/(AVHRR2+AVHRR1) 等。

7. 歸一化植被指數

歸一化植被指數（Normalized Difference Vegetation Index，NDVI）是一個普遍應用的植被指數，將多波譜數據變換成唯一的圖像波段顯示植被分佈。NDVI 值指示著像元中綠色植被的數量，較高的 NDVI 值預示著較多的綠色植被。NDVI 變換可以用於 AVHRR、Landsat MSS、Landsat TM、SPOT 或 AVIRIS 數據，也可以輸入其他數據類型的波段來使用。

（1）選擇 Transforms→NDVI（Vegetation Index）。

（2）出現 NDVI Calculation Input File 窗口時，選擇輸入文件，點擊 OK。

（3）通過點擊「Input File Type」下拉菜單，用 NDVI Calculation Parameters 對話框，說明已經輸入的文件類型（TM，MSS，AVHRR 等）。用於計算 NDVI 的波段將自動輸入到「Red」和「Near IR」文本框。

要計算下拉菜單中沒有列出的傳感器類型的 NDVI，在「Red」和「Near IR」文本框裡輸入需要的波段數。

（4）用「Output Data Type」下拉菜單選擇輸出類型（字節型或浮點型）。

（5）選擇輸出到「File」或「Memory」。

若選擇輸出到「File」，鍵入要輸出的文件名，或點擊「Choose」按鈕，選擇一個文件名。

（6）點擊 OK 開始計算 NDVI 變換（見圖 5-17）。

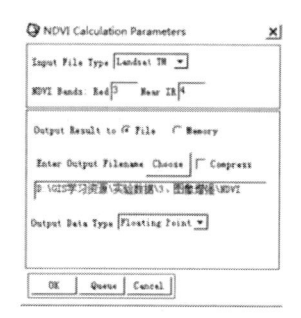

圖 5-17　NDVI 計算參數設置

（7）ENVI 將 NDVI 變換后的圖像加載到 Available Bands List 列表中，用標準 ENVI 灰階或 RGB 彩色合成方法顯示，查看結果（見圖 5-18）。

圖 5-18　結果顯示

8. 合成彩色圖像

用 Synthetic Color Image 變換選項，可以將一幅灰階圖像變換成一幅彩色合成圖像。

ENVI 通過對圖像進行高通和低通濾波，將高頻和低頻信息分開，使灰階圖像變換成彩色圖像。低頻信息被賦予色調，高頻信息被賦予強度或顏色值，也用到了一個恒定的飽和度值。這些色調、飽和度和顏色值（HSV）數據被變換為紅、綠、藍（RGB）空間，生成一幅彩色圖像。這一變換經常被用於雷達數據在保留好的細節情況下，改善精確的大比例尺特徵。它非常適於中低地貌。在雷達圖像裡，由於來自小比例尺地形的高頻特徵的存在，要看清低頻的變化（差異）通常較困難。低頻信息通常是由於來自岩石或植被的表面散射差異形成的。

（1）選擇 Transforms→Synthetic Color Image。

（2）出現文件選擇對話框時，選擇輸入文件，需要的話，運行空間子集。

（3）出現 Synthetic Color Parameters 對話框時（圖 5-19），在「High Pass Kernel Size」和「Low Pass Kernel Size」標籤附近，用下拉按鈕選擇高通濾波和低通濾波的變換核（Kernel）的大小。

高通變換核的大小應是與高頻坡度決定的散射相對應的像元的數量。低通變換核的大小應是與低頻漫射相對應的像元的數量。

（4）鍵入一個飽和度值（0~1）。較高的飽和度值產生較飽和的或「純」的顏色。

（5）選擇輸出到「File」或「Memory」。

若選擇輸出到「File」，鍵入要輸出的文件名，或選擇輸出文件名。

（6）點擊 OK 開始變換（見圖 5-19）。

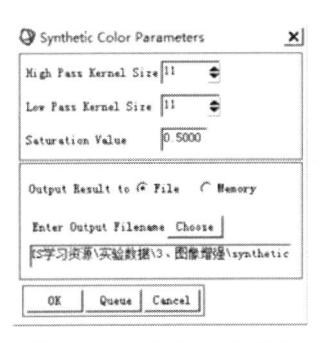

圖 5-19　合成彩色參數設置

（7）在 Synthetic Color Processing 對話框中顯示著變換的過程。作為結果的合成彩色圖像顯示在 Available Bands List 列表中，加載進 Display 新窗口（見圖 5-20）。

遙感與 GIS 應用實習教程

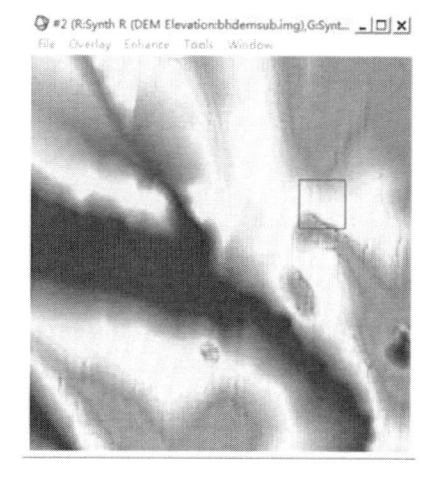

圖 5-20　結果顯示

（二）圖像拉伸

RGB 彩色合成時，波段被顯示在一起，高度相關的多波譜數據集經常生成十分柔和的彩色圖像。去相關程序提供了一種消除這些數據中高度相關部分的一種手段。注意，當 ENVI 提供一種具體的去相關程序時，類似的結果還可以用一個正向 PCA、反差拉伸和反向 PCA 變換序列得到。去相關拉伸需要輸入三個波段。這些波段應該為拉伸的字節型，或從一個打開的彩色顯示中選擇。

1. 交互式直方圖拉伸

（1）打開一個多光譜圖像，並在 Display 中顯示，選擇主圖像窗口 Enhance→Interactive Stretching，出現交互式直方圖拉伸操作對話框，在對話框中顯示一個輸入直方圖和一個輸出直方圖，表示當前的輸入數據以及分別應用的拉伸（見圖 5-21）。

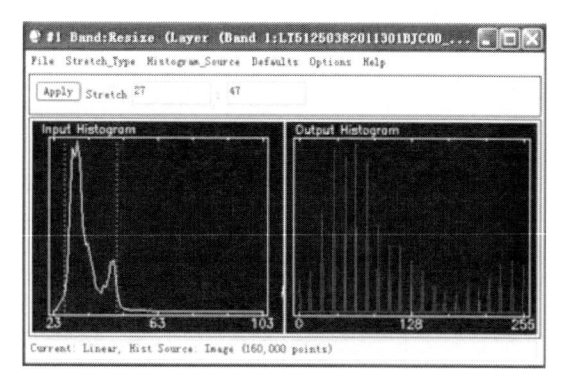

圖 5-21　交互式直方圖拉伸操作對話框

（2）在圖 5-21 對話框中，選擇 Stretch_ Type→拉伸方法，Stretch_ Type 菜單命令下共有 7 種拉伸方法（見圖 5-22）。

①Linear（線性拉伸）：線性拉伸的最小和最大值分別設置為 0 和 255，兩者之間的所有其他值設置為中間的線性輸出值，移動輸入直方圖中的垂直線（白色虛線）到所需要的位置，確定拉伸範圍。

②Piecewise Linear（分段線性拉伸）：可以通過使用鼠標中鍵在輸入直方圖中放置幾個點進行交互地限定。對於各點之間的部分採用線性拉伸。

③Gaussian（高斯拉伸）：系統默認的 Gaussian 使用均值 DN127 和對應的 0~255 的以正負 3 為標準差的值進行拉伸。輸出直方圖用一條紅色曲線顯示被選擇的 Gaussian 函數。

④Equalization（直方圖均衡化拉伸）：對圖像進行非線性拉伸，一定灰度範圍內像元的數量大致相等，輸出的直方圖是一個較平的分段直方圖。

⑤Square Root（平方根拉伸）：計算輸入直方圖的平方根，然後應用線性拉伸。

⑥Arbitrary（自定義拉伸和直方圖匹配）：在輸出直方圖的頂部繪製任何形狀的直方圖，或與另一個圖像的直方圖相匹配。

⑦User Defined LUT（自定義查找表拉伸）：一個用戶自定義的查找表可以把每個輸入的 DN 值拉伸到一個輸出值。可以從外部打開一個 LUT 文件或交互定義。

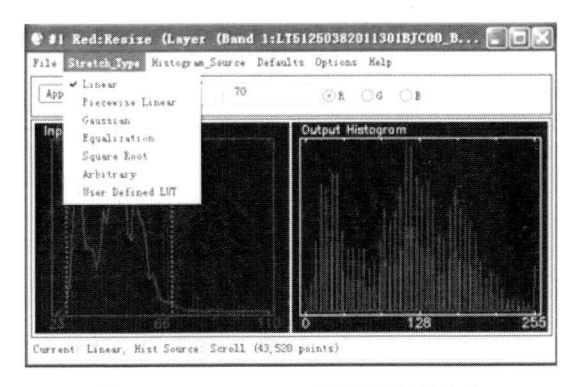

圖 5-22　Stretch_ Type 菜單下的拉伸方法

（3）要把任何拉伸或直方圖變化自動地應用於圖像，選擇 Options→Auto Apply：On，如圖 5-23。

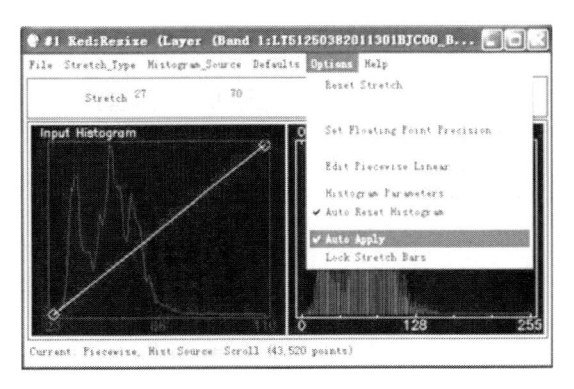

圖 5-23　圖像變換應用

（4）把任何變化應用於圖像，點擊「Apply」按鈕，選擇 Options → Auto Apply: Off。

（5）在 File →Export Stretch 選擇輸入路徑、文件名及數據類型，單擊 OK，輸出拉伸結果。

2. 直方圖匹配

（1）打開兩幅圖像並顯示在 Display 窗口中。

（2）在配準圖像的主窗口中，選擇 Enhance→Histogram Matching（見圖 5-24）。

圖 5-24　Histogram Matching 對話框

（3）選擇基準直方圖所在的圖像顯示窗口，選擇直方圖繪製源：Image、Scroll、Zoom、Band 或 ROI，點擊 OK。

（4）在匹配結果的主窗口中，選擇 Enhance→In-teractive stretching：輸出直方圖用紅色表示，被匹配輸出直方圖用白色表示。

（5）選擇 File→Export Stretch 選擇輸入路徑、文件名及數據類型，單擊 OK，輸出匹配結果。

(三) 濾波

1. 卷積濾波

卷積是一種濾波方法，它產生一幅輸出圖像（圖像上，一個給定像元的亮度值是其周圍像元亮度值加權平均的函數）。

卷積濾波通過消除特定的空間頻率來增強圖像，根據增強類型可以分為低通濾波、高通濾波、帶通濾波。

用於濾波的文件選擇對話框，在 Select By 選項中，它包括一個「File/Band」箭頭切換按鈕，這一按鈕可以讓用戶選擇輸入一個文件或輸入一個獨立的波段（見圖 5-25）。

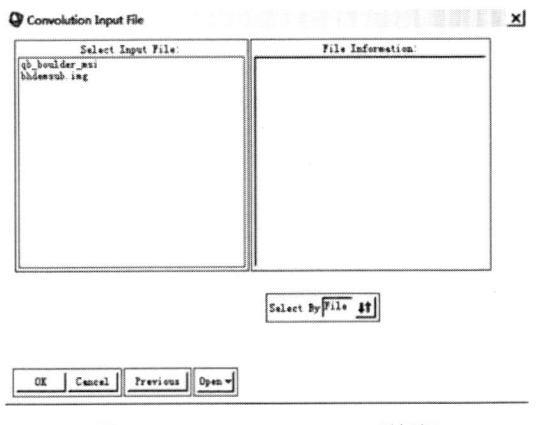

图 5-25 Convolution Input File 對話框

（1）卷積增強圖像中的單個波段
①選擇 Filter→Convolutions→濾波類型。
②點擊「Select By」附近的箭頭按鈕，選擇「Band」。這時，在窗口的左邊一欄「Select Input Band」文本框裡出現所有可利用波段的列表。
③通過點擊波段名選擇需要的波段（見圖 5-26）。一旦選擇了，還可以選擇一個空間子集。

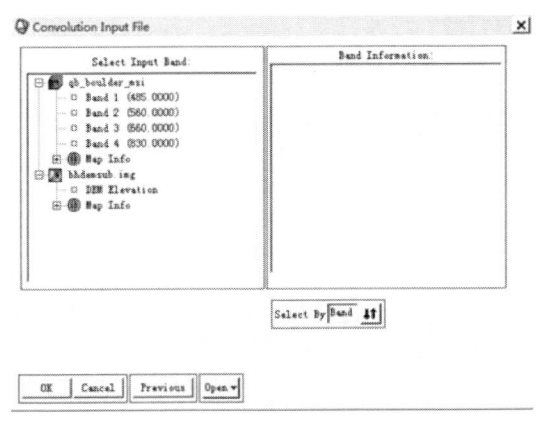

图 5-26 選擇所需波段

（2）卷積增強圖像文件
①打開圖像數據，在主菜單中，選擇 Filter→Convolutions and Morphology。
②在 Convolutions and Morphology Tool 對話框中，選擇 Convolutions→濾波類型。
不同的濾波類型對應著不同的參數，出現對話框時，設置卷積參數。
卷積濾波需要選擇一個變換核的大小，多數濾波變換核呈正方形，默認的變換核大小是 3×3，在「Size」文本框裡鍵入一個變換核的大小。
注意：一些特別的濾波（如 Sobel 和 Roberts）有自己的默認值，是不能改變的。

選擇這些濾波時，不會出現變換核大小的選項。

原始圖像卷積結果中「Add Back」部分有助於保持空間聯繫，代表性地被處理成尖銳化的圖像。對原始圖像的「Add Back」部分，在「Add Back」文本框裡，鍵入一個 0.0~1.0 的數（與原始圖像的 0~100%相對應）。

每一個變換核的值顯示在各自的可編輯的文本框裡，改變任何數值，點擊要改變的值，鍵入新值，按回車鍵確認。要存儲編輯過的變換核，選擇 File→Save Kernel，在合適文本框裡鍵入輸出文件名。要在 Convolution Parameters 對話框裡記以前存儲的變換核，選擇 File→Restore Kernel，從文件選擇對話框裡，選擇需要的文件名。

③點擊 Quick Apply，出現對話框時，選擇圖像文件，單擊 OK（見圖 5-27）。

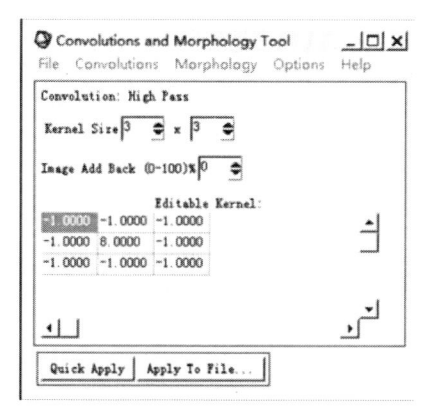

圖 5-27　Convolution and Morphology Tool 對話框

④在 Convolution Parameters 對話框裡（見圖 5-28），選擇輸出到「File」或「Memory」。

若選擇輸出到「File」，在標有「Enter Output Filename」的文本框裡鍵入要輸出的文件名；或用「Choose」按鈕選擇一個輸出文件名。

⑤點擊「OK」，開始卷積濾波。

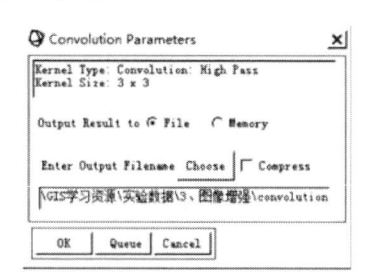

圖 5-28　Convolution Parameters 對話框

⑥查看結果（見圖 5-29）。

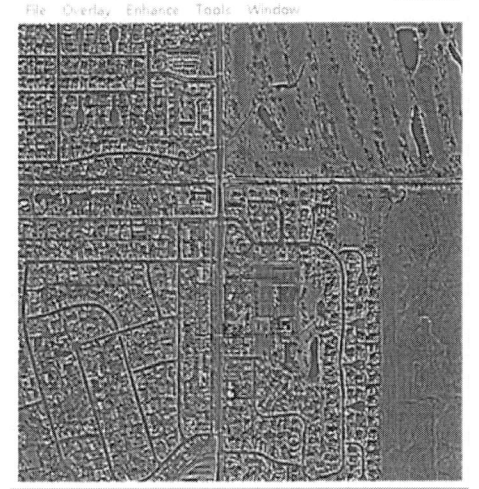

圖 5-29　查看結果

2. 其他濾波類型

（1）高通濾波器（High Pass Filter）

高通濾波在保持高頻信息的同時，消除了圖像中的低頻成分。它可以用來增強不同區域之間的邊緣，猶如使圖像尖銳化。通過運用一個具有高中心值的變換核來完成（典型地周圍是負值權重）。ENVI 默認的高通濾波用到的變換核是 3×3 的（中心值為「8」，外部像元值為「-1」）。高通濾波變換核的大小必須是奇數。

實現這一功能，選擇 Filters→Convolutions→High Pass。

（2）低通濾波器（Low Pass Filter）

低頻濾波保存了圖像中的低頻成分。ENVI 的低通濾波是通過對選擇的圖像運用 IDL「SMOOTH」函數進行的。這一函數用到了 Boxcar 平均，盒子的大小由變換核的大小決定，默認的變換核的大小是 3x3。

實現這一功能，選擇 Filters→Convolutions→Low Pass。

（3）拉普拉斯濾波器（Laplacian Filter）

拉普拉斯濾波是第二個派生的邊緣增強濾波，它的運行不用考慮邊緣的方向。拉普拉斯濾波強調圖像中的最大值，它用到的變換核的南北向與東西向權重均為負值，中心為「0」。ENVI 中默認的拉普拉斯濾波用的是一個大小為 3x3 的，中心值為「4」，南北向和東西向均為「-1」的變換核。所有的拉普拉斯濾波變換核的大小都必須是奇數。

（4）直通濾波（Directional）

直通濾波是第一個派生的邊緣增強濾波，它選擇性地增強有特定方向成分的圖像特徵。直通濾波變換核元素的總和是零。結果在輸出的圖像中有相同像元值的區域均為 0，不同像元值的區域呈現為亮的邊緣。實現直通濾波：

①選擇 Filters→Convolutions→Directional。

②除了 Convolution Parameters 對話框中的標準的濾波調整項目以外，ENVI 直通濾波需要用戶在標有「Angle」的文本框裡鍵入需要的方向（單位是度）。正北方是 0 度，其他角度按逆時針方矢量度。

（5）數學形態濾波

數學形態濾波包括：膨脹（Diltate）、腐蝕（Erode）、開啓（Opening）、閉合（Closing）

操作過程和卷積濾波相似，具體操作參考卷積濾波。

四、問題思考

1. 比較圖像增強后的影像與原圖像的不同之處。
2. 結合地物光譜特徵解釋比值運算能夠突出植被覆蓋的原因。

實驗六　圖像分類

一、基礎知識

遙感圖像通過亮度值或像元值的高低差異（反應地物的光譜信息）及空間變化（反應地物的空間信息）來表示不同地物的差異。這是區分圖像不同地物的物理基礎。地物光譜特徵——傳感器所獲取的地物在不同波段的光譜測量值，其獨特性和空間聚集特性可有效區分不同地物。

目視解譯是直接利用人類的自然識別智能，遙感圖像自動識別分類的最終目的是讓計算機識別感興趣的地物，將遙感圖像自動分成若干地物類別的方法；評價其精度，並將識別的結果經分類后處理輸出。

它的主要識別對象是遙感圖像及各種變換之后的特徵圖像。

遙感圖像分類就是利用計算機通過對遙感圖像中各類地物的光譜信息和空間信息進行分析，選擇特徵，將圖像中每個像元按照某種規則或算法劃分為不同的類別，然后獲得遙感圖像中與實際地物的對應信息，從而實現遙感圖像的分類。一般有監督分類和非監督分類。

監督分類（Supervised Classification）用於在數據集中根據用戶定義的訓練樣本類別（Training Classes）聚類像元。訓練樣本類別是像元的集合或者單一波譜，通常的訓練區採用 ROI 來選擇，而且應該盡可能地選擇純淨的感興趣區域。

非監督分類也稱為聚類分析或點群分類。在多光譜圖像中搜尋、定義其自然相似光譜集群的過程。

二、目的和要求

熟悉掌握監督分類、非監督分類方法和基本原理以及分類后處理；掌握監督分類

后評價過程；理解計算機圖像分類的基本原理；掌握數字圖像監督分類、非監督分類的具體方法和過程，以及兩種分類方法的區別。

實驗數據文件以 Img 格式提供，存放於本書數字資源包（…\ex6\Data\panyu.img）。

三、實驗步驟

（一）監督分類

監督分類方法。首先需要從研究區域選取有代表性的訓練場地作為樣本。根據已知訓練區提供的樣本，通過選擇特徵參數（如像素亮度均值、方差等），建立判別函數，據此對樣本像元進行分類，依據樣本類別的特徵來識別非樣本像元的歸屬類別。

1. 類別定義/特徵判別

根據分類目的、影像數據自身的特徵和分類區收集的信息確定分類系統；對影像進行特徵判斷，評價圖像質量，決定是否需要進行影像增強等預處理。這個過程主要是一個目視查看的過程，為后面樣本的選擇打下基礎。

打開 TM 圖像，以 RGB 波段顯示在 Display 中，目視解譯地物類別。

2. 樣本選擇

（1）選擇訓練樣區。為了建立分類函數，需要對每一類別選取一定數目的樣本，在 ENVI 中是通過感興趣區（ROI）來確定，也可以將矢量文件轉化為 ROI 文件來獲得，或者利用終端像元收集器（Endmember Collection）獲得，創建自己的感興趣區（ROI）。打開分類圖像，在主影像窗口中，選擇 Overlay→Region of Interest，打開 ROI Tool 對話框，如圖 6-1。

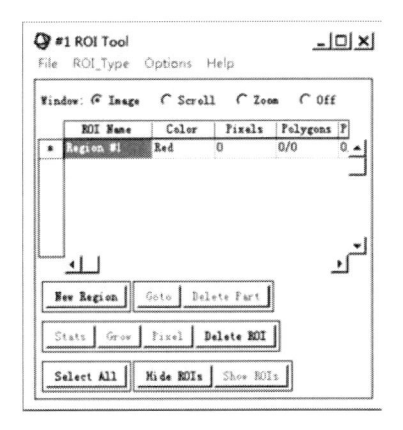

圖 6-1　ROI Tool 對話框

在 ROI Tool 對話框中，在 ROI Name 字段輸入樣本名稱（支持中文名稱），回車確認樣本名稱；在 Color 字段中，單擊右鍵選擇一種顏色。

選擇 ROI_Type→Polygon，在 Window 中選擇 Zoom，在 Zoom 窗口中繪製多邊形感興趣區。在圖上分別繪製幾個感興趣區，其數量根據圖像大小來確定。單擊 New

Region 按鈕，新建一個樣本種類，輸入樣本名稱。重複前面的步驟，得到訓練樣本，如圖 6-2。

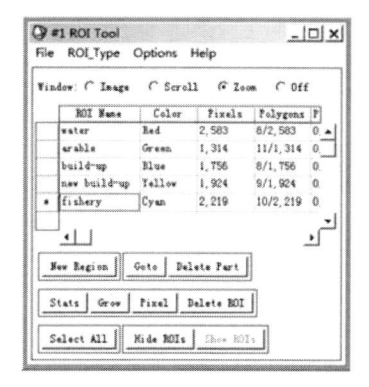

圖 6-2　定義訓練樣本

（2）評價訓練樣本

①樣本選擇的定量評價

在 ROI Tool 對話框中，選擇 Options→Compute ROI Separability，計算樣本的可分離性。

在文件選擇對話框中，選擇輸入 TM 圖像文件，單擊 OK 按鈕（見圖 6-3）。

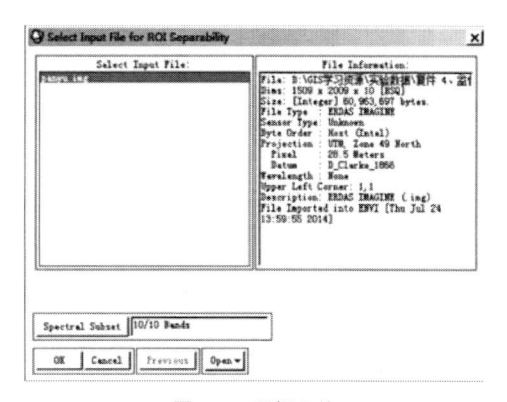

圖 6-3　選擇文件

在 ROI Separability Calculation 對話框中，單擊 Select All Items 按鈕，選擇所有 ROI 用於可分離性計算，單擊 OK（見圖 6-4）。

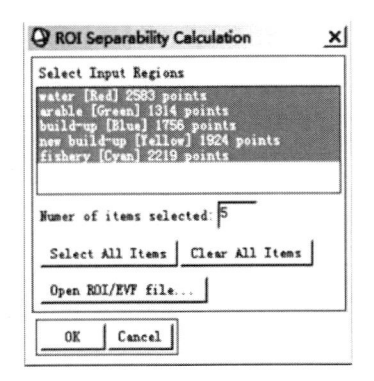

图 6-4 ROI Separability Calculation 對話框

　　各個樣本類型之間的可分離性，用 Jeffries-Matusita 及 Transformed Divergence 參數表示，這兩個參數的值在 0~2.0。大於 1.9 說明樣本之間可分離性好，屬於合格樣本；小於 1.8，需要重新選擇樣本；小於 1，考慮將兩類樣本合成一類樣本。

　　對於各個樣本類型之間的可分離性值小於 1.8，關閉 ROI Separability Report 窗口。在之前的 ROI Tool 對話框中，點擊分離性差的樣本，讓其處於可激活狀態。單擊 Go to 按鈕，查看樣本的選擇，當創建的感興趣區的地物光譜信息不一致時，點擊鼠標滾輪直接刪除，重新創建感興趣區。

　　重複前面的步驟來計算訓練樣本的可分離性（見圖 6-5）。

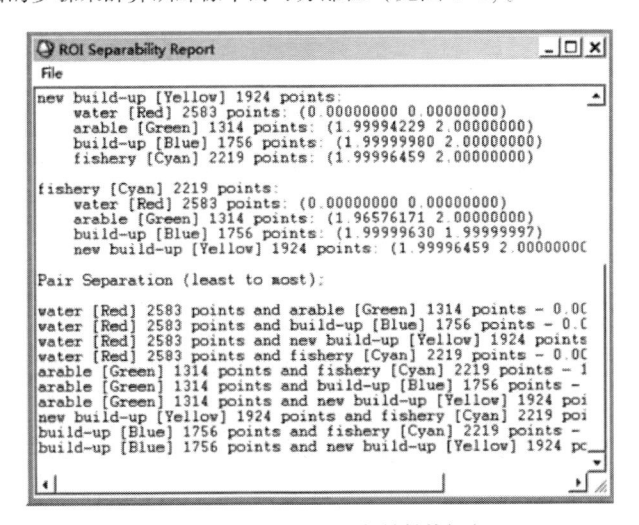

圖 6-5 訓練樣本可分離性計算報表

　　在 ROI Tool 對話框中，選擇 File→Save ROI，將所有訓練樣本保存為外部文件（.roi）（見圖 6-6）。

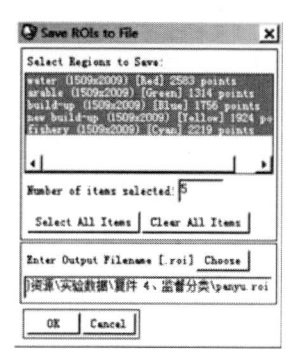

圖 6-6　保存訓練樣本

②樣本選擇的定性評價

在 ROI Tool 對話框中，選擇 File→Export ROI to n-DVisualizer，對樣本的可分離性進行定性分析。

在文件選擇對話框中，選擇輸入 TM 圖像文件，單擊 OK 按鈕（見圖 6-7）。

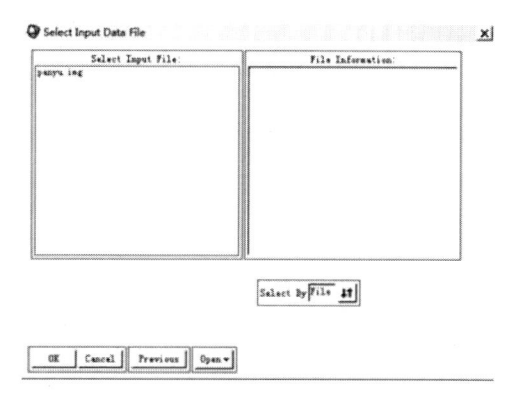

圖 6-7　選擇文件

在 n-D Controls 對話框中。單擊 Select All Items 按鈕，選擇所有 ROI 用於可分離性計算，單擊 OK（見圖 6-8）。

圖 6-8　選擇可分離性計算的 ROI

在 n-D Controls 對話框中，n-D Selected Bands 選擇分類的波段，點擊 Start 按鈕（見圖 6-9）。

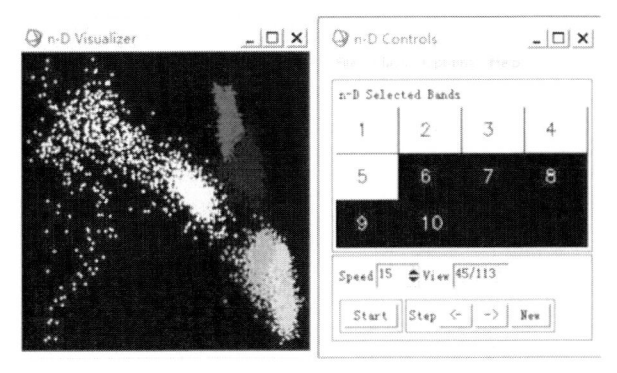

圖 6-9　選擇分類的波段

若樣本間分離性差，選擇 n-D Controls 對話框中的 Class→Items 1-20：white，將不易分離的部分圈為白色歸為新的類別，實現樣本間的分離。

在 n-D Controls 對話框中，右擊選擇 Export All 輸出所有樣本（見圖 6-10）。

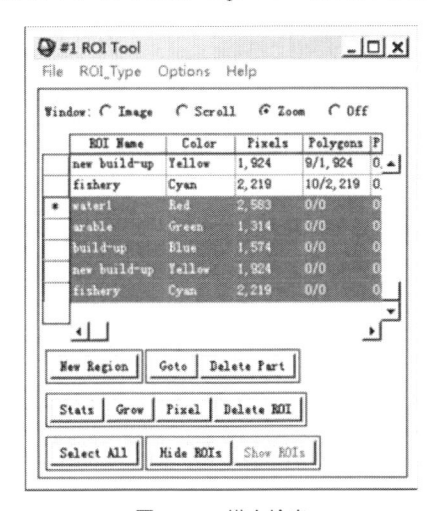

圖 6-10　樣本輸出

對輸出的樣本在 ROI Name 輸入樣本名稱，根據原樣本的顏色來命名分離性定性後的樣本，選擇 Options→Compute ROI Separability，重新計算樣本的可分離性。

3. 分類器選擇

根據分類的複雜度、精度需求等確定採用哪一種分類器。目前監督分類可分為：基於傳統統計分析學的，包括平行六面體、最小距離、馬氏距離、最大似然；基於神經網路的；基於模式識別，包括支持向量機、模糊分類等，針對高光譜有波譜角（SAM），光譜信息散度，二進制編碼。

下面介紹幾種監督分類方法：

75

（1）平行六面體（Parallelepiped）

平行六面體將用一條簡單的判定規則對多光譜數據進行分類。根據訓練樣本的亮度值形成一個 N 維的平行六面體數據空間，其他像元的光譜值如果落在平行六面體任何一個訓練樣本所對應的區域，就被劃分在對應的類別中。平行六面體的尺度是由標準差閾值所確定的，而該標準差閾值則是根據每種所選類的均值求出的。

（2）最大似然（Maximum Likelihood）

最大似然分類假定每個波段中每類的統計都呈正態分佈，並將計算出給定像元屬於特定類別的概率。除非選擇一個概率閾值，否則所有像元都將參與分類。每一個像元都被歸到概率最大的那一類裡（也就是最大似然）。

（3）最小距離（Minimum Distance）

最小距離分類利用訓練樣本數據（感興趣區）計算出每一類的均值向量和標準差向量，然後以均值向量作為該類在特徵空間中的中心位置，計算輸入圖像中每個像元到各類中心的距離，像元歸並到距離最近的類別。

除非用戶指定了標準差和距離的閾值，在這種情況下，如果有些像元不滿足所選的標準，那麼它們就不會被歸為任何類（Unclassified），否則所有像元都將分類到感興趣區中最接近的那一類。

（4）馬氏距離（Mahalanobis Distance）

馬氏距離分類是一個方向靈敏的距離分類器，它分類時將使用到統計信息。它與最大似然分類有些類似，但是它假定了所有類的協方差都相等，所以它是一種較快的分類方法。除非用戶指定了距離的閾值（在這種情況下，如果有些像元不滿足所選的標準，那麼它們就不會被歸為任何類（Unclassified）），否則所有像元都將分類到感興趣區中最接近的那一類。

（5）神經網路（Neural Net Classification）

神經網路指用計算機模擬人腦的結構，用許多小的處理單元模擬生物的神經元，用算法實現人腦的識別、記憶、思考過程應用於圖像分類。

（6）支持向量機（Support Vector Machine Classification）

支持向量機分類（SVM）是一種建立在統計學理論（Statistic Learning Theory，SLT）基礎上的機器學習方法。SVM 可以自動尋找那些對分類有較大區分能力的支持向量，由此構造出分類器，可以將類與類之間的間隔最大化，因而有較好的推廣性和較高的分類準確率。

在上述 6 種分類器中都可以生成規則影像（Rule Image），它可以用來對分類的結果進行評估，如果需要還可以根據指定的閾值，重新進行分類。在不同分類方法所生成的規則影像中，像元值代表了不同的信息，如表 6-1。

表 6-1　　　　　　　部分分類器中規則影像的像元值信息

分類方法	規則影像像元值
平行六面體（Parallelepiped）	滿足平行六面體準則的波段數

表6-1(續)

分類方法	規則影像像元值
最小距離（Minimum Distance）	到類中心的距離
最大似然（Maximum Likelihood）	像元屬於該類的概率
馬氏距離（Mahalanobis Distance）	到類中心的距離

4. 影像分類

基於傳統統計分析的分類方法參數設置比較簡單，這裡選擇支持向量機分類方法。

（1）在 ENVI 主菜單中，選擇 Classification→Supervised→Support Vector Machine Classification，在文件輸入對話框中選擇 TM 分類影像。單擊 OK，打開 Support Vector Machine Classification 參數設置面板（見圖6-11）。

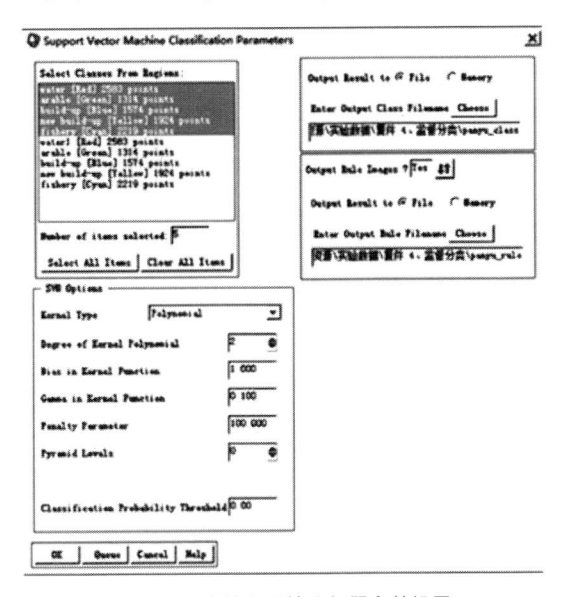

圖6-11　支持向量機分類器參數設置

（2）在 Kernel Type 下拉列表裡選項有 Linear、Polynomial、Radial Basis Function 以及 Sigmoid。

如果選擇 Polynomial，設置一個核心多項式（Degree of Kernel Polynomial）的次數用於 SVM，最小值是1，最大值是6。

如果選擇 Polynomial or Sigmoid，使用向量機規則需要為 Kernel 指定 the Bias，默認值是1。

如果選擇是 Polynomial、Radial Basis Function、Sigmoid，需要設置 Gamma in Kernel Function 參數。這個值是一個大於零的浮點型數據。默認值是輸入圖像波段數的倒數。

（3）Penalty Parameter：這個值是一個大於零的浮點型數據。這個參數控制了樣本錯誤與分類剛性延伸之間的平衡，默認值是100。

（4）Pyramid Levels：設置分級處理等級，用於 SVM 訓練和分類處理過程。如果這個值為 0，將以原始分辨率處理；最大值隨著圖像的大小而改變。

（5）Pyramid Reclassification Threshold（0~1）：當 Pyramid Levels 值大於 0 時候需要設置這個重分類閾值。

（6）Classification Probability Threshold：為分類設置概率域值，如果一個像素計算得到所有的規則概率小於該值，該像素將不被分類，範圍是 0~1，默認是 0。

（7）選擇分類結果的輸出路徑及文件名。

（8）設置 Out Rule Images 為 Yes，選擇規則圖像輸出路徑及文件名。

（9）單擊 OK 按鈕執行分類。

（10）支持向量機分類結果顯示（見圖 6-12）。

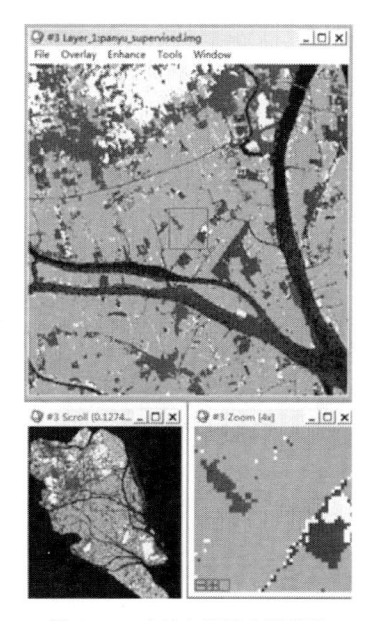

圖 6-12　支持向量機分類結果

（二）非監督分類

非監督分類方法是在沒有先驗類別（訓練場地）作為樣本的條件下，即事先不知道類別特徵，主要根據像元間相似度的大小進行歸類合併（將相似度大的像元歸為一類）的方法。該分類僅依靠影像上不同類地物光譜（或紋理）信息進行特徵提取，再統計特徵的差別來達到分類的目的，最后對已分出的各個類別的實際屬性進行確認。

目前比較常見的是 ISODATA 和 K-Mean 等。遙感影像的非監督分類一般包括以下 4 個步驟：

1. 影像分析

大體上判斷主要地物的類別數量。一般監督分類設置分類數目比最終分類數量要多 2~3 倍為宜，這樣有助於提高分類精度。本案例的數據源為 panyu.img，類別分為：

水體、漁業、耕地、建設用地、新建設用地、其他六類。確定在非監督分類中的類別數為 10。

2. 分類器選擇

目前非監督分類器比較常用的是 ISODATA 和 K-Mean。ENVI 包括了 ISODATA 和 K-Mean 方法。

ISODATA（Iterative Self Orgnizing Data Analysize Technique Algorithm）為重複自組織數據分析技術，計算數據空間中均勻分佈的類均值，然后用最小距離技術將剩余像元進行迭代聚合，每次迭代都重新計算均值，且根據所得的新均值，對像元進行再分類。

K-Means 使用了聚類分析方法，隨機地查找聚類簇的聚類相似度，即中心位置，是利用各聚類中對象的均值所獲得一個「中心對象」（引力中心）來進行計算的，然后迭代地重新配置它們，完成分類過程。

3. 影像分類

執行非監督分類操作過程，下面介紹兩種 ISODATA 和 K-Mean 方法。

（1）ISODATA

①打開 ENVI，選擇主菜單→Classification→Unsupervised→IsoData（見圖 6-13）。

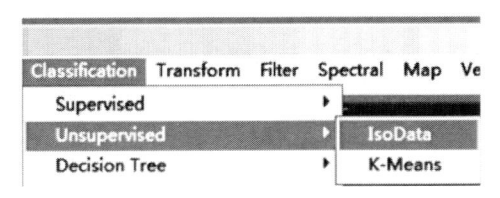

圖 6-13　選擇菜單

②在 Classification Input File 對話框中，選擇分類的 TM 圖像文件，在選擇文件的時候，可以設置空間或者光譜裁剪區。這裡選擇 panyu.img，點擊 OK，顯示 ISODATA Parameters 對話框（見圖 6-14）。

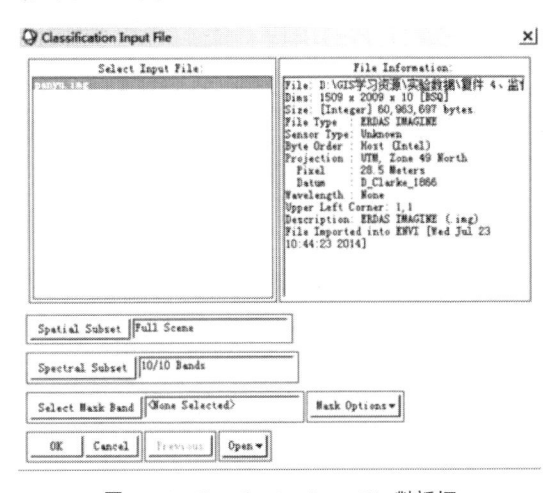

圖 6-14　Classification Input File 對話框

③設置 ISODATA Parameters 對話框中的參數，如圖 6-15 所示。

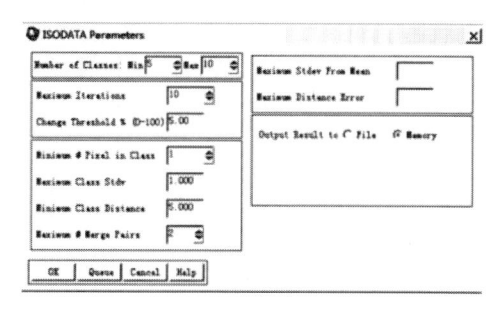

圖 6-15　ISODATA 非監督分類參數設置

在 ISODATA Parameters 對話框中可以利用的選項包括：即將被限定的分類數的範圍輸入，被用來對數據進行分類的最多迭代次數，像元變化閾值（0～100%），分割、合併和刪除分類閾值以及可選的距離閾值。

輸入被限定的類別數量範圍（最小值和最大值）。用到類別數據範圍是由於獨立數據算法是基於輸入的閾值進行拆分與合併的，並不遵循一個固定的類數。

在合適文本框裡，輸入迭代次數的最大值和一個變化閾值（0～100%）。當每一類的像元數變化小於閾值時，用變化閾值來結束迭代過程。當達到閾值或迭代達到了最多次數時，分類結束。

在合適文本框裡，鍵入形成一類需要的最少像元數。如果一類中的像元數小於構成一類的最少像元數，則這一類就要被刪除，其中的像元被歸到距離最近的類裡。

在「Maximum Class Stdv」文本框裡，鍵入最大分類標準差（用十進制）。如果一類的標準差比這一閾值大，則這一類將被拆分成兩類。

在合適文本框裡，鍵入類均值之間的最小距離和合併成對的最多數。如果類均值之間的距離小於輸入的最小值，則這一類就會被合併。被合併后的成對類的最大數由合併成對的參數最大值設定。

隨意設置類均值左右的標準差和（或）最大允許距離誤差，分別在「Maximum Stdev From Mean：」和「Maximum Distance Error：」文本框裡，鍵入數值。

如果這些可選參數的數值都已經輸入，分類就用兩者中較小的一個判定將參與分類的像元。如果兩個參數都沒有輸入，則所有像元都將被分類。

選用「Memory」輸出。

點擊 OK，開始進行 ISODATA 分類。圖像中每一個波段將計算統計值，屏幕上出現一條狀態信息，顯示操作的進展過程。這一信息隨著分類器的每一次迭代在 0～100% 循環。新建 Display 窗口，顯示分類結果。比較分類后的影像與之前的 TM 影像（見圖 6-16）。

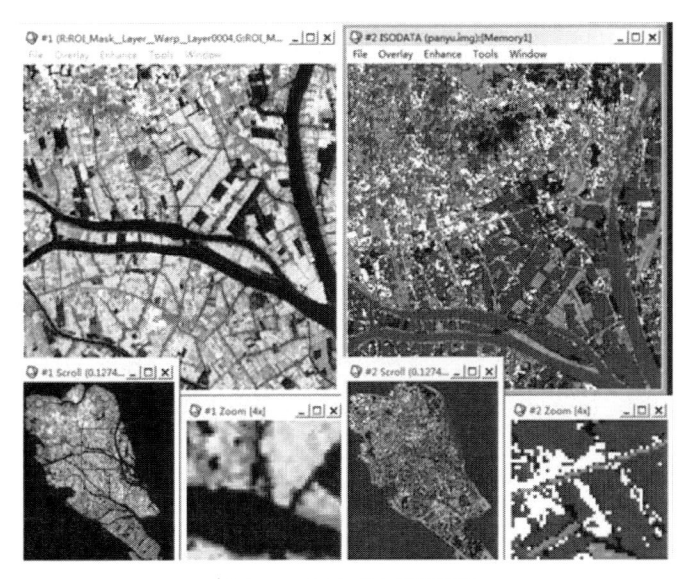

圖 6-16　ISODATA 分類結果

（2）K-Means

步驟與 IsoData 分類方法類似。

4. 類別定義與合併

（1）類別定義

在 Display 中顯示原始影像（見圖 6-17），在 Display→Overlay→Classification，選擇 ISODATA 分類結果，在 Interactive Class Tool 面板中，可以選擇各個分類結果的顯示（見圖 6-18）。

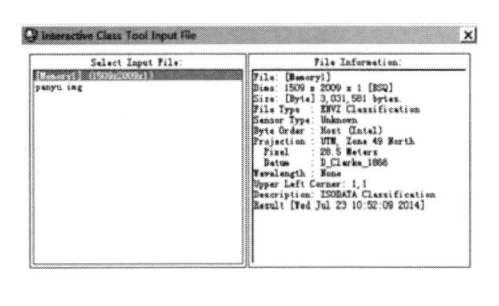

圖 6-17　選擇文件

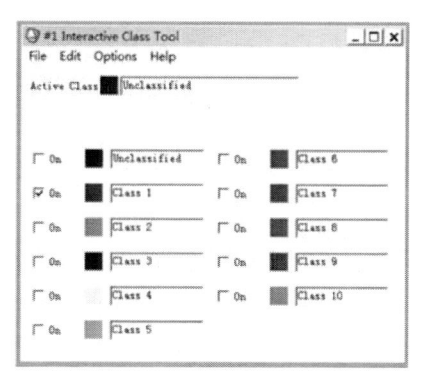

图 6-18　Interactive Class Tool 對話框

在 Interactive Class Tool 面板中，選擇 Option→Edit class colors/names。通過目視或者其他方式識別分類結果，填寫相應的類型名稱和顏色（見圖 6-19）。

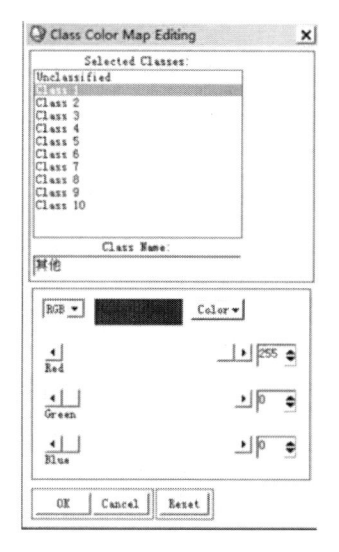

图 6-19　類別定義

重複上面的步驟，定義其他類別。

在類別定義時候，可以利用 Mode：Polygon Add to Class、Edit→Mode：Polygon Delete from Class 或者 Set Delete Class Value 把很明顯的錯誤分類結果並入或者刪除。

在 Interactive Class Tool 對話框中，選擇 File→Save Change to File，保存修改結果。

（2）類別合併

選擇主菜單→Classification→Post Classification→Combine Classes。在 Combine Classes Input File 對話框中選擇定義好的分類結果。單擊 OK 按鈕調出 Combine Classes Parameters 對話框。

在 Combine Classes Parameters 對話框中，從 Select Input Class 中選擇需要合併的類

別，從 Select Out Class 中選擇並入的類別，單擊 Add Combination 按鈕把同一類的類別合併成一類。在點擊 OK 後，在 Remove Empty Class 項中選擇 YES，將空白類移除。

選擇輸出文件的路徑，單擊 OK，得到合併結果（見圖 6-20）。

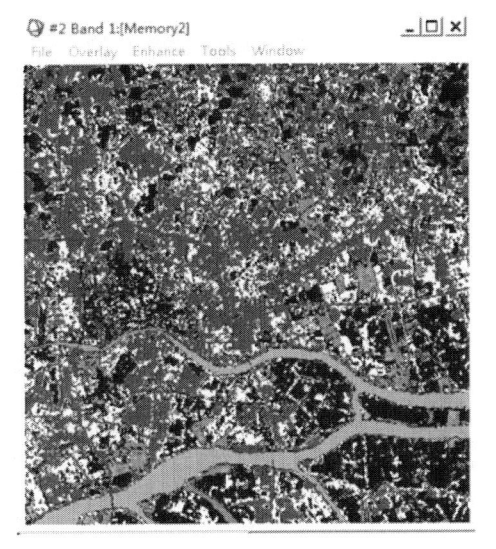

圖 6-20　查看結果

(三) 分類后處理

計算機分類得到的結果，一般難以達到最終目的，因此，對獲取的分類結果需要再進行一些處理，這些過程通常稱為分類后處理。這包括更改類別顏色、分類統計分析、小斑點處理（類后處理）、柵矢轉換等操作。

1. 更改類別顏色

(1) 手動方式

當顯示分類影像時，可以通過修改類的顏色來改變特定類所對應的顏色。

①在主影像顯示窗口中，選擇 Tools→Color Mapping→Class Color Mapping。

②在 Class Color Mapping 對話框中，點擊某個類的名字，並拖動相應的顏色條，或者輸入所需的顏色值，來改變類的顏色，所做的改動就會立刻應用到分類影像上。在對話框中，選擇 Options→Save Changes 進行永久性的改變，選擇 Options→Reset Color Mapping，可以恢復初始值（見圖 6-21）。

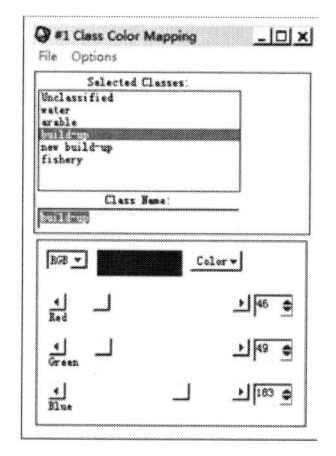

圖 6-21　設置類別顏色

也可以在 Interactive Class Tool 面板中，選擇 Option→Edit class colors/names 更改（見圖 6-22）。

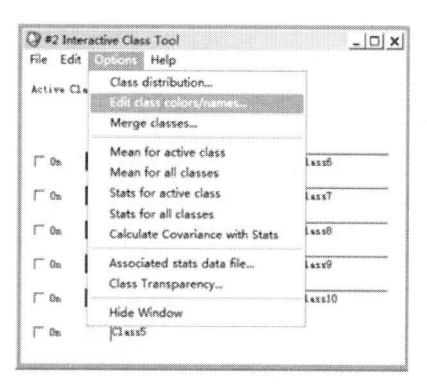

圖 6-22　編輯類別顏色

（2）自動方式

以顯示在 Display 中 RGB 彩色圖像為基準，進行類別修改匹配基準圖像的顏色。

①在主菜單中，選擇 Classification→Post Classification→Assign Class Colors。在 Assign Class Colors 對話框中選擇 Display 窗口作為基準顏色。

②在 Input Classification Image 選擇框中，選擇分類結果文件，單擊 OK。可以看到分類結果的顯示顏色已經更改。

2. 分類統計分析

這個功能允許從被用來分類的影像中提取統計信息。這些不同的統計信息可以是基本統計信息（最小值、最大值、均值、標準差、特徵值），直方圖或者是從每個所選類中計算出的平均波譜。

（1）選擇 Classification→Post Classification→Class Statistics 來進行統計處理。選擇分類影像 panyu_ unsupervised. img，然后點擊 OK（見圖 6-23）。

图 6-23　选择文件

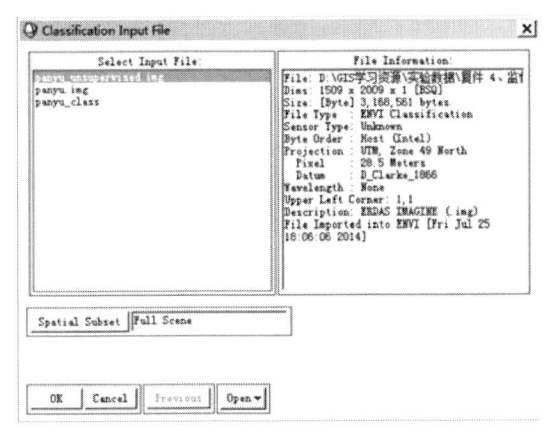

（2）接着选择原始被用来分类的影像 panyu.img，点击 OK（见图 6-24）。

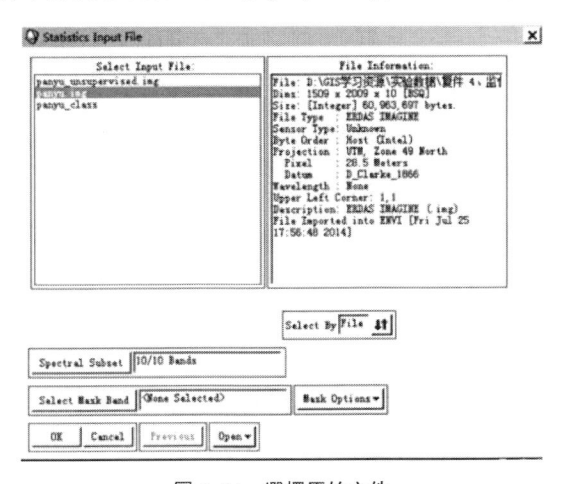

图 6-24　选择原始文件

（3）使用 Class Selection 对话框，选择要进行统计的类。点击 Select All Items，然后点击 OK。

（4）最后，在 Compute Statistics Parameters 对话框中，选择要计算的统计信息，并点击 Compute Statistics Parameters 对话框底部的 OK 按钮。然后，根据所选择的统计选项，几个绘制图（Plots）和报表（Reports）就会出现在屏幕上（见图 6-25）。

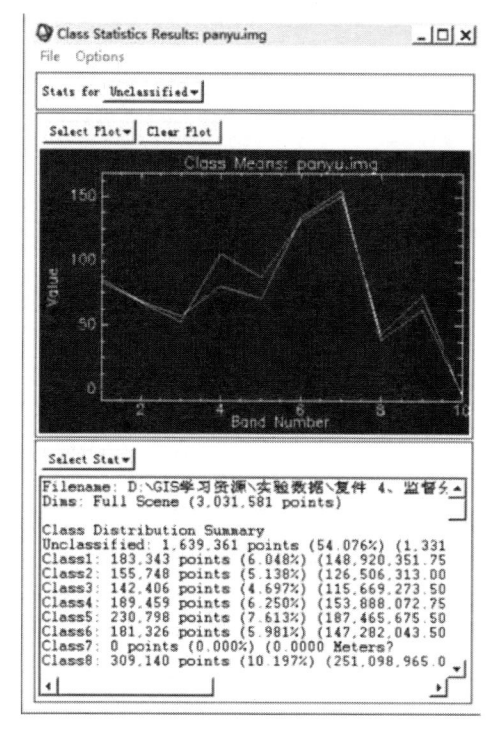

圖 6-25　統計結果顯示

3. 混淆矩陣（Confusion Matrix）

ENVI 中混淆矩陣可以把分類結果的精度顯示在一個混淆矩陣裡（用於比較分類結果和地表真實信息）。地面真實影像（Truth Image）可以是另一幅分類影像，或者是根據地面真實測量生成的影像。

當使用地表真實圖像時，可以為每個分類計算誤差掩膜圖像，用於顯示哪些像元被錯誤分類。首先打開一個真實的分類圖。

（1）在主菜單中，選擇 Classification→Post Classification→Confusion Matrix→［method］，其中［method］為 Using Ground Truth Image 或者 Using Ground Truth ROI。

（2）這裡選擇 Using Ground Truth Image，在 Classification Input File 對話框中，選擇分類結果圖像。

（3）在 Ground Truth Input File 對話框中，選擇地表真實圖像。

（4）在 Match Classes Parameters 對話框中，把兩幅影像中相應的類進行匹配，單擊 Add Combination 按鈕，把地表真實類別與最終分類結果相匹配。在 Matched Classes 顯示欄中查看匹配類別。如果地表真實圖像中的類別與分類圖像中的類別名稱相同，將自動匹配。單擊 OK，輸出混淆矩陣（見圖 6-26）。

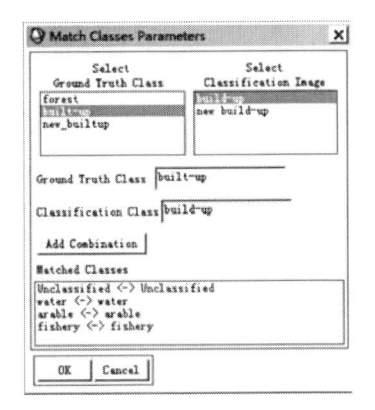

圖 6-26　分類匹配設置窗口

（5）在混淆矩陣輸出窗口中，設置 Output Confusion Matrix 參數。對 Output Result to 選項，選擇結果輸出路徑，然後點擊 OK 按鈕（見圖 6-27）。

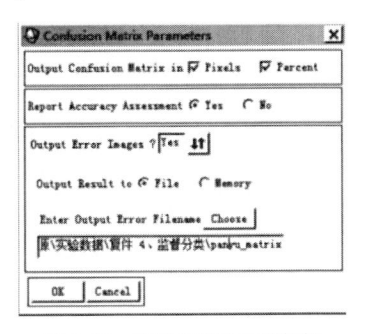

圖 6-27　混淆矩陣輸出對話框

（6）查看混淆矩陣（Confusion Matrix）和混淆影像（Confusion Images），通過使用動態疊加、波譜剖面廓線以及 Cursor Location/Value 來對分類影像和原始反射率影像進行比較，確定誤差的來源（見圖 6-28）。

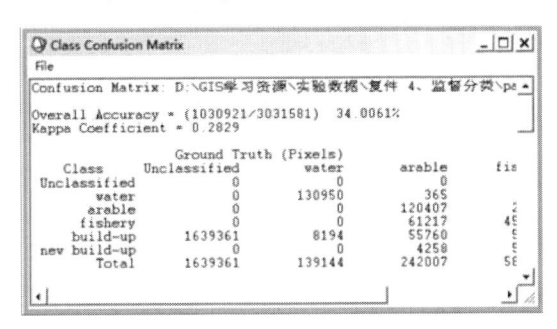

圖 6-28　使用另一幅分類影像作為地面真實影像生成的混淆矩陣

4. 小斑點處理

運用遙感影像分類不可避免地會產生一些面積很小的圖斑。無論從專題制圖的角

度，還是從實際應用的角度，都有必要對這些小圖斑進行剔除和重新分類，目前常用的方法有 Majority/Minority 分析、聚類（Clump）和過濾（Sieve）。這些工具都可以在主菜單 → Classification → Post Classification 中找到。Majority/Minority 分析和聚類（Clump）是將周圍的「小斑點」合併到大類當中，過濾（Sieve）是將不符合的「小斑點」直接剔除。

（1）Majority 分析

類似於卷積計算，定義一個變換核，將變換核中占主要地位（像元素最多）的像元類別代替中心像元的類別。

將變換核中占次要地位的像元類別代替中心像元的類別。

在主菜單中，選擇 Classification→Post Classification→Majority/Minority Analysis。在打開的對話框中，選擇一個分類圖像打開 Majority/Minority Parameters 對話框，設置參數（見圖 6-29）。

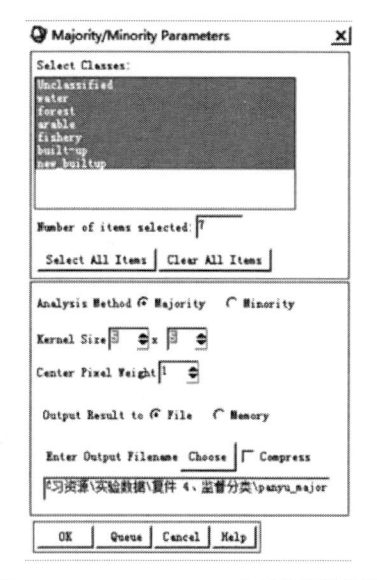

圖 6-29　Majority/Minority 分析的參數設置

（2）聚類處理（Clumping）

其是指運用形態學算子將臨近的類似區域聚類並合併，分類區域中有斑點或洞的存在，缺少空間連續性。低通濾波雖然可以用來平滑這些圖像，但是類別信息常常會被臨近類別的編碼干擾，聚類處理解決了這個問題。首先將被選的分類用一個擴大操作合併到一起，然后在參數對話框中制定變換核進行侵蝕操作。

在主菜單中，選擇 Classification→Post Classification→Clump Classes。在 Classification Input File 對話框中，選擇一個分類圖像，單擊 OK，打開 Clump Parameters 對話框，設置參數（見圖 6-30）。

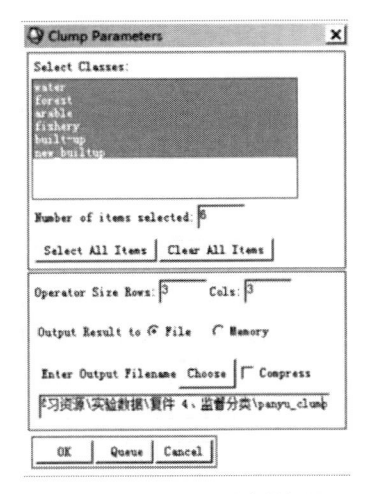

圖 6-30　聚類處理的參數設置

（3）過濾處理（Sieve）

過濾處理可解決分類圖像中出現的孤島問題。過濾處理使用斑點分組來消除被隔離的分類像元，通過分析周圍得到 4 個或 8 個像元，判定一個像元是否與周圍的像元同組。如果一類中被分析的像元數少於輸入的閾值，則從該類中將這些像元刪除，歸為未分類的像元。

在主菜單中，選擇 Classification→Post Classification→Sieve Classes。在 Classification Input File 對話框中，選擇一個分類圖像，單擊 OK，打開 Sieve Parameters 對話框，設置參數（見圖 6-31）。

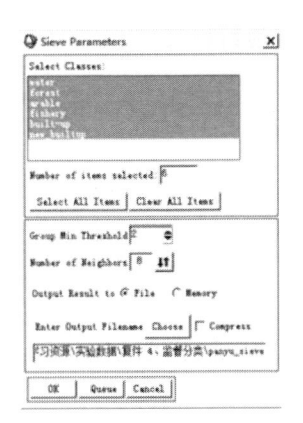

圖 6-31　過濾處理的參數設置

5. 分類結果疊加

疊加顯示類允許用戶將分類影像的關鍵類作為彩色層疊加到一幅灰階或者一幅 RGB 彩色合成影像上。

（1）打開背景影像並在 Display 中顯示 RGB 彩色合成圖。

（2）從 ENVI 主菜單中，選擇 Classification→Post Classification→Overlay Classes。

（3）在 Select Input for Class Overlay 中選擇背景圖像（見圖 6-32）。

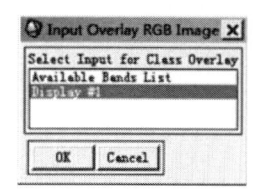

圖 6-32　選擇背景圖像

（4）在 Classification Input File 對話框中，選擇分類結果圖像作為輸入的分類影像，點擊 OK（見圖 6-33）。

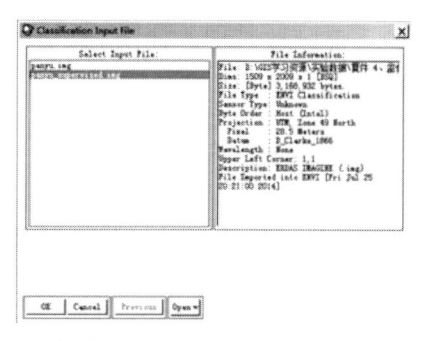

圖 6-33　選擇分類結果圖像

（5）在 Class Overlay to RGB Parameters 對話框中，選擇需要疊加到背景影像上的類。將結果輸出到 Memory 中，點擊 OK，完成疊加處理（見圖 6-34）。

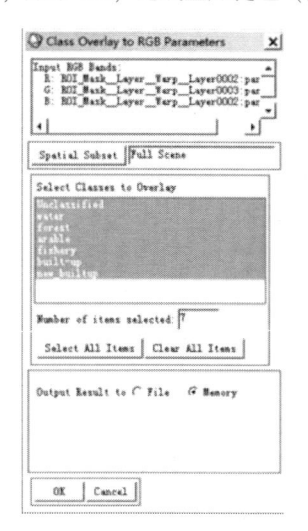

圖 6-34　分類結果疊加的參數設置

（6）加載分類疊置影像到一個影像顯示窗口中，使用影像動態連結功能，將其同

分類影像和原始反射率影像進行比較。

除了上面介紹的分類影像的疊加方法之外，ENVI 也提供了一個交互式的分類影像疊加工具。這個工具允許交互式地將類疊加在顯示的影像上，可以進行打開或者關閉類顯示疊加，對類進行修改，獲取類的統計信息，合併類以及修改類的顏色等操作。

6. 交互式分類影像疊加

（1）使用可用波段列表，將 panyu. img 影像的第 4 波段作為灰階影像顯示出來。

（2）從主影像窗口菜單欄中，選擇 Overlay→Classification。

（3）在 Classification Input File 對話框中，選擇某個可用的分類影像（如 panyu_supervised. img 分類影像），點擊 OK。出現 Interactive Class Tool 對話框，每一類及其相應的顏色都將列示在對話框中（見圖 6-35）。

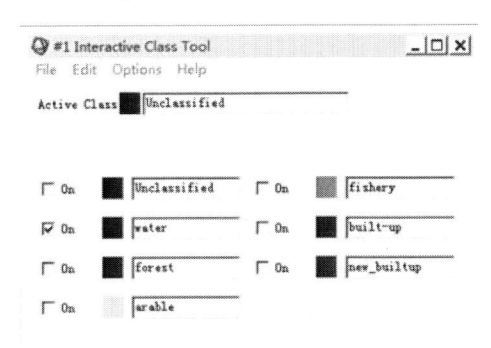

圖 6-35　Interactive Class Tool 對話框

（4）點擊每一個 On 復選框按鈕，改變每個類在灰階影像上的疊加顯示情況。

（5）嘗試使用 Options 菜單下的每個選擇，對分類影像進行評價。針對部分分類結果不準確，採用如下方法：

歸並到別的類別中：

在 Interactive Class Tool 對話框中，勾選 On 前面的復選框，激活要修改的類別。

選擇 Edit→Mode：Polygon Add to Class。

選擇 Edit→Polygon Type：Polygon。

在 Edit Window 項中，選擇 Zoom。

在 Display 窗口上，定位到需要修改的分類結果區域，按住左鍵繪製多邊形，點右鍵完成。

刪除並歸類到 Unclassified：

在 Interactive Class Tool 對話框中，勾選 On 前面的復選框，激活要修改的類別。

選擇 Edit→Mode：Polygon Add to Class。

選擇 Edit→Set delete class value，設置刪除部分後的值。默認為 Unclassified。

選擇 Edit→Polygon Type：Polygon。

在 Edit Window 項中，選擇 Zoom。

在 Display 窗口上，定位到需要刪除的區域，按住左鍵繪製多邊形，點右鍵完成。

（6）選擇 Edit 菜單下的每個選擇，交互式地改變特定類所容納的像元。

（7）在主影像窗口中，選擇 File→Save Image As→［Device］（其中，［Device］為 Postscript 或者為 Image），將分類疊置影像輸出到一個新的文件。

（8）選擇 File→Cancel，退出該交互式工具。

7. 柵矢轉換

加載預先生成的矢量層到一幅灰階反射率影像上，然後同柵格分類影像進行比較。也可以自己執行轉換程序，將某個分類影像轉換為矢量層。使用如下的步驟，加載預先生成的矢量層，該矢量層是從並類處理過的分類影像中生成的：

（1）在並類處理過的分類影像 panyu_supervised.img 的主影像窗口中，選擇 Overlay→Vectors。

（2）在 Vector Parameters 對話框中，選擇 File→Open Vector File，選擇 Vector File 打開，在分類產生的多邊形中獲取的矢量就會勾畫出柵格分類像元的輪廓，如圖 6-36 所示。

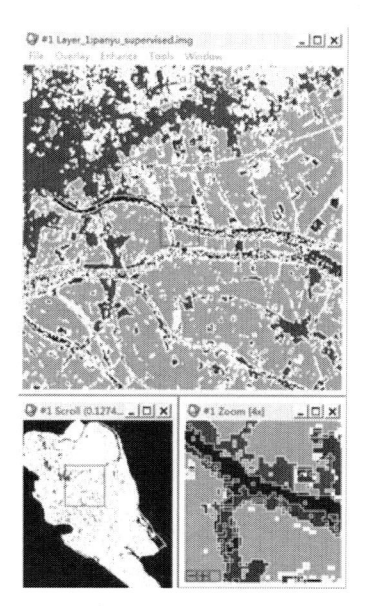

圖 6-36　柵格分類像元顯示

（3）分類結果轉矢量操作過程。

①在主菜單中，選擇 Classification→Post Classification→Classification to Vector，或者在主菜單中選擇 Vector→Raster to Vector，在 Raster to Vector Input Band 對話框中，選擇綜合處理過的影像，如圖 6-37 所示。

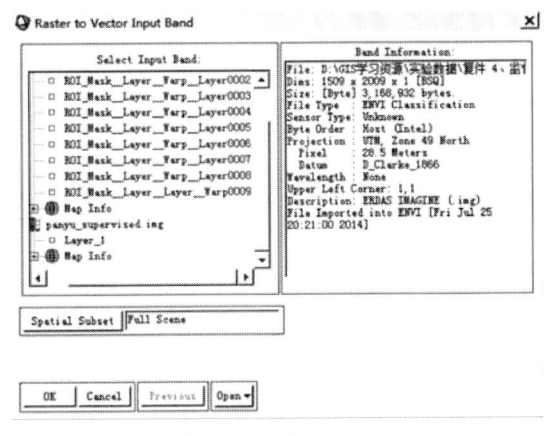

圖 6-37　選擇影像文件

②打開 Raster To Vector Parameters 對話框，設置矢量輸出參數。在選擇輸出參數的時候，可以選擇特定的類別，也可以把類別單獨輸出為矢量文件，如圖 6-38 所示。

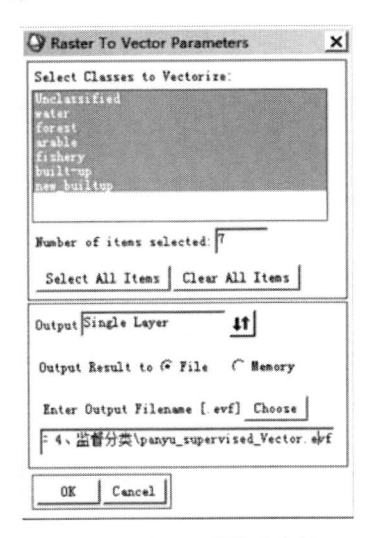

圖 6-38　設置矢量輸出參數

③在可用矢量列表對話框中，選擇剛生成的矢量，點擊對話框底部的 Load Selected 按鈕（見圖 6-39）。

圖 6-39　選擇生成的矢量文件

④在 Load Vector 對話框中選擇正確的顯示窗口號，該顯示窗口顯示的是灰階反射率影像。接著矢量層就會加載到這個顯示窗口中。在 Vector Parameters 對話框中，選擇 Edit→Edit Layer Properties，改變矢量層的顏色和填充方式，使這些矢量顯示得更清楚（見圖 6-40），點擊 OK。

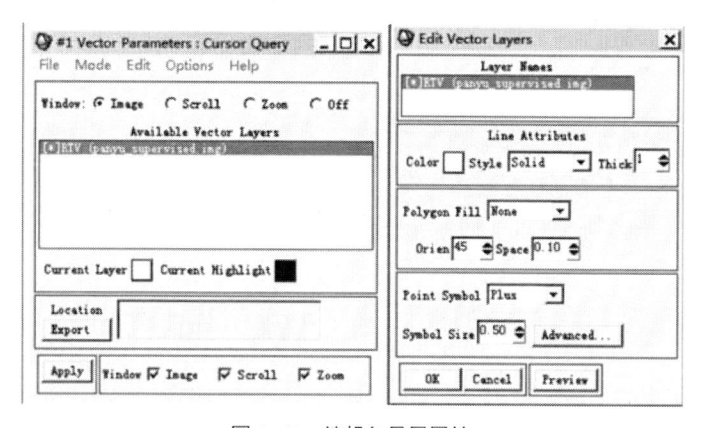

圖 6-40　編輯矢量層屬性

⑤點擊 Apply，顯示結果（見圖 6-41）。

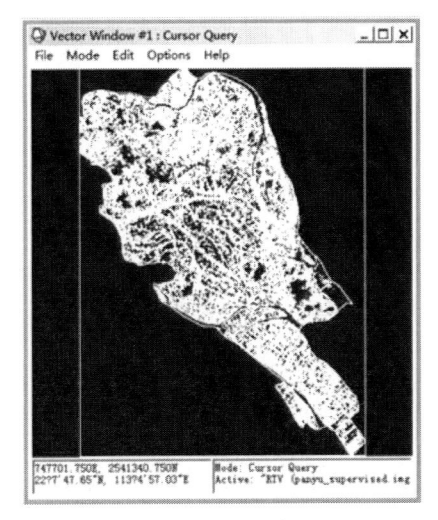

圖 6-41　查看結果

（4）使用註記功能添加分類圖例。

ENVI 提供了註記工具，將分類圖例（Classification Key）添加到影像或者地圖佈局上，該分類圖例將會自動生成。

①從主影像窗口菜單欄中，選擇 Overlay→Annotation。在任意一個分類影像或者疊加了矢量層的影像上選擇該項。

②選擇 Object→Map Key，在影像上添加分類的圖例。通過點擊 Annotation：Map Key 對話框中的 Selected Key Items 按鈕，更改所需的參數，修改圖例的顯示屬性，操作如圖 6-42 所示。

圖 6-42　更改參數

③在顯示窗口中，使用鼠標左鍵點擊並拖曳圖例，在合適的位置上放置分類圖例。
④在影像中點擊鼠標右鍵，鎖定分類圖例的位置，查看效果（見圖6-43）。

圖 6-43　帶分類圖例的分類影像

四、問題思考

1. 比較監督分類與非監督分類的優缺點。
2. 遙感圖像計算機分類的依據是什麼？

實驗七　面向對象圖像特徵提取

一、基礎知識

「同物異譜，同譜異物」會對影像分類產生影響，加上高分辨率影像的光譜信號不是很豐富，還經常伴有光譜相互影響的現象，這些對基於像素的分類方法提出了挑戰，面向對象的影像分類技術可以在一定程度上減少上述影響。

面向對象特徵提取工具（ENVI Feature Extraction）工作基於影像空間以及光譜特徵。

面向對象分類技術集合臨近像元，為對象用來識別感興趣的光譜要素的工具。其充分利用高分辨率的全色和多光譜數據的空間紋理和光譜信息的特點，以高精度的分類結果或者矢量輸出。

從高分辨率全色或者多光譜數據中提取信息，該模塊可以提取各種特徵的地物，如車輛、建築、道路、橋、河流、湖泊以及田地等。該模塊可以在操作過程中隨時預覽影像分割效果。該項技術對於多光譜數據有很好的處理效果，對全色數據一樣適用。對於高分辨率全色數據，這種基於目標的提取方法能更好地提取各種具有特徵類型的地物。一個目標物體是一個關於大小、光譜以及紋理（亮度、顏色等）的感興趣區域。

面向對象分類主要分成兩個過程：影像對象構建和對象的分類。

影像對象構建主要用了影像分割技術，常用的分割方法包括基於多尺度的、基於灰度的、紋理的、基於知識的及基於分水嶺的等分割算法。比較常用的就是多尺度分

割算法，這種方法可綜合遙感圖像的光譜特徵和形狀特徵，計算圖像中每個波段的光譜異質性與形狀異質性的綜合特徵值。然後根據各個波段所占的權重，計算圖像所有波段的加權值。當分割出對象或基元的光譜和形狀綜合加權值小於某個指定的閾值時，則進行重複迭代運算，直到所有分割對象的綜合加權值大於指定閾值即完成圖像的多尺度分割操作。

影像對象的分類，目前常用的方法是「監督分類」和「基於知識分類」。這裡的「監督分類」和我們常說的監督分類是有區別的，它分類時和樣本的對比參數更多，不僅僅是光譜信息，還包括空間、紋理等信息。「基於知識分類」也根據影像對象的熟悉來設定規則進行分類，各種類型的影像分類對比表見表 7-1。

目前很多遙感軟件都具有這個功能，如 ENVI 的 FX 擴展模塊、易康（現在叫 Definiens）、ERDAS 的 Objective 模塊、PCI 的 FeatureObjeX（新收購）等。

表 7-1　傳統基於光譜、基於專家知識決策樹與基於面向對象的影像分類對比表

類型	基本原理	影像的最小單元	適用數據源	缺陷
傳統基於光譜的分類方法	地物的光譜信息特徵	單個的影像像元	中低分辨率多光譜和高光譜影像	豐富的空間信息利用率幾乎為零
基於專家知識決策樹的分類方法	根據光譜特徵、空間關係和其他上下文關係歸類像元	單個的影像像元	多源數據	知識獲取比較複雜
面向對象的分類方法	幾何信息、結構信息以及光譜信息	一個個影像對象	中高分辨率多光譜和全色影像	速度比較慢

可以將不同數據源加入 ENVI FX 中（DEMs、LiDAR datasets、Shapefiles、地面實測數據）以提高精度、交互式計算和評估輸出的特徵要素、提供註記工具可以標示結果中感興趣的特徵要素和對象等特點。

二、目的和要求

熟悉 ENVI-FX 面向對象特徵提取的過程和方法，瞭解面向對象圖像分類技術，發現對象，特徵提取。

實驗數據選擇 ENVI 自帶的快鳥數據 Envidata \ Feature_ Extraction \ qb_ boulder _ msi。

三、實驗步驟

1. ENVI FX 操作說明

ENVI FX 的操作可分為兩個部分：發現對象（Find Object）和特徵提取（Extract Features），如圖 7-1 所示。

根據數據源和特徵提取類型等情況，可以有選擇地對數據做一些預處理工作。

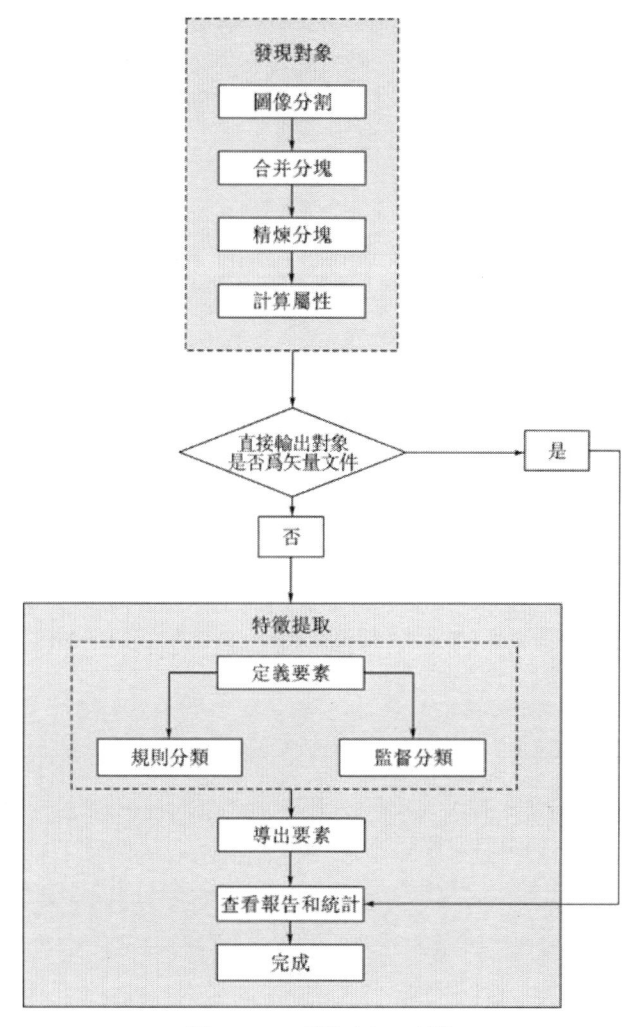

圖 7-1　FX 操作流程示意圖

2. 準備工作

（1）空間分辨率的調整

如果數據空間分辨率非常高，覆蓋範圍非常大，而提取的特徵地物面積較大（如雲、大片林地等）；可以降低分辨率、精度和運算速度。可利用 ENVI 主界面→Basic Tool→Resize Data 工具實現。

（2）光譜分辨率的調整

如果處理的是高光譜數據，可以將不用的波段除去。可利用 ENVI 主界面→Basic Tool→Layer Stacking 工具實現。

（3）多源數據組合

當有其他輔助數據時，可以將這些數據和待處理數據組合成新的多波段數據文件，

這些輔助數據可以是 DEM、Lidar 影像和 SAR 影像。當計算對象屬性的時候，會生成這些輔助數據的屬性信息，可以提高信息提取精度。可利用 ENVI 主界面→Basic Tool→Layer Stacking 實現。

（4）空間濾波

如果數據包含一些噪聲，可以選擇 ENVI 的濾波功能做一些預處理。

3. 發現對象

（1）打開數據

在 ENVI Zoom 中打開 Processing→Feature Extraction。如圖 7-2 所示，Base Image 必須要選擇，輔助數據（Ancillary Data）和掩膜文件（Mask File）是可選項。這裡選擇 ENVI 自帶的快鳥數據 Envidata \ Feature_ Extraction \ qb_ boulder_ msi。

①在 ENVI EX 中，選擇 File-Open，打開圖像文件 qb_ boulder_ msi。

②在 ENVI EX 中，雙擊 Toolbox 中的 Feature Extraction，出現對話框。選擇輸入文件 qb_ boulder_ msi，單擊 Select Additional Files 前的三角形符號，有三種數據可輸入：

Basic Image：必選項，基本圖像數據。

輔助數據：可選項，可以將柵格文件作為輔助數據加入 FX 中，以提高提取精度，如高程數據。在計算對象屬性時，可以得到這些輔助數據相應的屬性值。

掩膜文件（Mask File）：可選項，定義 Base Image 的掩膜區，只提取感興趣區域的特徵。這裡只選擇一個圖像數據作為 Base Image，不選擇輔助數據和掩膜文件。

③單擊 OK 按鈕，進入下一步操作。

圖 7-2　選擇數據

（2）影像分割

FX 根據臨近像素亮度、紋理、顏色等對影像進行分割，它使用了一種基於邊緣的

分割算法，這種算法計算很快，並且只需一個輸入參數就能產生多尺度分割結果。通過不同尺度上邊界的差異控制，產生從細到粗的多尺度分割。選擇高尺度影像分割將會分割出很少的圖斑，選擇一個低尺度影像分割將會分割出更多的圖斑，分割效果的好壞一定程度決定了分類效果的精確度，我們可以通過預覽分割效果，選擇一個理想的分割閾值，盡可能好地分割出邊緣特徵。

①在 Scale Level 項中，通過滑塊或者手動輸入一個分割閾值對影像進行分割，閾值範圍為 0~100，默認是 50，值越小分割的塊越多（見圖 7-3）。

圖 7-3　影像分割閾值設定

②在 Preview 前的復選框打√，在 Zoom 圖像顯示區域出現一個矩形的預覽區。

在鼠標為選擇狀態下，在工具欄中選擇按鈕，按住鼠標左鍵拖動預覽區，按住預覽區邊緣拖動鼠標調整預覽區大小。

③單擊按鈕，選擇分割波段，默認為 Base Image 所有波段。

④設置好參數后單擊 Next 按鈕，這時 FX 生成一個 Region Means 圖像自動加載到圖層列表中並在窗口中顯示。影像分割後，每一塊區域都被填充上該塊影像的平均光譜值（見圖 7-4）。

⑤Select Input Bands 下的按鈕是用來選擇分割波段的，默認為 Base Image 所有波段。

圖 7-4　分割效果預覽

（3）合併分塊

影像分割時，由於閾值過低，一些特徵會被錯分，同一個特徵也有可能被分成很多部分。可以通過合併來解決這些問題。FX 利用了 Full Lambda-Schedule 算法。這一步是可選項，如果不需要可以直接跳過。

①在 Merge Level 項中，通過滑塊或者手動輸入一個合併閾值，閾值範圍為 0~100，默認是 0，值越大被合併的塊越多。這裡閾值設定為 94（見圖 7-5）。

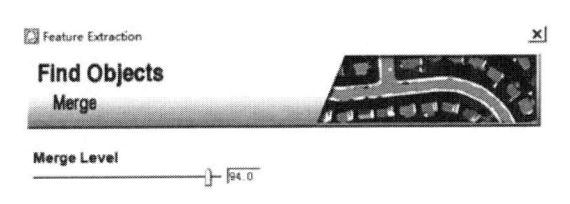

圖 7-5　分塊合併閾值設定

②勾選 Preview 前的復選框，預覽合併后的結果（見圖 7-6）。

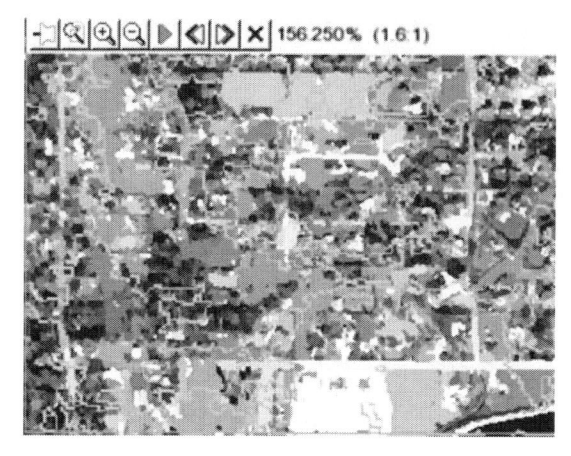

圖 7-6　合併分塊預覽

③單擊 Next 按鈕，進行下一步。

(4) 分塊精煉

FX 提供了一種閾值法（Thresholding），這是一種可進一步精煉分塊的方法。對於具有高對比度背景的特徵非常有效（例如，明亮的飛機對黑暗的停機坪）。可以將精煉結果生成掩膜圖層（Mask），按鈕可以對其基於的波段進行修改（見圖 7-7）。

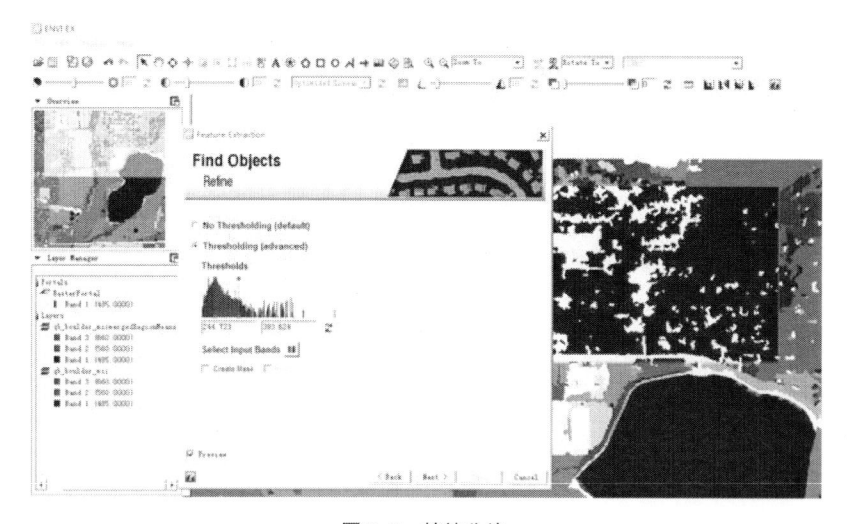

圖 7-7　精煉分塊

這裡我們就直接選擇 No Thresholding（Default），點擊 Next 進行下一步操作。

(5) 計算對象屬性

計算 4 個類別的屬性：光譜、空間、紋理、自定義（顏色空間和波段比）。其中「顏色空間」選擇三個 RGB 波段轉換為 HSI 顏色空間，「波段比」選擇兩個波段用於計算波段比（常用紅色和近紅外波段）。各個屬性的詳細描述參考 ENVI/IDL 提供的

Feature_ Extraction_ Module. pdf 文檔（見圖 7-8）。

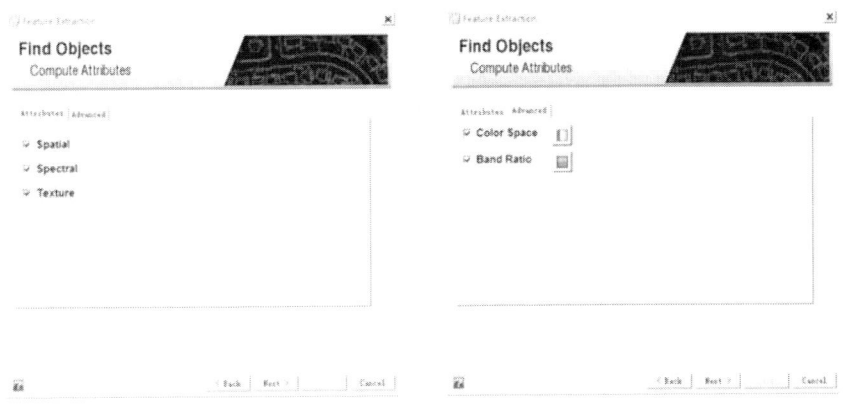

圖 7-8　對象屬性的計算

這裡我們按照默認全選擇，Color Space 選擇 RGB，Band Ratio 選擇紅色和近紅外波段，點擊 Next 按鈕進行下一步操作。

完成整個發現對象的操作過程。

4. 特徵提取

FX 提供了三種提取特徵的方法，分別是監督分類、規則分類和直接輸出矢量（見圖 7-9）。

圖 7-9　特徵提取方法選擇

（1）監督分類

在特徵提取界面中選擇 Classify By Selection Examples，進入監督分類的界面。由 3 個選項組成，即樣本（Feature）、樣本屬性（Attributes）、監督分類方法（Algorithm）（見圖 7-10）。

遙感與 GIS 應用實習教程

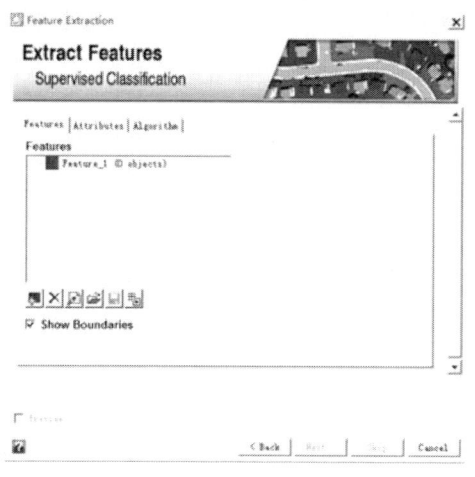

圖 7-10　監督分類界面

①第一步　選擇樣本（Feature）

樣本選擇是在發現的對象裡選擇一些能識別地物類型的對象作為樣本數據的過程。在 Feature 列表中，可以看到樣本名稱、樣本顏色、樣本個數。

在 Feature 列表中，雙擊 Feature_1，打開一個類別的屬性，在屬性框中，修改樣本的顯示顏色、名稱等信息（見圖 7-11）。

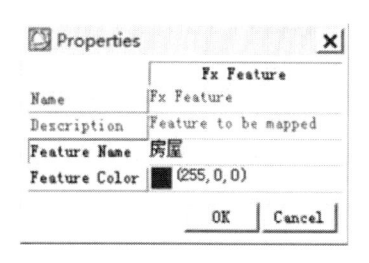

圖 7-11　修改類別屬性信息

在分割圖上選擇一些樣本，為了方便樣本的選擇，可以在 ENVI Zoom 的圖層管理中將原圖移到最上層，選擇一定數量的樣本，樣本數量顯示在 Feature 列表中。如果錯選樣本，可以在這個樣本上點擊左鍵刪除。

一個類別的樣本選擇完成之后，新增類別，用同樣的方法修改類別屬性和選擇樣本（見圖 7-12）。在選擇樣本的過程中，可以隨時預覽結果。可以把樣本保存為.xml 文件以備下次使用。

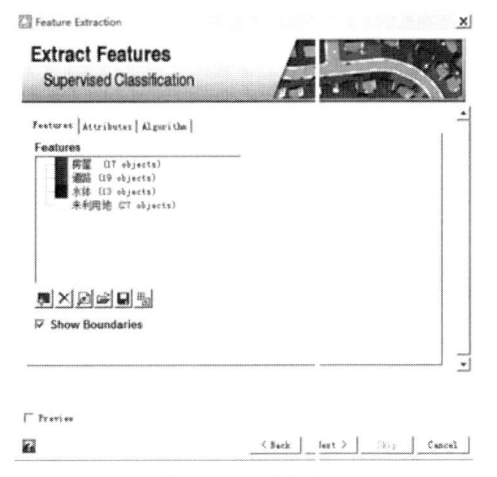

圖 7-12　選擇樣本

　　設置樣本屬性。在特徵提取對話框中，切換到 Attributes 選項。默認是所有的屬性都被選擇，可以根據提取的實際地物特性選擇一定的屬性（見圖 7-13）。

圖 7-13　樣本屬性選擇

這裡我們按照默認全部選擇。

②第二步 選擇分類方法

　　在特徵提取對話框中，切換到 Algorithm 選項，如圖 7-14 所示。FX 提供了兩種分類方法：K 鄰近法（K Nearest Neighbor）和支持向量機（Support Vector Machine，SVM）。

　　這裡我們選擇 K 鄰近法，K 鄰近法依據待分類數據與訓練樣本元素在 n 維空間的歐幾里得距離來對圖像進行分類，n 由分類時目標物屬性數目來確定。在 K 參數（K Parameter）裡鍵入一個整數，這裡 K 參數設置為 3，點擊下一步，輸出結果。

　　K 參數是分類時要考慮的臨近元素的數目，是一個經驗值，不同的值生成的分類結果差別很大。參數值大一點能夠降低分類噪聲，也有可能產生不正確的分類結果。

一般設為 3、5、7。

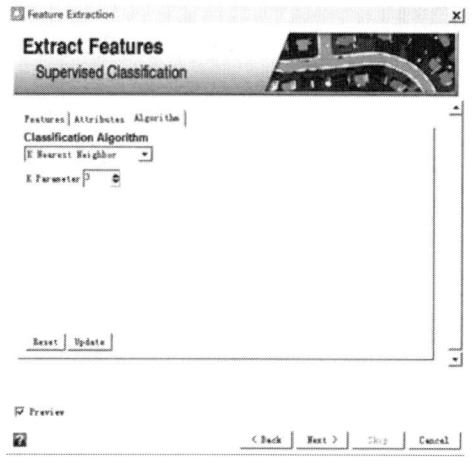

圖 7-14　特徵提取對話框

③第三步 輸出結果

特徵提取結果可以以兩種格式輸出：矢量和圖像。矢量可以是所有分類以單個文件輸出或者每一個類別分別輸出；圖像可以把分類結果（見圖 7-15）和規則結果（見圖 7-16）分別輸出。

這裡我們選擇單個文件以及屬性數據一塊輸出，分類圖像和規則圖像一塊輸出。點擊 Next 按鈕完成輸出，同時可以看到整個操作的參數和結果統計報表。

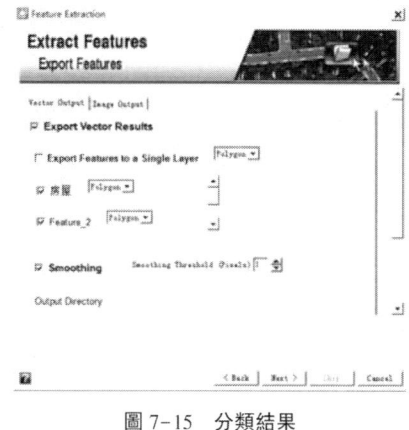

圖 7-15　分類結果

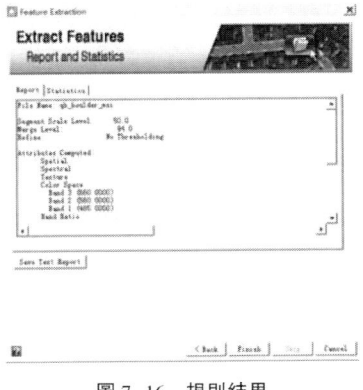

圖 7-16　規則結果

（2）規則分類

在特徵提取界面中選擇 Classify by creating rules，點擊 Next，進入規則分類界面。每一個分類由若干個規則（Rule）組成，每一個規則由若干個屬性表達式來描述。規則與規則直接是與的關係，屬性表達式之間是並的關係。

同一類地物可以由不同規則來描述，比如水體，水體可以是人工池塘、湖泊、河流，也可以是自然湖泊、河流等，描述規則不一樣，需要多條規則來描述。每條規則又有若干個屬性來描述。

對水的一個描述：面積大於 500 像素，延長線小於 0.5，NDVI 小於 0.3。

對道路的描述：延長線大於 0.9，緊密度小於 0.3，標準差小於 20。

這裡以提取居住房屋為例來說明規則分類的操作過程。

首先分析影像中容易跟居住房屋錯分的地物有：道路、森林、草地以及房屋旁邊的水泥地。

雙擊 Feature_1 圖標，修改好類別的相應屬性（見圖 7-17）。

圖 7-17　修改屬性

①第一條屬性描述，劃分植被覆蓋和非覆蓋區

雙擊 Rule，打開對象屬性選擇面板如圖 7-18 所示。選擇 Customized→bandratio。FX 會根據選擇的波段情況確定技術波段比值，比如在屬性計算步驟中選擇的 Ratio Band 是紅色和近紅外波段，所以此時計算的是 NDVI。把 Show Attribute Image 勾上，可以看到計算的結果，通過 ENVI Zoom 工具查看各個分割塊對應的值。點擊 Next 按鈕，或者雙擊 bandratio，進入 bandratio 屬性設置對話框。

圖 7-18　對象屬性選擇面板

通過拖動滑條或者手動輸入確定閾值。Fuzzy Tolerance 是設置模糊分類閾值，值越大，其他分割塊歸屬這一類的可能性就越大。歸類函數有線性和 S-type 兩種。這裡設置模糊分類閾值為默認的 5，歸屬類別為 S-type，值的範圍為 0~0.3，勾選 Show Rule Confidence Image 可以預覽規則圖像。點擊 OK 完成此條屬性描述（見圖 7-19）。

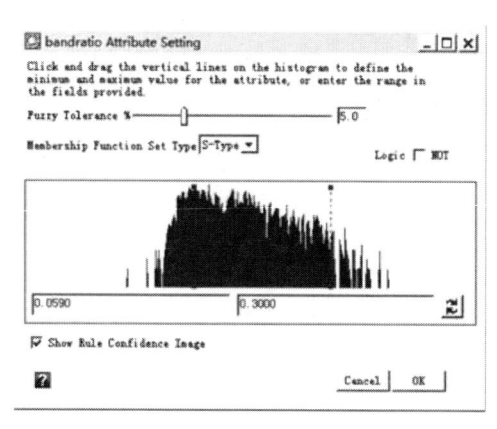

圖 7-19　屬性設置對話框

②第二條屬性描述，去除道路影響

居住房屋和道路的最大區別是房屋是近似矩形的，我們可以設置 Rect_ fit 屬性。點擊按鈕或者雙擊 Rule，選擇 Spatial→rect_ fit。設置值的範圍是 0.5~1，其他參數為默認值。

同樣的方法設置：Spatial→Area；Fuzzy Tolerance＝0，90＜Area＜1100。Spatial→elongation（延長）：elongation＜3。

③第三條屬性描述，去除水泥地影響

水泥地反射率比較高，居住房屋反射率較低，所以我們可以設置波段的象元值。Spectral→avgband_ 2；avgband_ 2＜300。最終的 Rule1 規則和預覽圖如圖 7-20 所示。

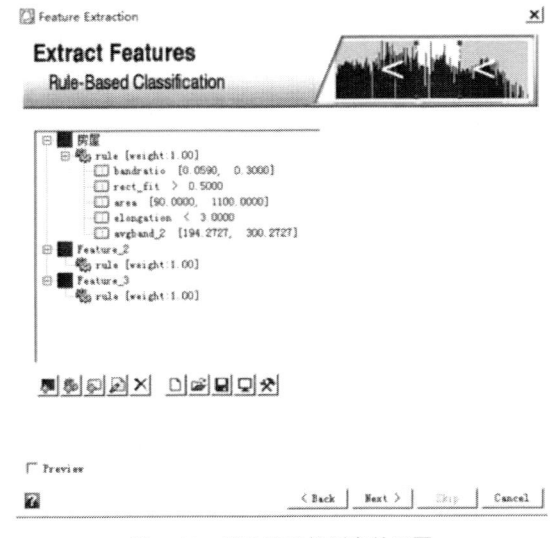

圖 7-20　居住房屋規則與效果圖

用類似的思路可以提取道路、林地、草地等分類。最終結果的輸出方式和監督分類一樣。

（3）直接輸出矢量

①選擇 Export Vectors，進入矢量輸出界面，選擇保存路徑，屬性信息也可選擇輸出（見圖 7-21）。

圖 7-21　輸出路徑

②勾選 Export Attributes 前的可選按鈕，將對象屬性生成為矢量的屬性數據。

③導出矢量數據，輸出完成會出來一個報表，顯示整個過程的參數設置等信息（見圖 7-22）。

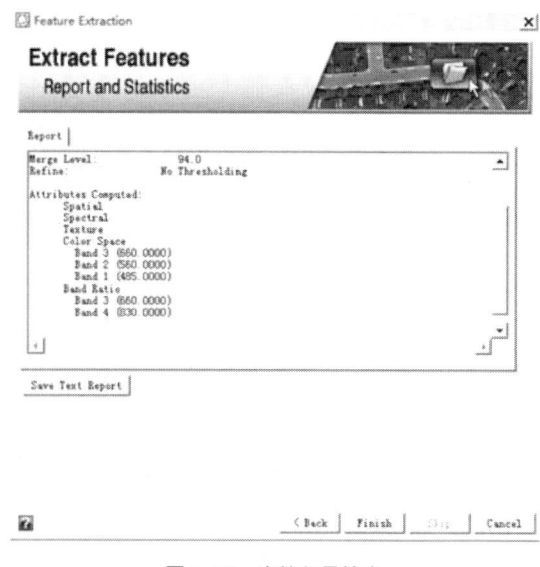

圖 7-22　直接矢量輸出

小結：

前面提到的「監督分類」「非監督分類」「專家決策樹分類」是基於像元的分類方法，主要利用像元的光譜特徵，大多應用在中低分辨率遙感圖像。而高分辨率遙感圖

像的細節信息豐富，圖像的局部異質性大，傳統的基於像元的分類方法易受高分辨率影像局部異質性大的影響和干擾。而面向對象分類方法是基於對象即圖斑的分類方法，可以根據高分辨率圖像豐富的光譜、形狀、結構、紋理、相關佈局以及圖像中地物之間的上下文信息，結合專家知識進行分類，可以顯著提高分類精度，而且使分類后的圖像含有豐富的語義信息，便於解譯和理解。對高分辨率影像來說，是一種非常有效的信息提取方法，具有很好的應用前景。

四、問題思考

1. 遙感圖像特徵提取主要有幾種方法，什麼條件下可以使用特徵提取方法？
2. 影像對象的分類，目前常用的方法是「監督分類」和「基於知識分類」。思考這裡的「監督分類」和我們常說的「監督分類」的區別。

第二部分　GIS 基礎

ArcGIS 簡介

　　隨著信息技術的高速發展，整個社會進入了信息大爆炸的時代。與地理因素相關的事物太多，使得超過 80%的信息與空間位置相關。面對這些海量信息，人們對信息的廣泛性、客觀性、快速性及綜合性要求越來越高。隨著計算機技術的出現及快速發展，對空間位置信息和其他屬性類信息進行統一管理和分析的地理信息系統也快速發展起來。信息的共享使得空間信息的挖掘和知識發現成為當前 GIS 研究的熱點和難點之一。

一、地理信息系統

（一）基本概念

　　地理信息系統是以空間數據庫為基礎，在計算機軟硬件的支持下對空間相關數據進行採集、存儲、管理、運算、分析和顯示，並採用空間模型分析方法，適時提供多種空間和動態的地理信息，為相關研究和空間決策服務而建立起來的計算機技術系統。一方面，GIS 是描述、存儲、分析和輸出空間信息的理論和方法的一門交叉學科；另一方面，GIS 是以地理空間數據庫（Geospatial Database）為基礎，採用地理模型分析方法，適時提供多種空間的和動態的地理信息，為地理研究和地理決策服務的計算機技術系統。

（二）GIS 系統構成

　　與普通的信息系統類似，一個完整的 GIS 主要由四個部分構成，即計算機硬件系統、計算機軟件系統、數據和用戶。其核心部分是計算機系統（軟件和硬件），空間數據反應 GIS 的地理內容，而管理人員和用戶則決定系統的工作方式和信息表示方式。

　　計算機硬件系統：開發、應用地理信息系統的基礎。其中，硬件包括各類計算機處理機及其輸入輸出和網路設備，即計算機、打印機、繪圖儀、數字化儀、掃描儀。

　　計算機軟件系統：支持信息的採集、處理、存儲管理和可視化輸出的計算機程序系統。包括計算機系統軟件、GIS 系統軟件和其他支持軟件以及應用分析程序。

　　數據庫系統：系統的功能是完成對數據的存儲，它又包括幾何（圖形）數據和屬性數據庫。幾何和屬性數據庫也可以合二為一，即屬性數據存在於幾何數據中。

　　用戶：地理信息系統所服務的對象，分為一般用戶和從事系統的建立、維護、管

理和更新的專業人員。特別是那些複合人才（既懂專業又熟悉地理信息系統）是地理信息系統成功應用的關鍵，而強有力的組織是系統運行的保障。

（三）GIS 功能與應用

地理信息系統的核心問題可歸納為五個方面的內容：位置、條件、變化趨勢、模式和模型。據此，可以把 GIS 功能分為五個方面：

1. 數據採集與輸入

數據輸入是建立地理數據庫必需的過程，一般而言地理信息系統數據庫的建設不低於整個系統建設投資的 70%，因此數據的輸入是地理信息系統研究的重要內容。數據輸入功能指將地圖數據、物化遙數據、統計數據和文字報告等輸入、轉換成計算機可處理的數字形式的各種功能。對多種形式、多種來源的信息，可實現多種方式的數據輸入，如圖形數據輸入、柵格數據輸入、GPS 測量數據輸入、屬性數據輸入等。用於地理信息系統空間數據採集的主要技術有兩類，即使用數字化儀的手扶跟蹤數字化技術和使用掃描儀的掃描技術。手扶跟蹤數字化曾在相當長的時間內是空間數據採集的主要方式。掃描數據的自動化編輯與處理是空間數據採集技術研究的重點，掃描技術的應用與改進和實現掃描數據的自動化編輯語處理亦是地理信息系統數據獲取研究的技術關鍵。

2. 數據編輯與處理

數據編輯主要包括圖形編輯和屬性編輯。屬性編輯主要與數據庫管理結合在一起完成，圖形編輯主要包括拓撲關係建立、圖形編輯、圖形整飾、圖幅拼接、圖形變換、投影變換、誤差校正等功能。

3. 數據的存儲與管理

數據的有效組織與管理是建立地理信息系統的關鍵。主要包括空間數據與屬性數據的存儲、查詢檢索、修改和更新。矢量數據結構、光柵數據結構、矢量/柵格混合數據結構是存儲地理信息系統的主要數據結構，空間數據結構在一定程度上決定了系統所能執行的數據與分析的功能。

4. 空間查詢與分析

空間查詢與分析是地理信息系統的核心，是地理信息系統最重要的和最具有魅力的功能，也是地理信息系統有別於其他信息系統的本質特徵。地理信息系統的空間分析可分為三個層次的內容：

（1）空間檢索：包括從空間位置檢索空間物體及其屬性、從屬性條件檢索空間物體。

（2）空間拓撲疊加分析：實現空間特徵（點、線、面或圖像）的相交、相減、合併等，以及特徵屬性在空間上的連接。

（3）空間模型分析：如數字地形高程分析、緩衝區分析、網路分析、圖像分析、三維模型分析、多要素綜合分析及面向專業應用的各種特殊模型分析等。

5. 可視化表達與輸出

中間處理過程和最終結果的可視化表達是地理信息系統的重要功能之一，地理信

息系統提供了包括計算機屏幕顯示、報告、表格、地圖等地理數據表現形式。

　　6. 地理信息系統應用

　　地理信息系統的大容量、高效率及其結合的相關學科的推動使其具有運籌帷幄的優勢，成為國家宏觀決策和區域多目標開發的重要技術支撐，也成為與空間信息有關各行各業的基本工具，其強大的空間分析能力及其發展潛力使得 GIS 在以下方面已得到廣泛、深入的應用：測繪與地圖制圖、資源管理、城鄉規劃、災害預測、土地調查與環境管理、國防、宏觀決策等。

　　地理信息系統以數字形式表示自然界，具有完備的空間特性，可以存儲和處理不同地理發展時期的大量地理數據，並具有極強的空間信息綜合分析能力，是地理分析的有力工具。因此，地理信息系統不僅要完成管理大量複雜的地理數據之任務，更為重要的是要完成地理分析、評價、預測和輔助決策的任務，必須發展廣泛的適用於地理信息系統的地理分析模型，這是地理信息系統真正走向實用的關鍵。

二、GIS 空間分析

　　隨著對地觀測和計算機技術的發展，空間信息及其分析處理能力得到極大的豐富和加強，人們需要建立空間信息分析的理論和方法體系，從而利用這些空間信息來認識和把握地球和社會的空間運動規律。現代空間分析起源於 20 世紀 60 年代地理和區域科學的計量革命，由最初的定量分析點、線、面的空間分佈模式逐漸發展成熟為更多的強調地理空間分身的特徵、空間決策過程和複雜空間系統的時空演化過程分析；分析方法也從最初的統計方法擴展到運籌學、拓撲學和系統論。

　　地理信息系統出現後，迅速吸收了所有能夠利用的空間分析的理論和方法，將它們植入到 GIS 中，並集成了多學科的最新技術，如關係數據庫管理、高效圖形算法、插值、區劃和網路分析等，為空間分析提供了強大的工具，使得過去複雜困難的高級空間分析任務變得簡單易行。

　　空間分析是對空間數據有關技術的統稱，對 GIS 的空間分析理解有不同的角度和層次：按空間數據結構類型可分為柵格數據分析、矢量數據分析；按分析對象的維數可分為二維分析、DTM 三維分析及多維分析；按分析的複雜性程度可分為空間問題查詢分析、空間信息提取、空間綜合分析、數據挖掘與知識發現、模型構建。

三、ArcGIS10.2 概述

　　ArcGIS 是 Esri 公司集 40 余年地理信息系統諮詢和研發經驗，推出的一套完整的 GIS 平臺產品。2013 年全新推出的 ArcGIS 10.2，能夠全方位服務於不同用戶群體的 GIS 平臺，組織機構、GIS 專業人士、開發者、行業用戶甚至大眾都能使用 ArcGIS 打造屬於自己的應用解決方案。

　　ArcGIS 10.2 提供了全方位支撐平臺：面向組織機構的協同合作與分享的平臺、面向 GIS 專業人士的高級制圖和分析平臺、面向開發者的快速開發和靈活定制平臺、面向行業用戶的完整解決方案平臺、面向位置智能的新型支撐平臺、面向公眾的普適化服務平臺。

(一) ArcGIS 10.2 新特性

　　1. 更豐富的內容

　　ArcGIS 10.2 基於雲平臺打造了全新的地圖生態系統，累積了大量地圖數據，主要包括地圖、影像、地理編碼、空間分析、網路分析等類型，為用戶使用 GIS 數據和功能、快速開發應用系統提供了強有力的支持。主要包括提供大量免費的、高質量的底圖；提供覆蓋全球的高分辨率影像；建立全球地址庫，並提供中國區的地理編碼服務。ArcGIS 10.2 中即將推出網路分析服務和多種空間分析服務。

　　2. 更強健的基礎設施

　　ArcGIS 10.2 在原有的公有雲基礎設施上更進一步，推出全新的 Portal for ArcGIS 10.2，加上已有的 ArcGIS Online 和 ArcGIS for Server，Esri 打造了三個不同應用層次的產品，為 GIS 系統的開發和應用提供了強健的基礎支撐。

　　ArcGIS Online 是基於亞馬遜的雲服務構建的、全新的公有雲 GIS 平臺，支持對地圖、應用、工具、組織目錄、數據等內容的管理和分享，支持業務數據的快速製圖和服務託管，支持通過新生的 ArcGIS REST API 快速訪問 ArcGIS Online 上的所有資源，是組織機構的內容管理和協作分享的極佳平臺。最新的 ArcGIS Online 不僅在資源的使用授權、企業級帳戶的管理方面有所增強，同時在 Web 製圖和應用開發方面有了新突破。

　　Portal for ArcGIS 是 10.2 中的全新產品，企業組織可用它來打造一個私有的或非雲環境中的 Online 平臺。Portal for ArcGIS 10.2 集地圖、服務、應用於一身，可按照組織人員的不同分工，進行資源的集中組織和管理，並在組織結構內實現資源的靈活共享，為企業提供了一個統一的、多部門協同合作的平臺。

　　Portal for ArcGIS 開啓了企業內部 GIS 應用的新模式，極大地方便了企業的協同工作，它也將成為 10.2 核心產品之一，提供安裝體驗以及全面技術支持，並與 ArcGIS 其他產品集成使用。

　　ArcGIS 10.2 for Server 架構更加優化，更適宜雲端部署；功能上進一步增強，增加了對即時數據的分析處理、大數據的支持，基於 PKI 公共秘鑰的安全機制，單點登錄等功能。ArcGIS for Server 是 ArcGIS 旗艦級的服務器端產品，具有高可伸縮性、高性能、可雲端部署、64 位原生智能雲架構等特點，提供空間數據管理與 GIS 服務發布能力。

　　ArcGIS 10.2 for Server 新特性中，最吸引眼球的當屬全新推出的 GeoEvent Processor 即時數據處理和分析擴展模塊，它的推出為 ArcGIS 在海量即時數據的處理增添了濃墨重彩的一筆，通過連接常用傳感器、車載 GPS、社交媒體，對產生的海量流數據進行即時連續的展示與處理分析，實現即時態勢感知，更好地進行輔助決策支持。

　　3. 更靈活多樣的擴展能力

　　Esri 為開發者提供了靈活多樣的擴展能力，同時開放了更多立即可用的資源。功能強大的 ArcGIS Engine 開發包提供多種開發的接口，可以實現從簡單的地圖瀏覽到複雜的 GIS 編輯、分析系統的開發；Web APIs 和 Runtime SDKs 為用戶提供了基於移動設備

和桌面的、輕量級應用的多樣化開發選擇；ArcGIS REST API 更為直接訪問 ArcGIS Online 和 Portal for ArcGIS 上的資源鋪就了一條方便快捷的高速通道。

尤其值得一提的是，ArcGIS 10.2 推出了 3 個全新的 Runtimes SDKs，至此，ArcGIS 實現了對 Windows、Mac、Linux 以及 iOS、Android、Windows Phone 等主流操作系統的全面支持。此外，還推出了全新的面向開發者的雲中平臺 developers.arcgis.com，為開發者提供一體化的資源訪問入口、更完備的幫助和更豐富的應用實例。同時，Esri 還在全球知名的分佈式代碼託管網站 GitHub 上上傳了大量的應用及源代碼，便於開發者快速起步。

4. 更多即拿即用的 Apps

ArcGIS 10.2 為用戶提供了更多即拿即用的 Apps：桌面端 Apps 包括 Esri CityEngine、ArcMap、ArcScene 等應用程序；Web 端 Apps 如 Flex Viewer、Storytelling、Web3D Viewer 等應用模板；移動端 Apps 有 Collector App、Operations Dashboard for ArcGIS、ArcGIS App 和 Windows 8 App 等輕量級應用。

這些精心設計的 Apps 幫助用戶更輕鬆地管理、採集、使用、展示和分享地理空間數據，也幫助開發者快速構建各個行業領域的應用。

(二) ArcGIS 10.2 產品構成

ArcGIS 10.2 系列包含眾多產品，其中最重要的產品如下：

ArcGIS 雲平臺：雲時代帶來了全新的互聯網服務模式。ArcGIS 雲平臺是 ArcGIS 與雲計算技術相結合的最新產品。不論在 Web 制圖還是資源的分享等方面，其都為用戶提供了前所未有的服務體驗。ArcGIS 雲平臺提供了全方位的雲 GIS 解決方案。產品系列主要包括公有雲 ArcGIS Online 和為微軟 Office 軟件量身定制的地圖插件 Esri Maps for Office。

ArcGIS 服務器平臺（ArcGIS for Server）：基於服務器的 ArcGIS 工具，通過 Web Services 在網路上提供 GIS 資源和功能服務，其發布的 GIS 服務遵循廣泛採用的 Web 訪問和使用標準。ArcGIS for Server 廣泛用於企業級 GIS 實現以及各種 Web GIS 應用程序中，不但可以在本地還可以在雲基礎設施上配置運行於 Windows 及 Linux 服務器環境。

ArcGIS 移動平臺（ArcGIS for Mobile）：將 GIS 從辦公室延伸到了輕便靈活的智能終端和便攜設備（車載、手持）之上。用戶通過 iPhone/iPad、Galaxy/HTC/華為/小米、Lumia、Window Mobile 等移動設備就能夠隨時隨地查詢和搜索空間數據。除了常用的定位（GPS/北鬥）、測量、採集、上傳等 GIS 功能，還可以執行路徑規劃、空間分析等高級 GIS 分析功能。另外先進的端雲結合架構，讓用戶可以直接在移動端快速地發現、使用和分享 ArcGIS Online 和 Portal for ArcGIS 中的豐富資源。

ArcGIS 桌面平臺（ArcGIS for Desktop）：為 GIS 專業人士提供的用於信息製作和使用的工具，利用它可以實現任何從簡單到複雜的 GIS 任務。ArcGIS for Desktop 的功能特色主要包括：高級的地理分析和處理能力、提供強大的編輯工具、擁有完整的地圖生產過程以及無限的數據和地圖分享體驗。

ArcGIS 開發平臺：Esri 為開發者提供了靈活多樣的擴展能力，同時開放了更多立

即可用的資源。功能強大的 ArcGIS Engine 開發包提供多種開發的接口，可以實現從簡單的地圖瀏覽到複雜的 GIS 編輯、分析系統的開發；Web APIs 和 Runtime SDKs 為用戶提供了基於移動設備和桌面的、輕量級應用的多樣化開發選擇；同時提供一體化的資源幫助平臺 ArcGIS REST API、在 GitHub 上開通頻道、提供 ArcGIS for Developers 網站，為開發者訪問各種在線資源、獲取 ArcGIS 開源代碼鋪就了方便快捷的高速通道。

CityEngine 三維建模產品：Esri CityEngine 是三維城市建模軟件，應用於數字城市、城市規劃、軌道交通、電力、建築、國防、仿真、游戲開發和電影製作等領域。Esri CityEngine 提供的主要功能——程序規則建模，使用戶可以使用二維數據快速、批量、自動創建三維模型，並實現所見即所得的規劃設計。另外，與 ArcGIS 的深度集成，可以直接使用 GIS 數據來驅動模型的批量生成，這樣保證了三維數據精度、空間位置和屬性信息的一致性。同時，還提供如同二維數據更新的機制，可以快速完成三維模型數據和屬性的更新。

實驗八　使用 ARCMAP 瀏覽地理數據

一、基礎知識

理解 GIS 的三種角度：

1. GIS 是空間數據庫

GIS 是一個包含了用於表達通用 GIS 數據模型（要素、柵格、拓撲、網路等）的數據集的空間數據庫。

2. GIS 是地圖

從空間可視化的角度看，GIS 是一套智能地圖，同時也是用於顯示地表上的要素和要素間關係的視圖。底層的地理信息可以用各種地圖的方式進行表達，而這些表現方式可以被構建成「數據庫的窗口」來支持查詢、分析和信息編輯。

3. GIS 是空間數據處理分析工具集

從空間處理的角度看，GIS 是一套用來從現有的數據集獲取新數據集的信息轉換工具，這些空間處理功能從已有數據集提取信息，然後進行分析，最終將結果導入數據集。

這三種觀點在 ESRI ArcGIS Desktop 中分別用 ArcCatalog（GIS 是一套地理數據集的觀點）、ArcMap（GIS 是一幅智能的地圖）和 ArcToolbox（GIS 是一套空間處理工具）來表達。這三部分是組成一個完整 GIS 的關鍵內容，並被用於所有 GIS 應用中的各個層面。

ArcMap 是 ArcGIS Desktop 中一個主要的應用程序，具有地圖的所有功能，包括制圖、地圖分析和編輯。

二、實驗目的和要求

認識並熟悉 ArcMap 的圖形界面；瞭解地理數據與屬性信息的連接；掌握 GIS 中的

基本查詢操作。

三、實驗步驟

（一）新建地圖文檔

1. 啓動 ArcMap

選擇開始→所有程序→ArcGIS→ArcMap 命令（見圖 8-1）。

圖 8-1　從開始菜單啓動 ArcMap

2. 打開地圖文檔

ArcMap 有三種打開地圖文檔的方式（見圖 8-2）：

（1）一個新的空地圖文檔（Blank map）。

（2）應用地圖模板新建地圖文檔（Templates）。

（3）打開一幅已經存在的地圖文檔，在主菜單欄選擇 File→Open 或者單擊標準菜單欄 按鈕，選中對話框中顯示的 *.mxd 文件，打開已經存在的地圖。

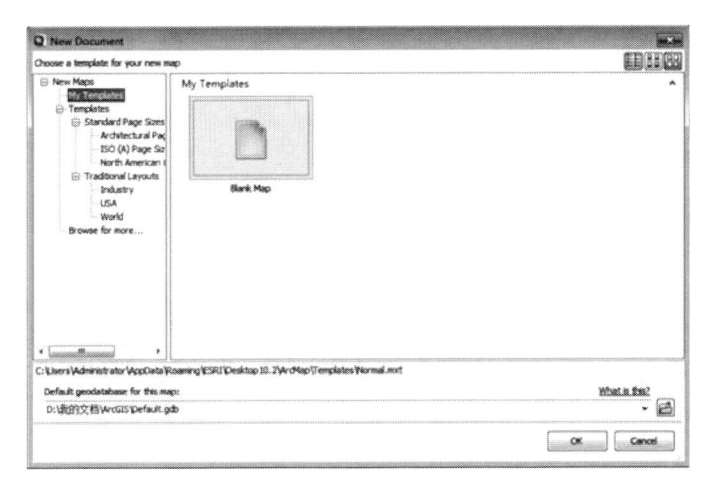

图 8-2　New Document 对话框

(二) 加载数据层

新建地图文档过后，需要给文档加载数据。数据层的主要类型有 ArcGIS Geodatabase 中的要素，ArcGIS 的矢量数据 Coverage、TIN，栅格数据 Grid，Arcview3.x 的 shapefile，AutoCAD 的矢量数据 DWG，ERDAS 的栅格数据 Image File 和 USDS 的栅格数据 DEM 等。

加载数据层主要有两种方法，一种是直接在新地图文档上加载数据层，另一种是用 ArcCatalog 加载数据层。

1. 直接在新地图文档中加载数据层

(1) 单击主菜单 File→Add Data→Add Data（见图 8-3），打开要素对话框。

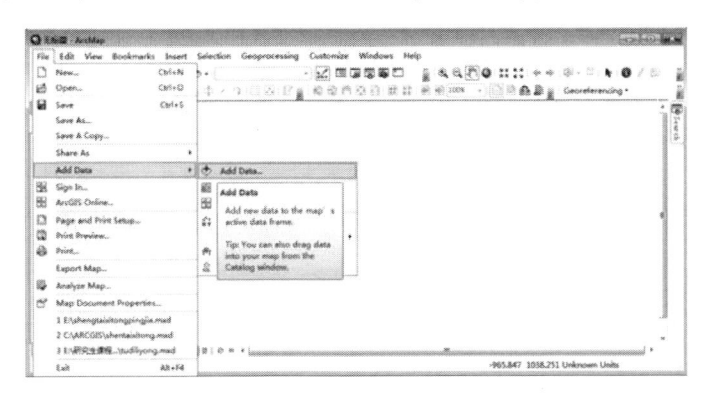

图 8-3　直接加载数据层

(2) 单击 按钮，打开要素对话框。

2. 用 ArcCatalog 加载数据层

启动 ArcCatalog，在 ArcCatalog 中浏览要加载的数据层，点击需要加载的数据层，

拖放到 ArcMap 內容列表中，完成加載。

（1）選擇開始→所有程序→ArcGIS→ArcCatalog 命令（見圖 8-4）。

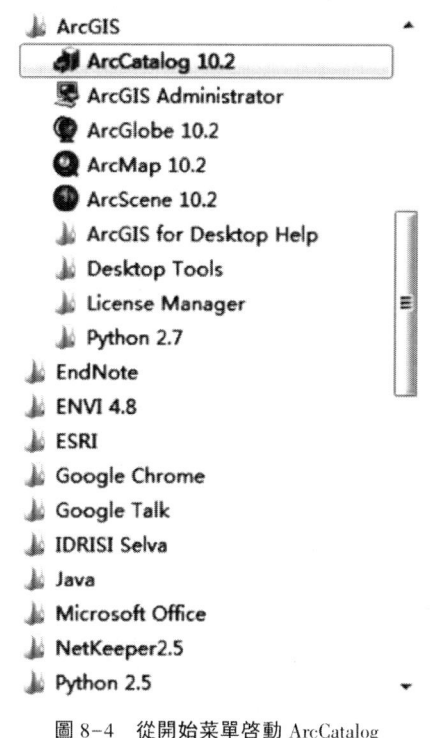

```
ArcGIS
  ArcCatalog 10.2
  ArcGIS Administrator
  ArcGlobe 10.2
  ArcMap 10.2
  ArcScene 10.2
  ArcGIS for Desktop Help
  Desktop Tools
  License Manager
  Python 2.7
EndNote
ENVI 4.8
ESRI
Google Chrome
Google Talk
IDRISI Selva
Java
Microsoft Office
NetKeeper2.5
Python 2.5
```

圖 8-4　從開始菜單啓動 ArcCatalog

（2）在 ArcMap 標準菜單欄單擊 按鈕，啓動 ArcCatalog。

（三）ArcMap 窗口操作

1. 窗口比例設置

在進入 ArcMap 系統，打開地圖文檔之后，可以通過多種途徑對窗口比例進行設置與調整，以便於窗口中所顯示的圖形能夠滿足瀏覽操作或分析演示的需要。借助於數據顯示工具欄上的放大與縮小工具對版面視圖進行縮放，或者借助於輸出顯示工具欄上的放大與縮小工具對版面視圖進行縮放，首先應該想到的是窗口比例設置操作過程，但是這種設置缺乏定量特性或全局特點，不能完全滿足實際操作的需要。下面介紹另外兩種常用的窗口比例設置操作。

（1）選擇數據層設置窗口比例

在 ArcMap 窗口左邊的內容表中單擊確定某個數據層，依據此數據層的空間範圍與窗口大小的對比關係來設置窗口比例。

①在所確定的數據層上單擊右鍵，彈出數據層操作菜單。

②在菜單中單擊 Zoom To Layer（見圖 8-5）。

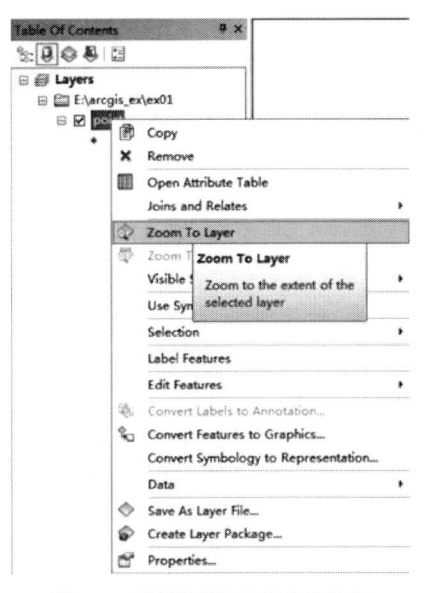

圖 8-5　選擇數據層設置窗口比例

（2）輸入比例尺設置窗口比例

單擊 1:69,312 設置顯示比例尺，借助於該下拉列表框，可以直接輸入窗口比例尺數據，該比例尺數據就是窗口圖形顯示比例，調控比例尺數據時，圖形要素以當前窗口中心點為參考同步縮放。

（3）數據要素選擇

當需要在已有的數據中選擇部分要素時，可以根據屬性選擇也可根據位置選擇。

按屬性選擇：單擊 Selection→Select By Attributes，彈出對話框，選取執行選擇的圖層，指定表達式，可通過設置字段及其條件完成要素的選擇。

按位置選擇：可以根據要素相對於另一圖層要素的位置進行選擇。單擊 Selection→Select By Location（見圖 8-6），彈出對話框（見圖 8-7）。

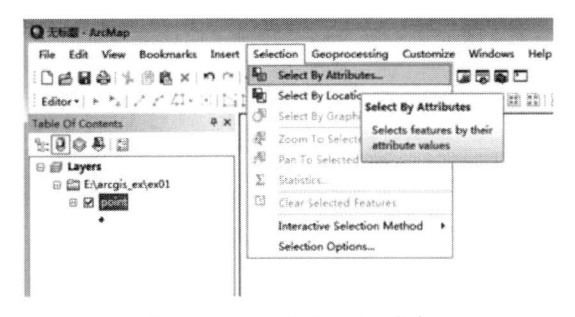

圖 8-6　Select By Location 命令

圖 8-7 Select By Location 對話框

2. 輔助窗口設置

窗口比例設置是針對當前窗口進行的，對於數據視圖和版面視圖都適用。而在數據視圖狀態下，有時候用戶可能並不願意對整個串鈎的顯示狀態進行調整，而只是對其中的局部要素進行考察或者對整體要素進行瀏覽，這時就可以設置輔助窗口。輔助窗口有三種類型：針對考察要素整體的瀏覽窗口（Overview Windows）、考察細部要素的放大窗口（Magnifier Windows）和可以局部放大的觀察書籤（Viewer Bookmank）。

（1）瀏覽窗口設置

啓動 ArcMap，新建空白文檔，加載數據。

①單擊 Windows→Overview，打開瀏覽窗口（見圖 8-8）。

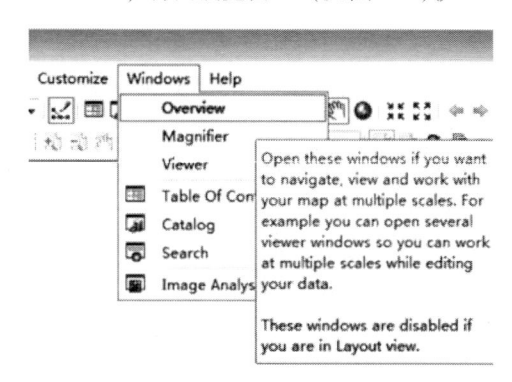

圖 8-8 ArcMap 窗口（瀏覽窗口設置）

②在瀏覽窗口標題欄單擊右鍵，打開瀏覽窗口菜單，單擊 Properties 打開 Overview Properties 對話框（見圖 8-9），設置屬性。

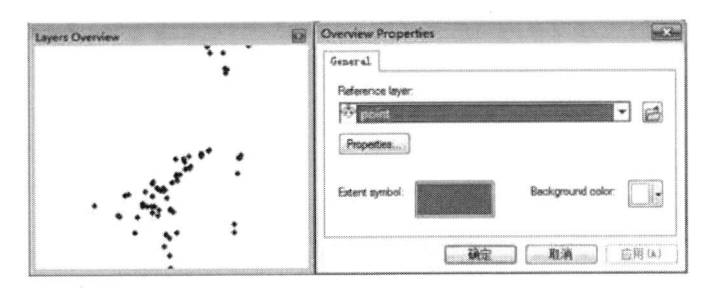

圖 8-9　瀏覽窗口與 Overview Properties 對話框

(2) 放大窗口設置

啟動 ArcMap，新建空白文檔，加載數據。

單擊 Windows→Magnifier（見圖 8-10），打開 Magnification 窗口（圖 8-11），移動窗口到需要放大的位置，設置放大倍數；在放大窗口標題欄單擊右鍵，可實現與 Viewer 的轉換並設置屬性。

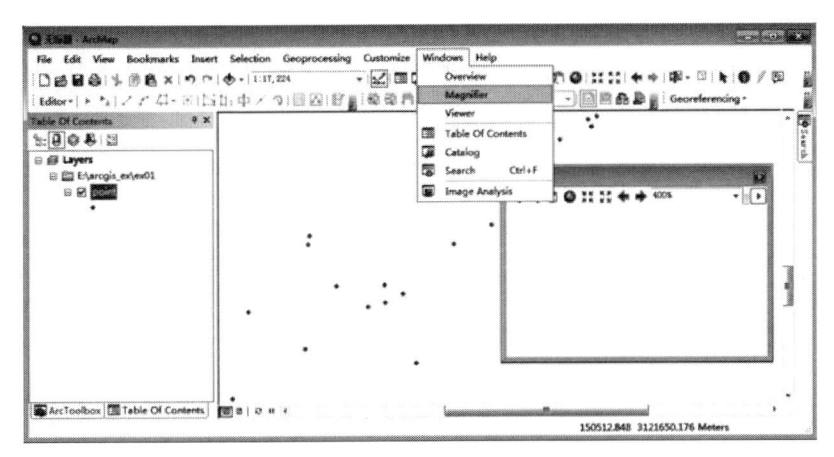

圖 8-10　ArcMap 窗口（放大窗口設置）

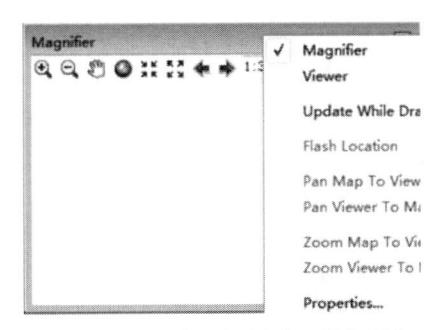

圖 8-11　放大窗口與放大窗口操作菜單

3. 視圖書簽設置

View Bookmark（視圖書簽）是將某個工作區域或感興趣區域的視圖保存起來，以便在 ArcMap 視圖縮放和漫遊等操作過程中，可以隨時回到該區域的視圖窗口狀態，視圖書簽是與數據組相對應的，每一個數據組都可以創建若干個視圖書簽，處於當前狀態數據組的視圖書簽是當前可以操作的視圖書簽。

（1）新建視圖書簽

啟動 ArcMap，打開地圖文檔。

①在主菜單欄選擇 Bookmark→Create Bookmark 命令（見圖 8-12），打開 Creat Bookmark 對話框（見圖 8-13），輸入視圖書簽名稱，單擊 OK，可重複創建視圖書簽。

②在主菜單欄選擇 Bookmark→Manage Bookmark 命令，打開 Bookmarks Manager 對話框管理並新建視圖書簽（見圖 8-14）。

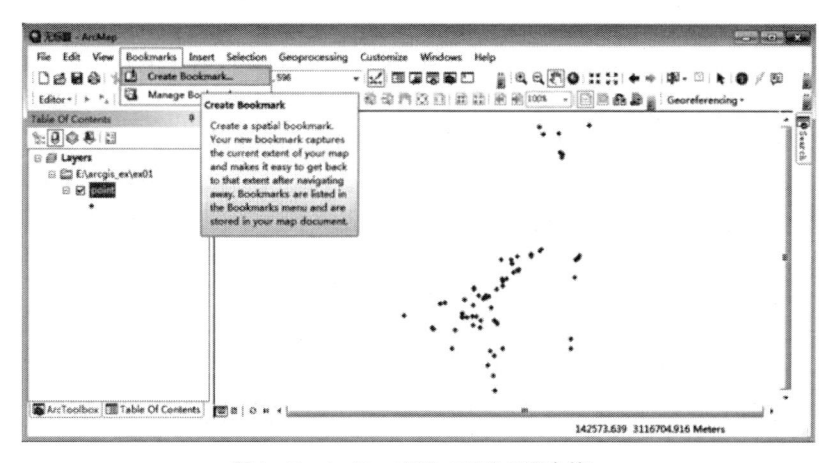

圖 8-12　ArcMap 窗口（新建視圖書簽）

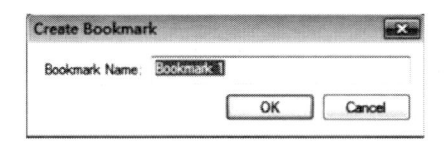

圖 8-13　新建視圖書簽對話框

图 8-14　视图书签管理对话框

（2）在 Identify 对话框中新建视图书签

在数据显示工具栏上单击 ⓘ 按钮，在数据窗口单击左键，打开 Identify 对话框，在 Identify 对话框中右击某一要素，在弹出的菜单中选择 Creat Bookmark（见图 8-15），新建的视图书签也可在 Bookmark→Manage Bookmark 下进行管理。

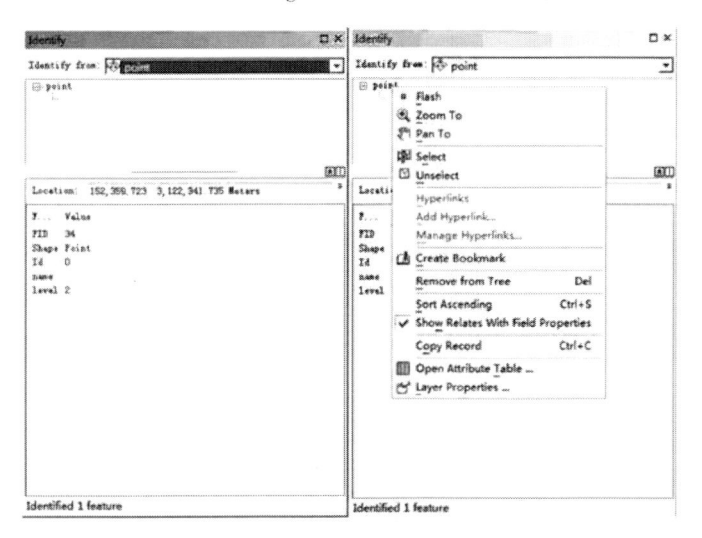

图 8-15　Identify 对话框

（3）在查询对话框中新建视图书签

在数据显示工具栏上单击 🔍 按钮，打开 Find 对话框，在 Find 对话框中输入要查询的要素，单击 Find，在查找的结果列表中选择需要的要素单击右键，选择 Create Bookmark（见图 8-16）。

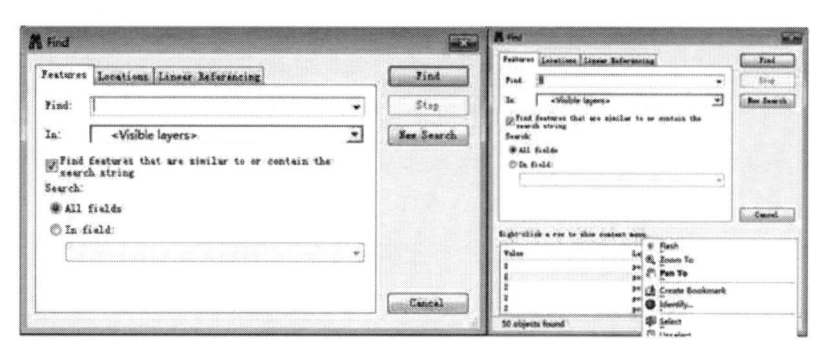

圖 8-16　查找對話框

4. 地圖數據瀏覽

啓動 ArcMap，打開地圖文檔過后，地圖顯示窗口中所顯示的是一系列點、線、面地圖要素及其相應的符號。然而一幅地圖除了幾何數據還包含了非幾何數據，即一系列空間數據與屬性數據，在瀏覽地圖要素過程中，可以通過多種方式瀏覽地圖數據，並進行查詢檢索。

（1）瀏覽要素屬性表

在窗口內容表中選中確定的數據層，單擊右鍵，彈出數據層操作菜單，選擇 Open Attribute Table，打開數據屬性表（見圖 8-17）。

圖 8-17　數據屬性表

（2）選中要素瀏覽屬性

在數據顯示工具欄中單擊 ⓘ 按鈕，在數據窗口單擊左鍵，打開 Identify 對話框

（見圖 8-18）。

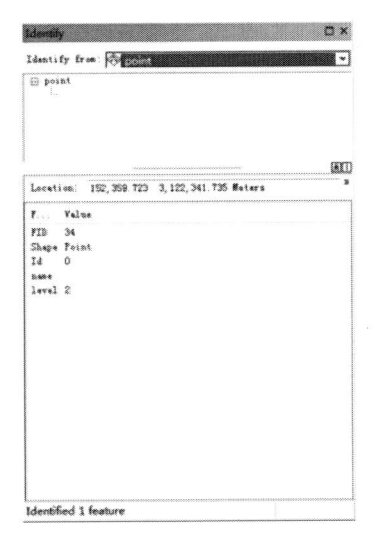

圖 8-18　Identify 對話框

Identify 對話框包含了要素的多項屬性數據。在 Identify from 下拉列表中選擇查詢要素所在的圖層，默認的是 Top-most layer；該對話框上面的目錄中，一級目錄顯示當前圖層名，二級目錄顯示選擇要素的關鍵字，選擇其中某一要素，則該要素的所有屬性數據都將顯示在下面的屬性表中；對話框中間的 Location 顯示的是要素在單擊處的坐標。

（3）地圖數據測量

在數據顯示工具欄上單擊 按鈕，指針變為測量標尺形狀，彈出 Measure 對話框，進入測量狀態。在 Measure 對話框切換距離測量、面積測量和坐標測量，以距離測量為例。

①在數據顯示窗口單擊，確定測量起點，再次單擊確定第 2 點，接著單擊以確定第 3 點、第 4 點……

②在測量終點處雙擊，結束距離測量。

③在 Measure 窗口中查看測量結果，Segment 為當前正在測量的一段距離，Total 為總距離（見圖 8-19）。

④根據需要的單位顯示測量結果（見圖 8-20）。

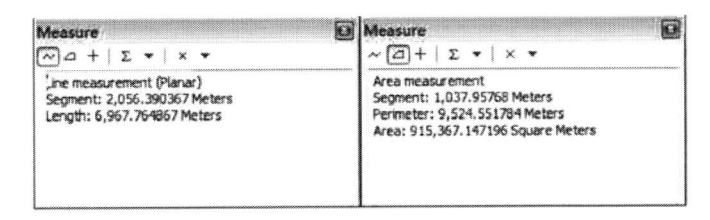

圖 8-19　Measure 對話框

遙感與 GIS 應用實習教程

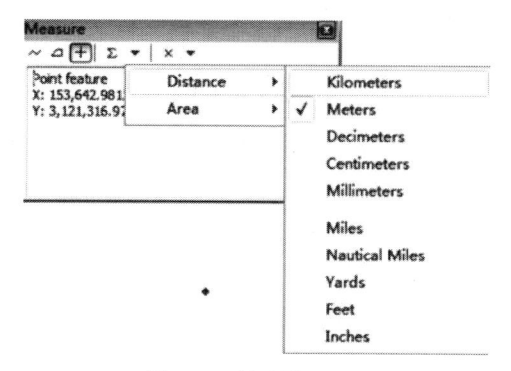

圖 8-20　修改顯示單位

（四）ArcMap 中的快捷操作

1. 訪問 ArcMap 菜單的常用鍵盤快捷鍵命令（見表 8-1）

表 8-1　　　　　　　　ArcMap 菜單的常用鍵盤快捷鍵命令

快捷方式	命令	菜單	功能
CTRL+N	New	File	新建地圖
CTRL+O	Open	File	打開已存在的地圖
CTRL+S	Save	File	保存
ALT+F4	Exit	File	退出
CTRL+Z	Undo	Edit	編輯
CTRL+Y	Redo	Edit	返回上次操作
CTRL+X	Cut	Edit	剪切
CTRL+C	Copy	Edit	複製
CTRL+V	Paste	Edit	粘貼
DELETE	Delete	Edit	刪除
F1	ArcGIS Desktop Help	Help	幫助
Shift+F1	What's This	Help	聯機幫助

要訪問主菜單，按 Alt 鍵並使用方向鍵在菜單中移動；按 Enter 鍵進行選擇；按 Esc 鍵關閉菜單或對話框。

2. 窗口操作

(1) 使用 Ctrl+F 可打開搜索窗口。

(2) 使用 Esc 可將焦點從目錄窗口或內容列表窗口移動到地圖顯示中。

(3) 使用 F3 可將焦點置於內容列表窗口。

(4) 按住 Ctrl 鍵同時拖動工具條或可停靠窗口可避免產生停靠。

(5) 要停靠或取消停靠任何可停靠窗口，可雙擊其標題欄；如果它與其他停靠的

窗口堆疊在一起，則可以雙擊其選項卡。

3. 刷新或暫停地圖繪製

（1）按 F5 可刷新並重新繪製顯示畫面。

（2）需要暫停繪製時按 F9，這樣可對地圖進行更改而無需在每次更改後重新繪製地圖，再次按 F9 可恢復繪製。

4. 通過拖放進行移動或複製

（1）可以在內容列表中以及 ArcMap 會話之間拖放或複製並粘貼多個圖層。還可以在 ArcMap 會話之間拖放或者複製並粘貼多個數據框。

（2）通過拖放可將圖層移入和移出數據框內部的圖層組。

（3）將複製在數據框之間以及 ArcMap 會話之間拖放的圖層；在拖放時按住 Ctrl 鍵可在數據框之間和 ArcMap 會話之間移動圖層。

（4）將移動拖放的數據框；在拖放的同時按住 Ctrl 鍵將複製數據框。

（5）將移動拖放到數據框內部的圖層；在拖放的同時按住 Ctrl 鍵將複製圖層。

（6）同樣，在 ArcCatalog 中，也可以在拖放的同時按住 Ctrl 鍵來複製項目。

5. 使用鍵盤導航內容列表

（1）按 F3 或單擊內容列表的內部可將鍵盤焦點置於內容列表中，以便進行導航及與其進行交互。

（2）按 Esc 鍵或單擊地圖可將鍵盤焦點置於地圖中。

（3）按 Home 鍵可選擇內容列表中的第一個項目。

（4）按 End 鍵可選擇內容列表中的最後一個項目。

（5）使用 Page Up 或 Page Down 箭頭可在內容列表中的項目間進行移動。

（6）使用左/右箭頭或+和−鍵可展開或折疊所選項目。在內容列表底部的選項卡之間也將進行相應的切換，從而指示具有鍵盤焦點的所選項目。

（7）使用空格鍵可打開或關閉所選圖層的繪製。

（8）在內容列表中選擇單個圖層時，使用 Ctrl+空格鍵可打開或關閉數據框中的所有圖層。

（9）如果所選圖層是圖層組或複合圖層（例如 ArcIMS 影像服務圖層）的一部分，則也將打開或關閉該圖層組或複合圖層中的所有圖層。如果選擇了多個圖層，使用 Ctrl+空格鍵所產生的效果與單獨使用空格鍵的效果一樣，將只打開或關閉所選圖層。

（10）使用 F2 可重命名所選項目。

（11）使用 F12 或 Enter 可打開所選項目的屬性對話框。如果當前所選的項目是標題、符號或標註，將打開圖層屬性對話框，同時在頂部顯示符號系統選項卡。

（12）使用 Shift+F10（或某些鍵盤具有的應用程序鍵）可打開所選項目的快捷菜單。

（13）當鍵盤焦點置於項目中或選中屬性對話框選項卡或內容列表選項卡時，使用 Shift+F1 或 F1 可獲取上下文幫助。

（14）使用 F11 可激活所選數據框，也可以按住 Alt 並單擊數據框來將其激活。

（15）當地圖中存在多個數據框時，使用 Ctrl+Tab 可循環顯示各個數據框並將其

激活。

6. 在內容列表中使用鼠標快捷鍵

（1）Ctrl+單擊擴展控件（+/-）可在該層級展開或折疊所有項目。如果當前只選擇一些項目，則只會展開或折疊所選項目。

（2）Ctrl+單擊可選擇或取消選擇多個圖層或數據框。

（3）Shift+單擊可在相同層級內容列表中的兩個圖層之間或兩個數據框之間選擇所有圖層或數據框。

（4）Alt+單擊數據框可將其激活。

（5）Ctrl+單擊圖層的復選框可在該層級上打開或關閉所有圖層。如果當前選擇一些項目，則只會打開或關閉所選項目。

（6）Alt+單擊某個圖層的復選框可在該層級上打開該圖層以及關閉所有其他圖層。

（7）Alt+單擊圖層名稱可縮放至該圖層的範圍。這樣就不需要右鍵單擊圖層再單擊縮放至圖層。

（8）拖動圖層時，將指針懸停在擴展控件上以展開或折疊項目。

（9）右鍵單擊要素、圖層和數據框始終可以打開快捷菜單。

7. 導航地圖和佈局頁面

按住以下按鍵可臨時將當前使用的工具轉為導航工具：

Z-放大。

X-縮小。

C-平移。

B-連續縮放/平移（拖動鼠標左鍵可進行縮放；拖動鼠標右鍵可進行平移）。

Q-漫遊（按住鼠標滾輪，待光標改變后進行拖動，或者按住Q）。

可在數據視圖和佈局視圖中使用這些快捷鍵。在佈局視圖中，默認情況下可對頁面應用這些快捷鍵。按住Shift的同時按某個鍵可對單擊的數據框（而不是頁面）應用該快捷鍵操作。

8. 打開和關閉表窗口

（1）Ctrl+雙擊內容列表中的某個圖層或表以打開表。

（2）使用Ctrl+T或Ctrl+Enter可打開所選圖層的表或內容列表中的表。

（3）使用Ctrl+Shift+T可最小化或最大化所有打開的表窗口。

（4）使用Ctrl+Shift+F4可關閉所有打開的表窗口。

（五）ArcMap聯機幫助

當把鼠標指針移動到某個按鈕或命令上時，會自動彈出一個描述該按鈕或命令功能的簡要說明（見圖8-21）。有些對話框還提供一個Help按鈕，單擊該按鈕可以導向ArcMap主菜單的Help功能下對應的相關信息。在ArcMap窗口主菜單欄選擇Help→ArcGIS Desktop Help命令，彈出ArcMap的幫助主題（見圖8-22），裡面提供了包括基本概念在內的更詳細的信息。

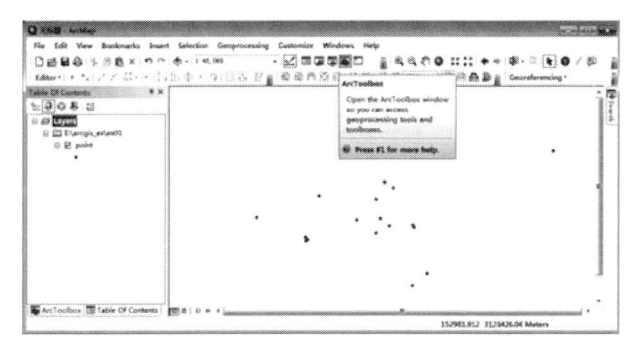

圖 8-21　ArcMap 窗口（ArcToolbox 的簡要說明）

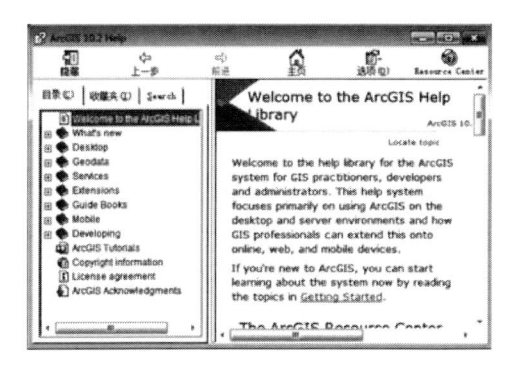

圖 8-22　ArcGIS 10.2 Help

（六）保存 ArcMap 並退出

如果對打開的 ArcMap 文檔進行過編輯或者新建了地圖文檔，那就需要保存文檔。

（1）如果是將編輯內容保存在原來的文件中，直接單擊標準工具欄 ■ 按鈕。

（2）如果需要將編輯內容保存在新的文件中，選擇 File→Save As 命令，確定文件的保存地址（見圖 8-23），保存文件。

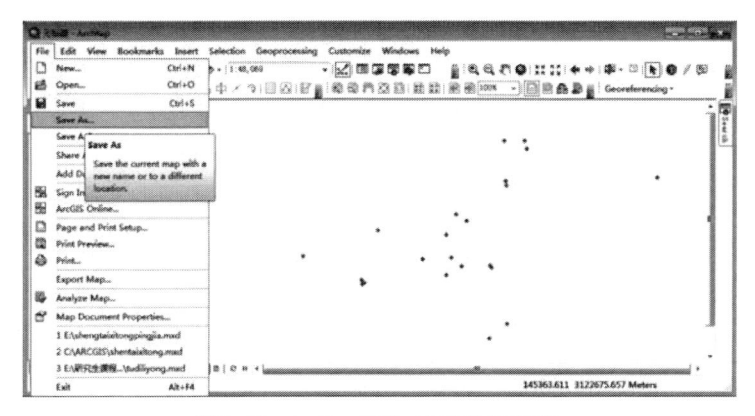

圖 8-23　ArcMap 窗口（另存地圖文檔）

131

在保存文檔的時候注意選擇絕對路徑和相對路徑。選擇 File→Map Document Properties 命令，打開 Map Document Properties 對話框，Pathnames 勾選 Store relative pathnames to data sources，按照相對路徑存儲（見圖 8-24）。

圖 8-24　設置存儲路徑

（3）選擇 File→Exit 命令退出 ArcMap，或者單擊窗口右上角關閉 ArcMap。

四、問題思考

地理數據是如何組織並基於圖層顯示的？

實驗九　空間數據庫創建及數據編輯

一、基礎知識

當 ArcCatalog 與文件夾、數據庫或者 GIS 服務器建立連接之后，用戶就可以通過 ArcCatalog 來組織和管理其中的內容。ArcCatalog 應用模塊包含了以下功能：瀏覽和查找地理信息；記錄、查看和管理元數據；創建、編輯圖層和數據庫；導入和導出 Geodatabase 結構和設計；在局域網和廣域網上搜索和查找 GIS 數據；管理 ArcGIS Server。

ArcGIS 具有表達要素、柵格等空間信息的高級地理數據模型，ArcGIS 支持基於文件和 DBMS（數據庫管理系統）的兩種數據模型。Geodatabase 是 ArcGIS 中最主要的數據庫模型，是一種採用標準關係數據庫技術來表現地理信息的數據模型，它實現了矢

量數據和柵格數據的一體化存儲，也可以將圖形數據和屬性數據同時存儲在一個數據表中，每一個圖層對應這樣一個數據表。因此 Geodatabase 可以表達複雜的地理要素，例如：可以同時表示線狀和面狀的水系。

二、實驗目的和要求

利用 ArcCatalog 管理地理空間數據庫；掌握 ArcMap 中數據的查詢與編輯的基本操作；掌握數據矢量化的方法和過程。

三、實驗步驟

（一）啓動 ArcCatalog

啓動 ArcCatalog 一般有以下幾種方法：
（1）如果在軟件安裝過程中已經創建了桌面快捷方式，雙擊 ArcCatalog 快捷方式。
（2）選擇開始→所有程序→ArcGIS→ArcCatalog 命令（見圖 9-1）。
（3）在 ArcMap、ArcGlobe、ArcScene 等應用程序中單擊 ArcCatalog 圖標（見圖 9-2）。

圖 9-1　從開始菜單啓動 ArcCatalog

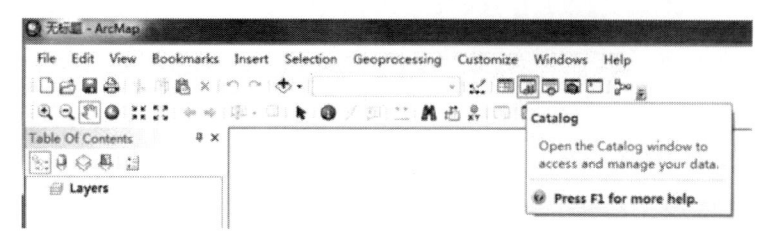

圖 9-2　從 ArcMap 中啓動 ArcCatalog

（二）新建地理數據庫

ArcCatalog 中可以創建兩種地理數據庫：本地地理數據庫（個人地理數據庫、文件地理數據庫）和 ArcSDE 地理數據庫。本地地理數據庫可在 ArcCatalog 中直接創建，ArcSDE 地理數據必須在網路服務器上安裝數據庫管理系統和 ArcSDE，再建立從 ArcCatalog 到 ArcSDE 的連接。下面以新建文件地理數據庫為例。

在 ArcCatalog 目錄樹中選擇目標文件夾，在右邊空白處單擊右鍵，選擇 New→File Geodatabase 命令（見圖 9-3），新建文件地理數據庫，並命名。

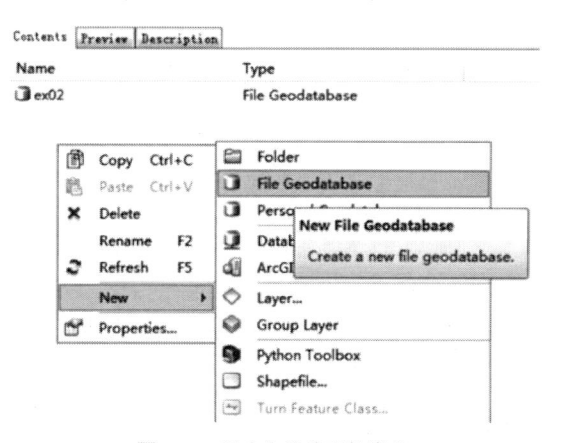

圖 9-3　新建文件地理數據庫

（三）建立數據庫中的基本組成項

地理數據庫中的基本組成項包括對象類、要素類和要素數據集。

1. 新建要素數據集

新建的要素數據集中所有的要素類使用相同的坐標系統，所有要素類的所有要素坐標必須在坐標值域的範圍內。

（1）在已建立的地理數據庫上單擊右鍵，選擇 New→Feature Dataset 命令（見圖 9-4），打開 Feature Dataset 對話框（見圖 9-5），給要素類命名。

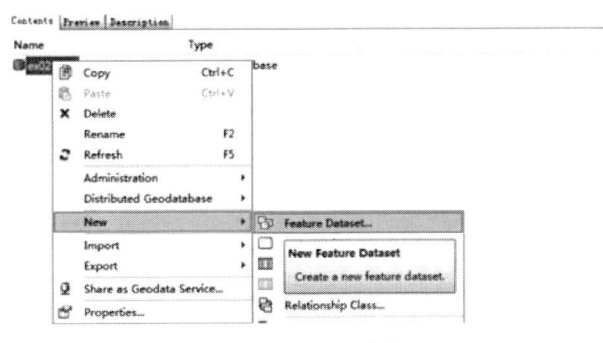

圖 9-4　新建要素數據集

圖 9-5　新建要素數據集對話框

（2）單擊下一步，彈出定義坐標系對話框（見圖 9-6）。

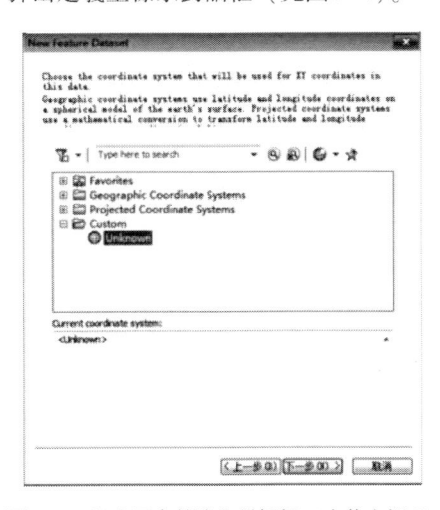

圖 9-6　新建要素數據集對話框（定義坐標系）

①選擇系統提供的某一坐標系作為空間參考。

②單擊 按鈕下拉列表，單擊 New，自己定義一個空間參考。

③單擊 按鈕下拉列表，單擊 Import，選擇一個已有要素的坐標系作為空間參考。

（3）單擊下一步，分別設置數據集的 X、Y、Z、M 值的容差，單擊 Finish（見圖 9-7）。X、Y、Z 值表示要素的平面坐標和高程坐標的範圍域，M 值是一個線性參考值，代表一個有特殊意義的點，要素的坐標都是以 M 為基準標示的。

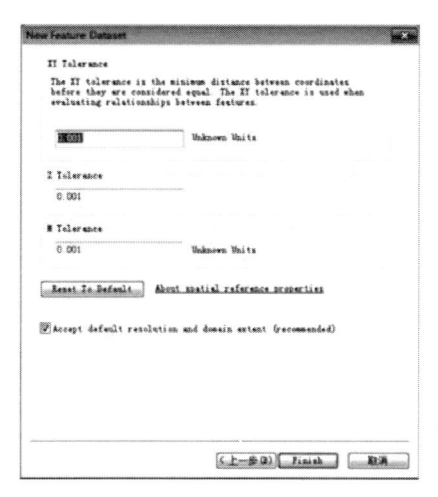

圖 9-7　容差設置對話框

2. 新建要素類

（1）在新建的要素數據集上單擊右鍵，選擇 New→Feature Class 命令（見圖 9-8），打開 New Feature Class 對話框（見圖 9-9）。

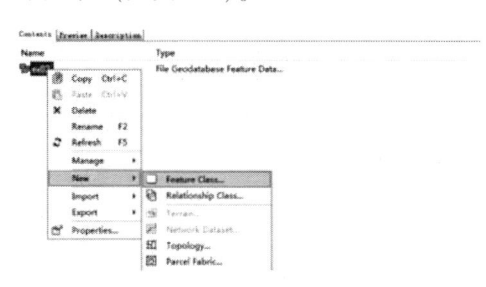

圖 9-8　新建要素類對話框

图 9-9　New Feature Class 对话框

（2）在对话框输入要素类名称，指定要素类别（点、线、面等），单击下一步，配置关键字。

（3）单击下一步，确定要素类字段名及其类型与属性。单击 Field Name 列下面的第一个空白行，输入新字段名，选择数据类型。在 Field Properties 栏中编辑字段的属性，包括新字段的别名、是否允许出现空值、默认值、属性域及精度，单击 Finish（见图 9-10）。

（4）依次建立其他类别要素类。

图 9-10　新建要素类对话框（要素类字段名及其类型与属性设置）

（四）拖放数据到 ArcMap 中

选中新建的要素类拖入 ArcMap 的内容列表中，可对要素类进行浏览和编辑。

（五）打开编辑工具

在 ArcMap 标准工具栏中单击 按钮，或在工具栏空白处单击鼠标右键，选择 Editor，打開 Editor 工具條（見圖 9-11）。

圖 9-11　Editor 工具條

（六）圖形要素的輸入

（1）單擊 Editor 工具條下拉菜單，選擇 Start Editing，進入編輯狀態。

（2）單擊按鈕，打開 Create Feature 對話框（見圖 9-12），選擇需要輸入的圖形對象，進行編輯。

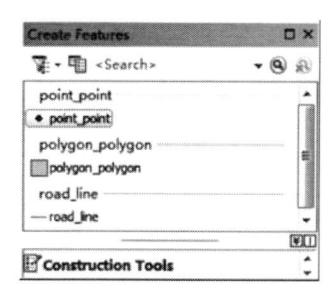

圖 9-12　Create Feature 對話框

（3）輸入圖形完畢，單擊 Editor 工具條下拉菜單，選擇 Save Edits，等待保存完畢，Stop Editing，完成圖形輸入。

（七）圖形編輯

1. 簡單編輯

（1）移動編輯要素

ArcMap 有兩種移動要素的方式：直接拖動和坐標增量移動，可以根據需要移動要素。

①直接拖動要素

單擊 Editor 工具欄中的 Edit Tool 按鈕。
選中需要移動的要素單擊左鍵，被選擇的要素高亮顯示並在中心出現選擇錨。
按住鼠標左鍵，拖動要素到目標位置。

②坐標增量移動

單擊按鈕，選中需要移動的要素。
單擊 Editor 下拉菜單，選擇 Move 命令（見圖 9-13），打開 Delta X，Y 數值框。
輸入確定的坐標增量並按 Enter 鍵（見圖 9-14），要素按照定義的坐標增量移動。

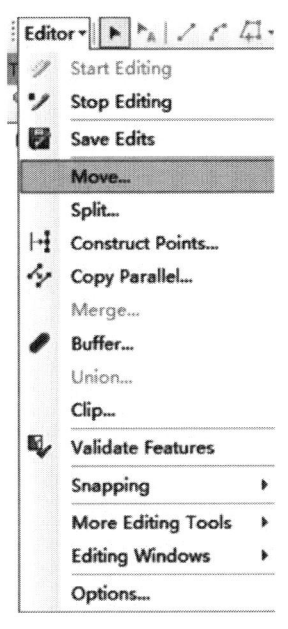

圖 9-13　Editor 下拉菜單

圖 9-14　Delta X，Y 數值框

（2）旋轉編輯要素

ArcMap 有兩種旋轉編輯要素的方式：任意旋轉和給定角度旋轉。

①任意旋轉

單擊▶按鈕，選中需要旋轉的要素。

單擊 Rotate 按鈕❓，按住鼠標左鍵拖動要素旋轉到目標位置。

②按角度旋轉

單擊▶按鈕，選中需要旋轉的要素單擊左鍵。

單擊 Rotate 按鈕❓，在鍵盤上按字母 A，打開 Angle 數值框。

輸入旋轉角度並按 Enter 鍵（見圖 9-15），要素按照輸入角度旋轉到目標位置。

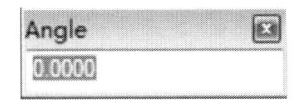

圖 9-15　Angle 數值框

(3) 複製編輯要素

根據實際需要，可以在同一數據層內複製要素，也可以在不同數據層之間複製要素。在不同的數據層之間複製要素時，需要在編輯工具欄中明確定義進行複製與粘貼的數據層。

①單擊▶按鈕，選中需要複製的要素單擊左鍵。

②在標準工具欄中單擊 Copy 按鈕🗐或者單擊右鍵，打開快捷菜單，選擇 Copy。

③在標準工具欄單擊 Paste 按鈕🗐或者單擊右鍵選擇 Paste，彈出 Paste 對話框，選擇粘貼的目標層，點擊 OK（見圖 9-16）。

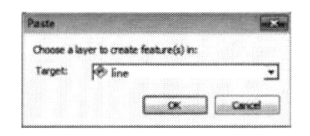

圖 9-16　Paste 對話框

(4) 刪除編輯要素

①單擊▶按鈕，選中需要刪除的要素單擊左鍵。

②在標準工具欄單擊 Delete 按鈕❌或者在鍵盤上按 Delete 鍵直接刪除。

2. ArcMap 要素編輯

(1) 要素複製

①平行複製

單擊▶按鈕，選中需要複製的線要素。

在 Editor 下拉菜單中選擇 Copy Parallel 命令（見圖 9-17），打開 Copy Parallel 對話框。

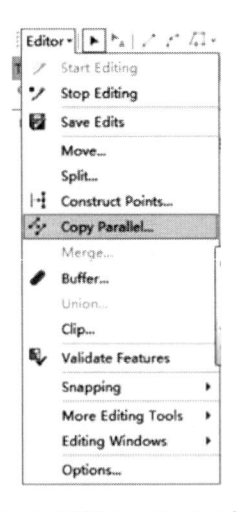

圖 9-17　選擇 Copy Parallel 命令

單擊 Template，選擇需要放置平行線的數據層；按照地圖單位輸入平行線之間的距離；選擇複製要素的方向，單擊 OK（見圖 9-18）。

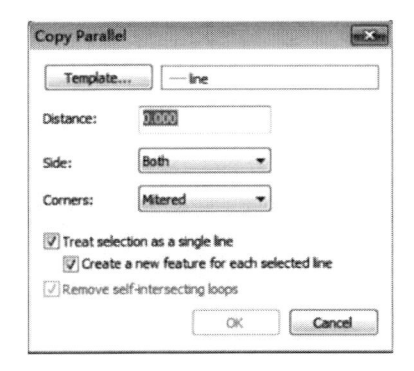

圖 9-18　Copy Parallel 對話框

②緩衝區邊界生成與複製

單擊 ▶ 按鈕，選中需要生成緩衝區的要素。

在 Editor 下拉菜單中選擇 Buffer 命令（見圖 9-19），打開 Buffer 對話框。

單擊 Template，選擇生成的緩衝區複製的目標圖層；按照地圖單位輸入緩衝距離，單擊 OK（見圖 9-20）。

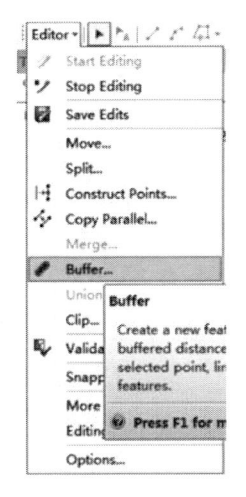

圖 9-19　選擇 Buffer 命令

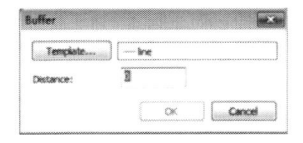

圖 9-20　Buffer 對話框

(2) 要素合併

ArcMap 中要素的合併可以概括為兩種類型，要素空間合併（Merge 和 Union）和要素裁剪合併（Intersect）。合併可以在同一個數據層中進行，也可以在不同的數據層中進行，參與合併的可以是相鄰要素也可以是分離要素，但是只有相同類型的要素才可以合併。

①Merge

Merge 操作可以完成同層要素空間合併，無論要素相鄰還是分離，都可以合併成一個新的要素，新的要素一旦生成，原來的要素自動被刪除。

單擊 ▶ 按鈕，選中需要合併的要素。

在 Editor 下拉菜單中選擇 Merge 命令（見圖 9-21），打開 Merge 對話框。

在 Merge 對話框中列出了所以參加合併的要素，選擇其中一個要素，單擊 OK（見圖 9-22），完成 Merge，結果如圖 9-23 所示。

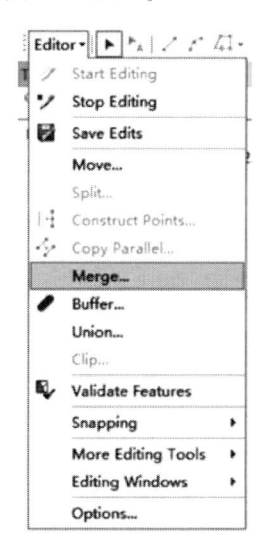

圖 9-21　選擇 Merge 命令

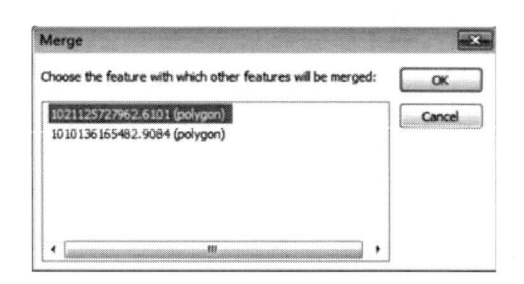

圖 9-22　Merge 對話框

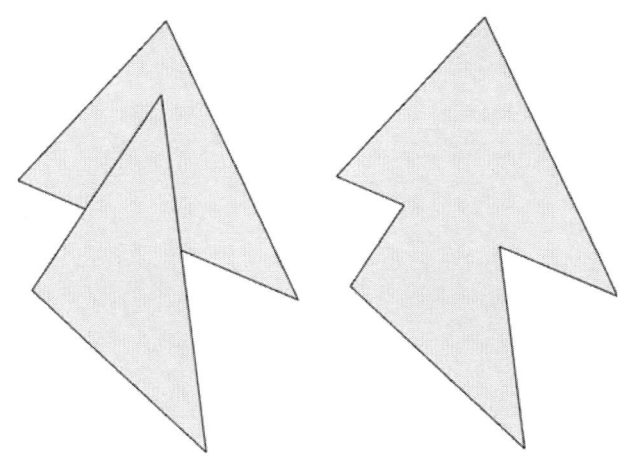

圖 9-23　合併的結果

②Union

Union 操作可以完成不同層要素空間合併，無論要素相鄰還是分離，都可以合併生成一個新要素。

單擊 ▶ 按鈕，選中需要合併的要素（來自不同數據層）。

在 Editor 下拉菜單中選擇 Union 命令，所選擇的要素被合併成一個新的要素。

點擊 Template，選擇合併后的新要素所屬的目標數據層。

(3) 要素分割

應用 ArcMap 要素編輯工具可以分割線要素和多邊形要素。對線要素可以任意定義一點進行分割，也可以在離開線的起點或終點一定的距離處分割，還可以按照線要素長度百分比進行分割；對多邊形要素按照繪製的分割線進行分割。分割后線要素和多邊形的屬性值是分割前線要素屬性值的複製。

①線要素分割

・任意點分割線要素

單擊 ▶ 按鈕，選中需要分割的線要素。

單擊編輯工具條上的 Split Tool 按鈕 ✂，在線要素上任意選擇分割點。

單擊左鍵，線要素按照分割點分成兩段，可通過查詢工具查看。

・按長度分割線要素

單擊 ▶ 按鈕，選中需要分割的線要素。

在 Editor 下拉菜單選擇 Split 命令，打開 Split 對話框（見圖9-24）。

在 Split Options 中可以選擇三種分割方式：Distance（長度距離）、Into Equal Parts（等間距）、Percentage（長度比例）。在 Orientation 中可以選擇是從線要素的起點計算距離還是從終點計算距離，根據需要選擇后單擊 OK。

图 9-24　Split 对话框

② 多边形分割

单击 ▶ 按钮,选中需要分割的多边形。

在 Editor 工具栏选择 Cut Polygons Tool 按钮 ⊞,直接绘制分割线,单击右键选择 Finish Sketch 或者双击左键完成绘制,多边形即被分割(见图 9-25)。

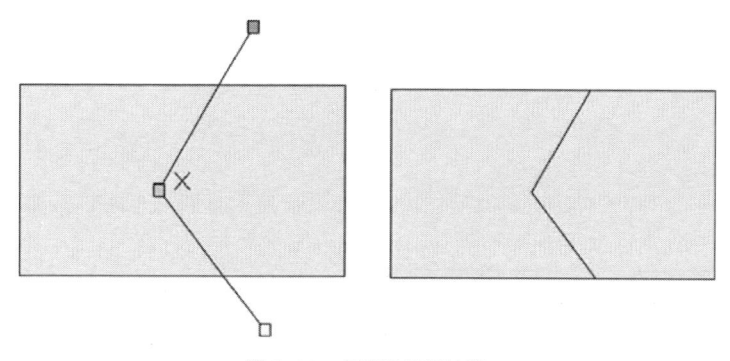

图 9-25　多边形分割结果

(4) 线要素的延长与裁剪

在工具栏单击右键,选择 Advanced Editing 命令,弹出 Advanced Editing 工具条(见图 9-26)。

图 9-26　Advanced Editing 工具条

① 线要素延长

单击 ▶ 按钮,选中需要延长到的相应位置的目标线段。

单击 Advanced Editing 工具条中的 按钮,选择需要延长的线段。

根据提示将线要素延长到目标线段(见图 9-27)。

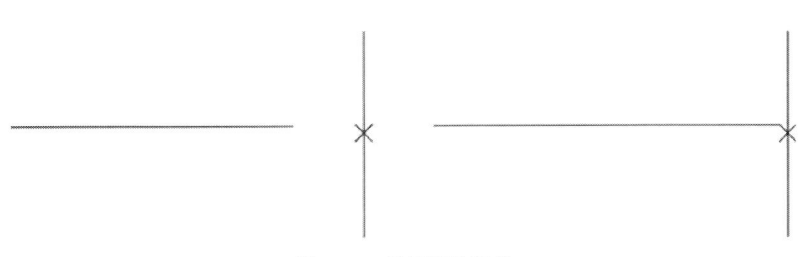

圖 9-27　線要素的延長

②線要素裁剪

單擊▶按鈕，選擇需要互相裁剪的兩根目標線段。

單擊 Advanced Editing 工具條中的 按鈕，選擇需要裁剪掉的線段，單擊左鍵（見圖 9-28）。

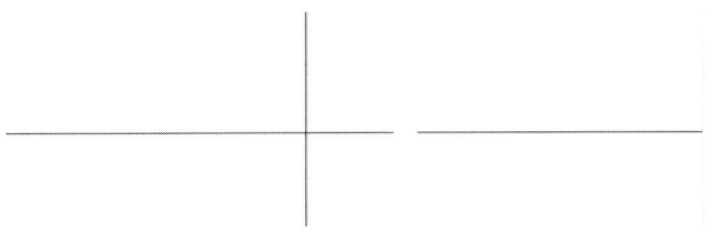

圖 9-28　線要素裁剪

(5) 要素的變形與縮放

①要素的變形

線要素與多邊形要素的變形操作都是通過繪製草圖完成的。在對線要素進行變形操作時，草圖線的兩個端點應該位於線要素的一側，而在對多邊形要素進行變形操作時，若草圖的兩個端點位於多邊形內，多邊形將增加一塊草圖面積，如果草圖的兩個端點位於多邊形外，多邊形將被裁剪掉一塊草圖面積。

單擊▶按鈕，選擇需要修整的要素（線或多邊形）。

在 Editor 工具欄選擇 Reshape Feature Tool 按鈕 ，圖形上繪製一條草圖線，雙擊左鍵完成繪製（見圖 9-29 和圖 9-30）。

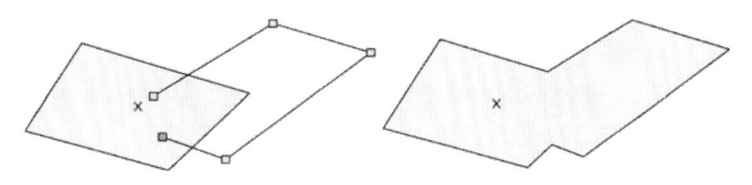

圖 9-29　草圖的兩個端點位於多邊形內

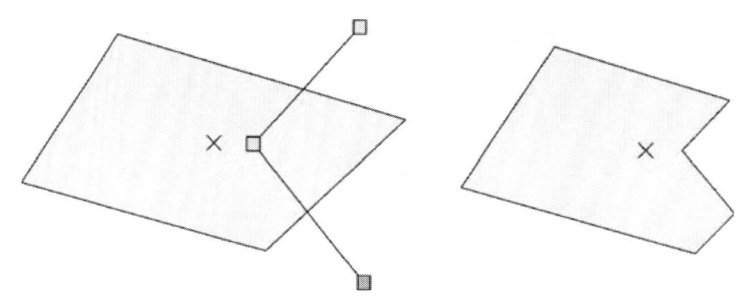

圖 9-30　草圖的兩個端點位於多邊形外

②要素的縮放

單擊 Editor 工具條最右側倒三角形，選擇 Customize 命令，打開 Customize 對話框，進入 Commands 選項卡，在 Categories 欄中選擇 Editor，在右邊 Commands 欄中選擇 Scale（見圖 9-31），將其拖放到 Editor 工具條中。

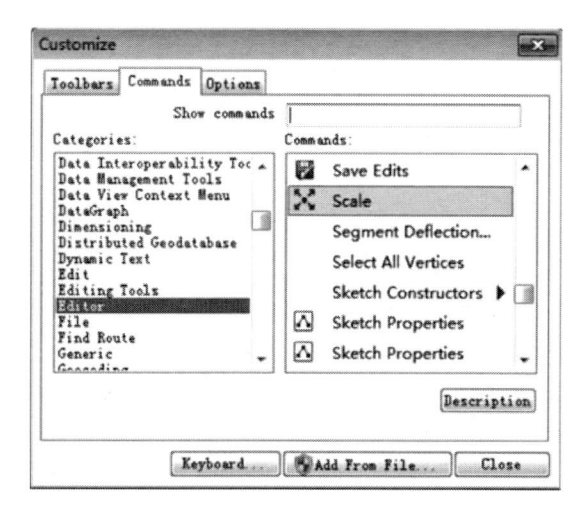

圖 9-31　Customize 對話框

單擊▶按鈕，選擇需要縮放的要素。

單擊✖按鈕，根據需要滾動鼠標中鍵進行要素縮放。

（6）要素結點編輯

無論線要素還是面要素，都由若干結點組成，在數據編輯操作中，可以根據需要添加結點、刪除結點、移動結點，實現要素局部形態的改變。

①添加結點

單擊▶按鈕，選擇需要添加結點的要素。

單擊 Edit Vertices 按鈕▨，打開 Edit Vertices 工具條。

在需要添加結點的位置單擊右鍵，選擇 Insert Vertex 命令，或者選中添加結點圖標

[✎], 在需要添加結點的位置單擊左鍵。

②刪除結點

單擊 ▶ 按鈕, 選擇需要刪除結點的要素。

雙擊選中的要素, 在需要刪除結點的位置單擊右鍵, 選擇 Delete Vertex 命令。

③移動結點

移動結點是改變要素形狀的常用途徑, 移動結點可以使要素完全變形, 也可以使要素在保持基本幾何形狀的前提下拉伸。移動結點有 4 種方法:

單擊 ▶ 按鈕, 雙擊需要移動結點的要素, 在需要移動的結點上按住左鍵, 將結點拖放到目標位置。

在需要移動的結點上單擊右鍵, 選擇 Move To 命令, 打開 Move To 窗口, 輸入絕對坐標並按 Enter 鍵。

在需要移動的結點上單擊右鍵, 選擇 Move 命令, 打開 Move 窗口, 輸入坐標增量並按 Enter 鍵。

選擇需要移動拉伸結點的要素, 在 Editor 下拉菜單中選擇 Options 命令, 打開 Editing Options 對話框, 進入 General 標籤, 勾選 Stretch geometry proportionately when moving a vertex 選項, 完成要素拉伸開關設置, 退出對話框 (見圖 9-32)。在需要移動結點上按住左鍵, 將結點拖放到目標位置。

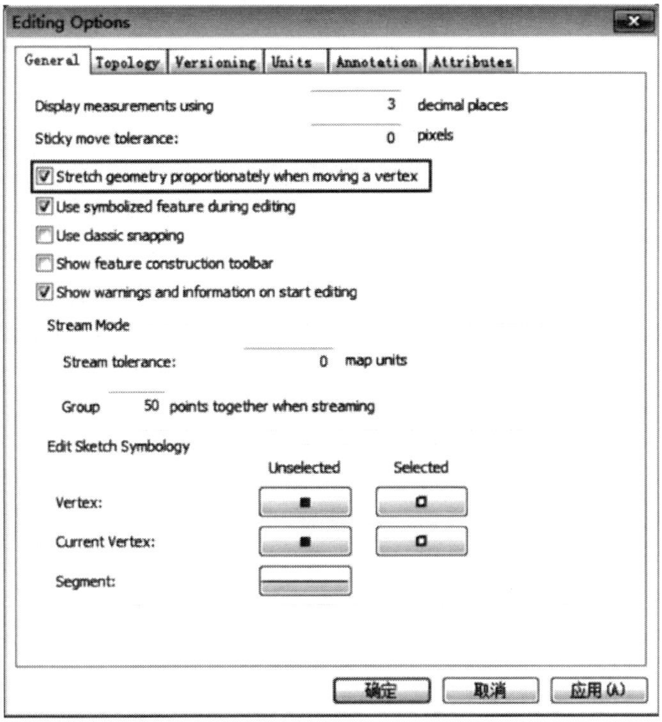

圖 9-32　Editing Options 對話框

（八）屬性編輯與操作

屬性編輯包括對單要素或多要素屬性進行添加、刪除、修改、複製、傳遞或粘貼等多種編輯操作。

（1）單擊 ▶ 按鈕，選擇需要編輯屬性的要素，單擊右鍵，選擇 Attributes，打開 Attributes 對話框，可以查看要素的屬性並修改其屬性值（見圖9-33）。

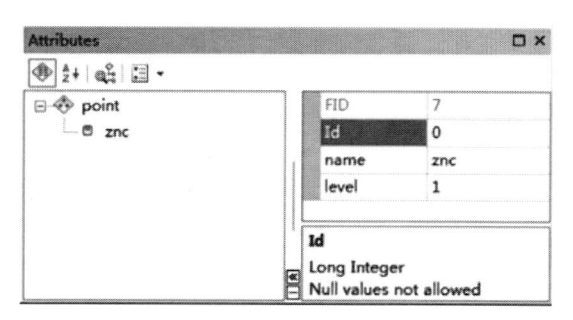

圖 9-33 Attributes 對話框

（2）單擊標準工具欄 ⓘ 按鈕，打開 Identify 對話框，對要素屬性進行查詢和編輯（見圖9-34）。

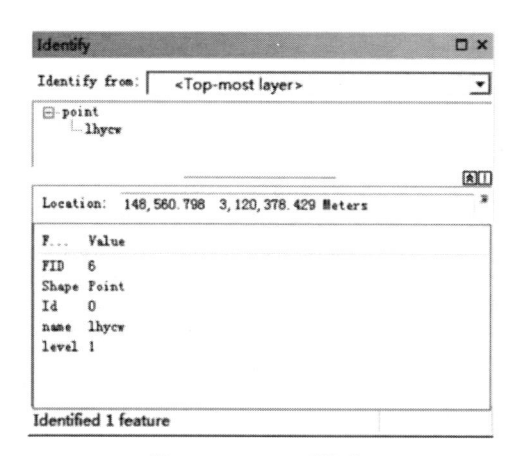

圖 9-34 Identify 對話框

（3）在 ArcMap 內容列表中選中需要進行屬性編輯的數據層，單擊右鍵，選擇 Open Attribute Table 命令，打開 Table 對話框（見圖9-35），對要素屬性進行查看，點擊 按鈕，可以進行添加字段、關聯表、屬性表導出等操作，數據層進入編輯狀態還可對屬性表進行修改、刪除等操作。

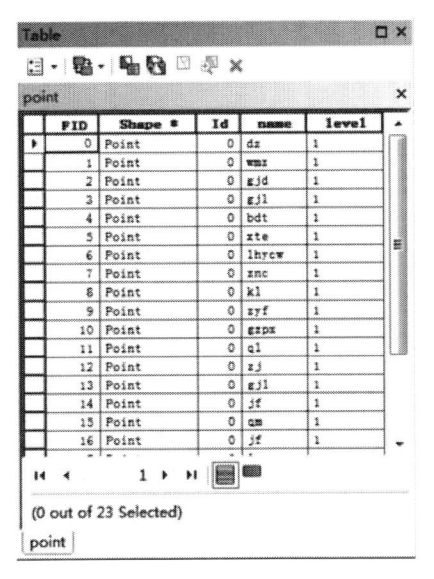

圖 9-35　屬性表

（九）拓撲關係建立與拓撲編輯

1. 地圖拓撲建立

（1）在前文建立數據庫和數據輸入編輯的基礎上，對數據庫內數據進行完善、保存。

（2）在 ArcCatalog 目錄樹中，在數據集上單擊右鍵，選擇 New→New Topology 命令，打開 New Topology 對話框，其是對創建拓撲的簡單介紹，單擊下一步（見圖 9-36）。

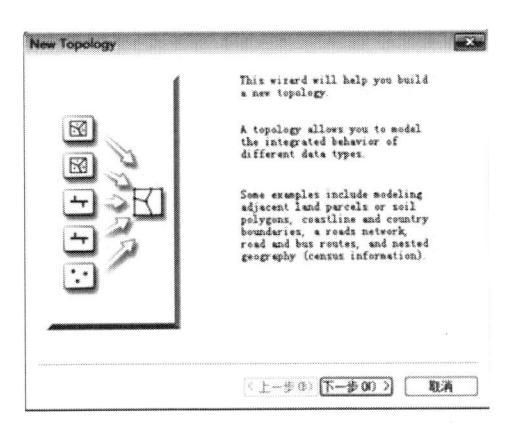

圖 9-36　New Topology 對話框

（3）輸入拓撲名稱，設置聚類容限，單擊下一步（見圖 9-37）。聚類容限應該依據數據精度盡量小，它決定了在多大範圍內要素能被捕捉到一起。

图 9-37　设置名称和聚类容限

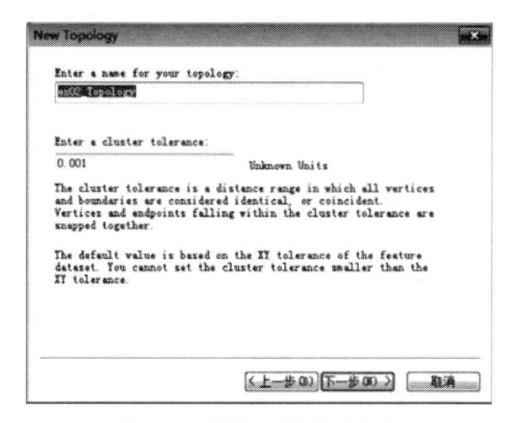

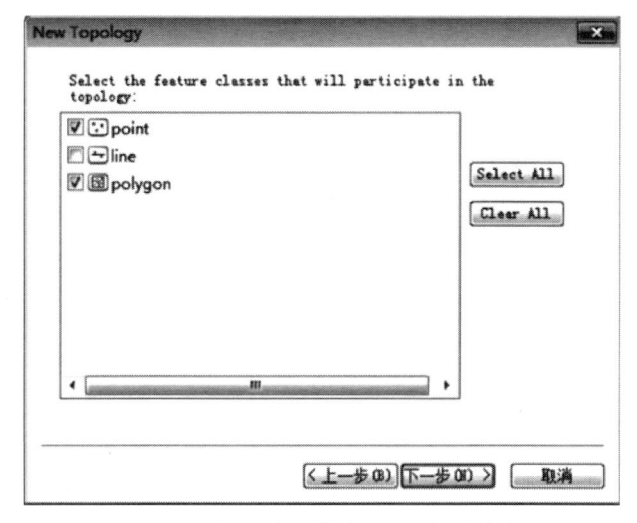

（4）选择参与拓扑创建的要素类，单击下一步（见图 9-38）。

图 9-38　选择参与拓扑创建的要素类对话框

（5）输入拓扑等级数目及拓扑中每个要素类的等级，单击下一步（见图 9-39）。

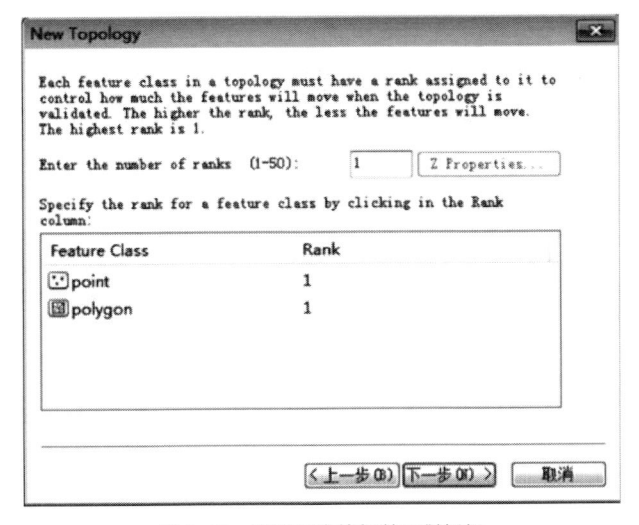

圖 9-39　設置拓撲等級數目對話框

（6）添加拓撲規則。單擊 Add Rule 按鈕（見圖 9-40），打開 Add Rule 對話框，在 Feature of feature class 下拉框中選擇拓撲規則的要素，根據要求在 Rule 下拉框中選擇拓撲規則（見圖 9-41），點擊 OK，將規則添加到對話框中，單擊下一步。

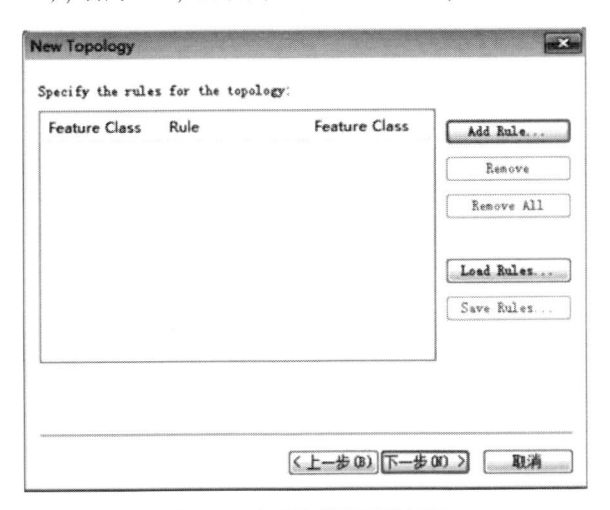

圖 9-40　設置拓撲規則對話框

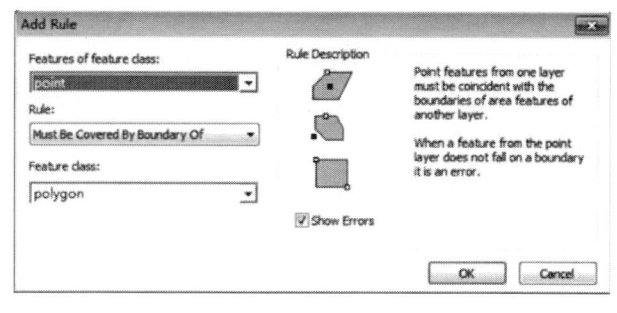

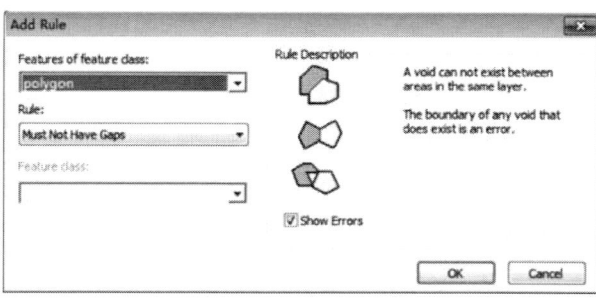

圖 9-41　選擇拓撲規則

（7）查看參數信息總結框，檢查無誤後單擊 Finish 完成拓撲（見圖 9-42）。

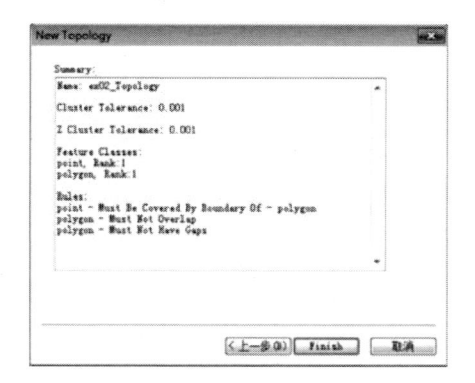

圖 9-42　拓撲參數信息檢查

（8）出現對話框詢問是否立即進行拓撲檢測，單擊 Yes（見圖 9-43）。

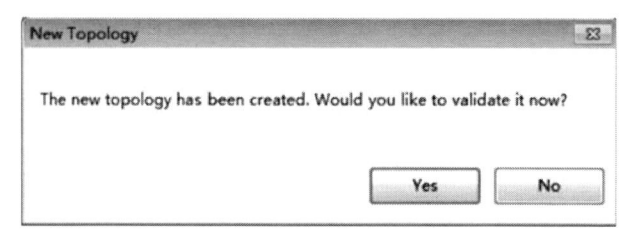

圖 9-43　選擇進行拓撲檢測

2. 拓撲編輯

（1）將創建的拓撲拖放到 ArcMap 中，對照內容列表裡提示的面錯誤、線錯誤和點錯誤查看圖形中出現的錯誤（見圖 9-44）。

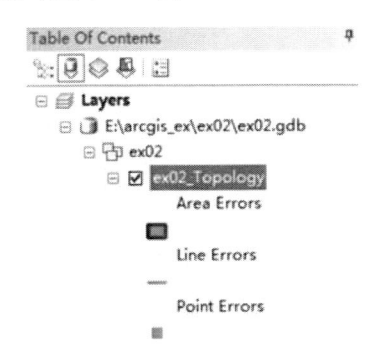

圖 9-44　在 ArcMap 中顯示拓撲錯誤

（2）在標準工具欄單擊右鍵，選擇 Topology 命令，加載 Topology 工具條；單擊 Editor 下拉菜單，選擇 Start Editing 命令，進入編輯狀態，Topology 工具條被激活（見圖 9-45）。

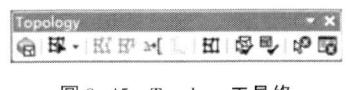

圖 9-45　Topology 工具條

（3）單擊 Topology 工具條中的 按鈕檢測拓撲錯誤，打開 Error Inspector 對話框，單擊 Search Now 按鈕（見圖 9-46），即可檢查出拓撲錯誤。

圖 9-46　錯誤檢查器對話框

（4）根據具體錯誤對數據進行修改。

（5）拓撲修改后重新進行拓撲錯誤檢驗，可以單擊 Topology 工具條中的 按鈕，在指定區域進行拓撲檢驗；單擊 按鈕，在當前可見視圖或整個區域進行拓撲檢驗。檢驗過后若還有錯誤，再繼續修改。

（6）拓撲編輯。

創建拓撲過后，拓撲關聯要素之間具有共享邊或點，編輯共享邊或點的過程不會影響要素之間的相對空間關係，拓撲編輯常用語數據更新。

在標準工具欄單擊右鍵，選擇 Topology 命令，打開 Topology 工具條。

①共享要素移動

共享結點的移動：

單擊 ▦ 按鈕，選中需要移動的共享結點，結點高亮顯示，按住鼠標左鍵將結點拖動到目標位置（見圖9-47）。數據集中與其拓撲關聯的邊線和結點都相應更新位置。

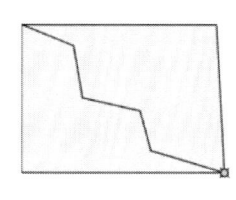

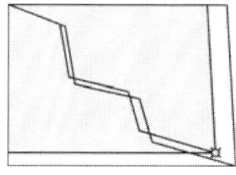

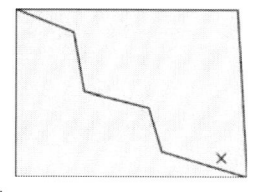

圖 9-47　共享結點的移動

共享邊的移動：

單擊 ▦ 按鈕，選中需要移動的共享邊線，邊線高亮顯示，按住鼠標左鍵將邊線拖動到目標位置（見圖9-48）。數據集中與其拓撲關聯的邊線和結點都相應更新位置。

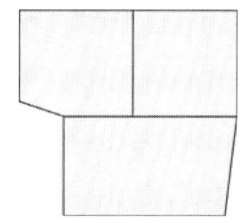

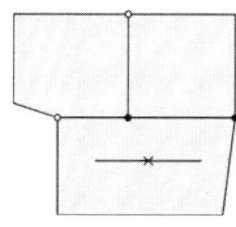

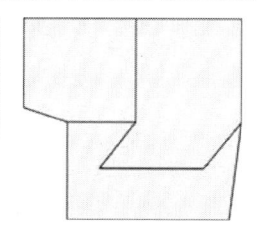

圖 9-48　共享邊的移動

②共享邊線編輯

共享邊線修整：

單擊 ▦ 按鈕，選中需要修整的共享邊線，邊線高亮顯示，單擊 ▦ 按鈕，根據邊修整的需要繪製邊線變形草圖，雙擊左鍵結束草圖線繪製（見圖9-49）。

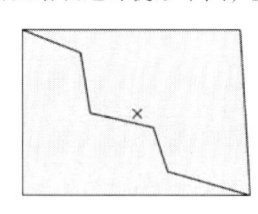

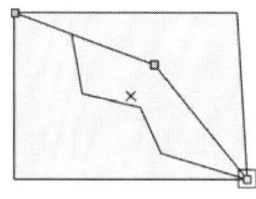

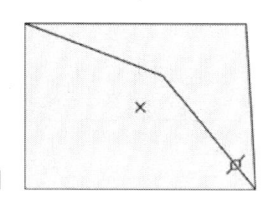

圖 9-49　共享邊線變形

共享邊線修改：

單擊 ▦ 按鈕，選中需要修改的共享邊線，邊線高亮顯示，單擊 ▦ 按鈕，根據需要對邊線進行修改，包括結點的添加、刪除、移動等操作（見圖9-50）。

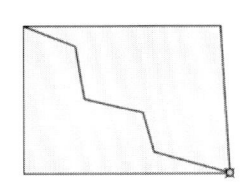

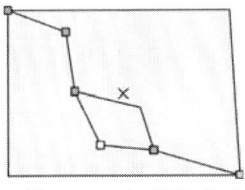

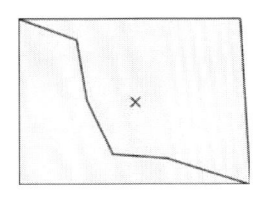

圖 9-50　共享邊線修改

四、問題思考

地理要素和屬性是怎樣關聯到一起的？

實驗十　空間數據轉換與處理

一、基礎知識

空間數據是 GIS 的一個重要組成部分，整個 GIS 都是圍繞空間數據的採集、加工、存儲、分析和表現展開的。

(一) 地圖投影和投影變換

空間數據與地球上的某個位置是相對應的，對空間數據的定位必須將其嵌入一個空間參照系中。因為 GIS 描述的是位於地球表面的信息，所以根據地球橢球體建立的地理坐標（經緯網）可以作為空間數據的參照系。而地球是一個不規則的球體，為了能夠將其表面的內容顯示在平面的顯示器或紙上，就必須將球面的地球坐標系統變換成平面的投影坐標系統。因此，運用地圖投影的方法，建立地球表面和平面上點的函數關係，使地球表面上由地理坐標確定的點，在平面設計行有一個與它相對應的點。

目前投影變換的基本方法有以下幾種：

1. 解析變換法

找出兩投影間的解析關係式。通常有正解變換法，即直接由一種投影的數字化坐標 (x, y) 變換到另一種投影的直角坐標 (X, Y)；反解變換法，即由一種投影的坐標反解出地理坐標 (x, y→i, λ)，然後再將地理坐標代入另一種投影的坐標公式中 (i, λ→X, Y)，從而實現投影坐標的變換。

2. 數值變換法

根據兩投影間的若干離散點（或稱共同點），運用數值逼近理論和方法建立它們間的函數關係，或直接求出變換點的坐標。

3. 數值解析變換法

將上述兩類方法相結合，即按數值法實現 (x, y→i, λ) 的變換，再按解析法實現 (i, λ→X, Y) 的變換。

(二) 數據格式轉換

基於文件的空間數據類型包括對多種 GIS 數據格式的支持，Geodatabase 數據模型

也可以在數據庫中管理同樣的空間數據類型。

在 ArcGIS 中支持的數據類型：

Shapefiles、Geodatabases、ArcInfo coverages、ArcIMS feature services、ArcIMS map services、Geography Network connections、PC ARC/INFO coverages、SDE layers、TIN、DXF、DWG (through v2004)、DGN (through v8)、VPF、文本文件（*.txt）、OLEDB 表、SDC。

其中柵格數據類型支持下列格式：

ADRG 系列的文件：Image (.IMG)、Overview (.OVR)、Legend (.LGG)。

ESRI 系列的文件：GRID、SDE Raster、Raster Catalogs (Image Catalogs)、Band Interleaved by Line (.BIL)、Band Interleaved by Pixel (.BIP)、Band Sequential (.BSQ)、Band Sequential (.BSQ)、GRID Stack (<directory>)、GRID Stack File (.STK)。

ERDAS 系列的文件：Imagine (.IMG)、7.5 Lan (.LAN)、7.5 GIS (.GIS)、Raw (.RAW)。

其他文件格式：Windows 位圖 (.BMP)、Controlled Image Base (CIB)、壓縮的 ARC 數字柵格圖形 (CADRG)、數字地理信息交換標準 (DIGEST)、DTED Level 0, 1, and 2 (.DT*)、ER Mapper (.ERS)、圖形交換格式 (.GIF)、Intergraph raster file (CIT or. COT)、JPEG 文件交換格式 JIFF (.JPG) 及 JPEG 2000 (.JP2)、美國圖像轉換格式 NITF 2.0 and 2.1 (.NTF)、Portable Network Graphics (.PNG)、LizardTech MrSID and MrSID Gen 3 (.SID)、Tagged Image File Format、TIFF (.TIF)。

空間數據的來源有很多，空間數據也有多種格式，根據應用需要對數據的格式要進行轉換。轉換是數據結構之間的轉換，而數據結構之間的轉化又包括同一數據結構不同組織形式間的轉換和不同數據結構間的轉換。其中，不同數據結構間的轉換主要包括矢量到柵格數據的轉換和柵格到矢量數據的轉換。

二、實驗目的和要求

理解地圖投影和投影變換的原理和方法，能根據需要為地圖定義合適的坐標系及進行投影變換；熟悉 ArcGIS 中不同的數據結構，並能根據需要進行轉換；掌握基本的空間數據處理方法。

實驗數據包括原始 DEM 數據（DEM1、DEM2、DEM3 和 DEM4）和未裁切的邊界矢量數據（Vector.shp），存放於本書數字資源包（…\ex10\Data）。

三、實驗步驟

1. 矢量數據提取

(1) 新建地圖文檔，加載未裁切的矢量數據 Vector.shp（見圖 10-1）。

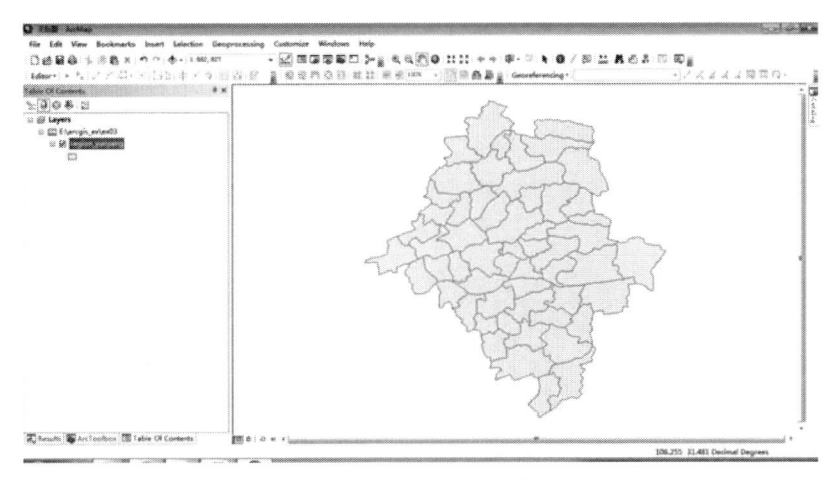

圖 10-1　加載矢量數據

（2）打開 ArcToolbox，選擇 Analysis Tools→Extract→Select 工具（見圖 10-2），打開 Select 對話框（見圖 10-3）。

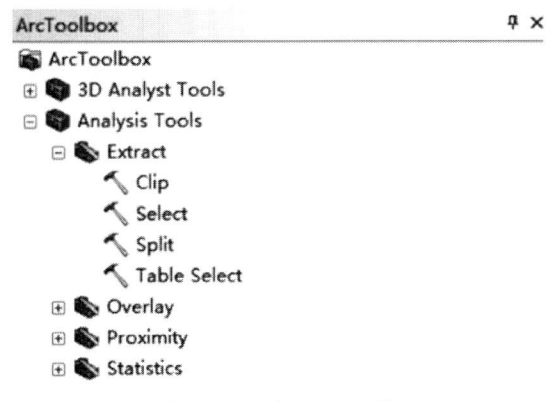

圖 10-2　選擇 Select 工具

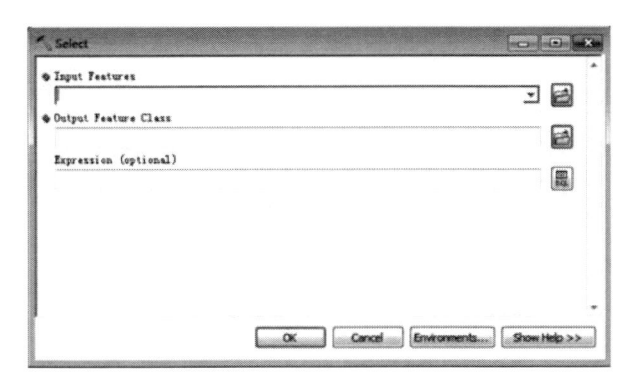

圖 10-3　Select 對話框

（3）在 Input Feature 文本框選擇 Vector.shp；在 Output Feature Class 文本框輸入輸出數據的路徑與名稱；單擊 Expression 文本框旁邊的 ![按鈕] 按鈕，打開 Query Builder 對話框（見圖 10-4），設置 SQL 表達式（在對話框上部選中目標，點擊 Get Unique Values，可將目標內容添加到中間文本框，供用戶選擇）。

圖 10-4　Query Builder 對話框

（4）單擊 OK 按鈕，執行 Select 操作，得到雲陽縣栖霞鄉的矢量數據（見圖 10-5）。

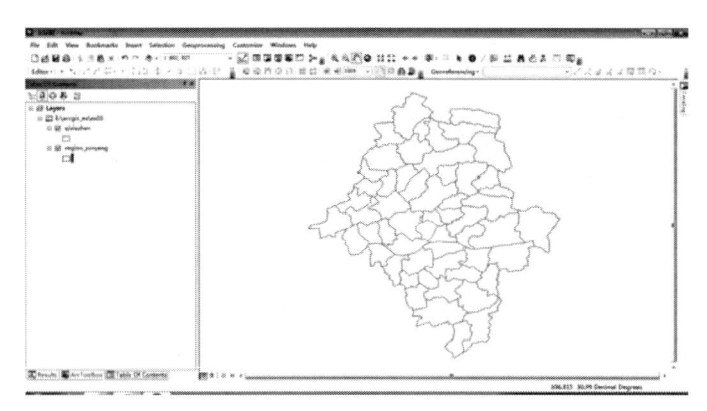

圖 10-5　栖霞鄉邊界矢量數據

2. DEM 數據拼接

（1）加載包含栖霞鄉範圍的四幅 DEM 數據，DEM1、DEM2、DEM3 和 DEM4（見圖 10-6）。

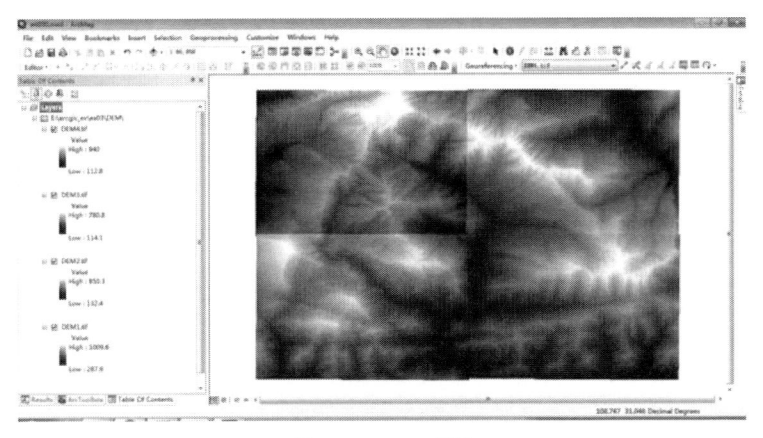

圖 10-6　DEM 數據

（2）打開 ArcToolbox，選擇 Data Management→Raster→Raster Dataset 工具集，雙擊 Mosaic To New Raster 工具（見圖 10-7），打開 Mosaic To New Raster 對話框（見圖 10-8）。

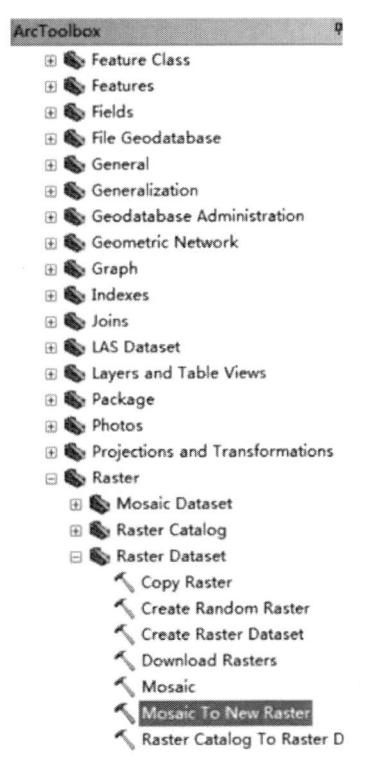

圖 10-7　打開 Mosaic To New Raster 工具

圖 10-8　Mosaic To New Raster 對話框

（3）在 Input Rasters 文本框中依次選擇 DEM1、DEM2、DEM3 和 DEM4，在下面的窗口中列出已添加的數據。

（4）在 Output Location 文本框輸入輸出數據的存儲位置。

（5）在 Spatial Reference for Raster 可選窗口為輸出的數據定義投影。

（6）在 Pixel Type 可選窗口設置輸出數據柵格的類型。

（7）在 Cellsize 設置輸出數據的柵格大小。

（8）在 Number of Bands 文本框輸入輸出數據的波段數。

（9）在 Mosaic Mothod 可選窗口，確定鑲嵌重疊部分的方法。如 MEAN 表示重疊部分的結果數據取重疊柵格的平均值。

（10）在 Mosaic Colormap Mode 可選窗口，確定輸出數據的色彩模式。在默認狀態下進行輸入各數據的色彩將保持不變。

（11）單擊 OK，完成操作（見圖 10-9）。

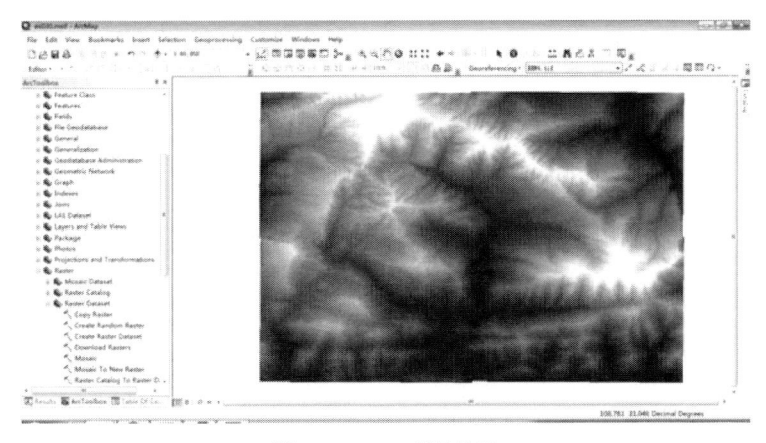

圖 10-9　DEM 拼接結果

3. 為 DEM 定義投影

（1）打開 ArcToolbox，選擇 Data Management Tools→Projections and Transformations，雙擊 Define Projection（見圖 10-10），打開 Define Projection 對話框（見圖 10-11）。

圖 10-10　選擇 Define Projection 工具

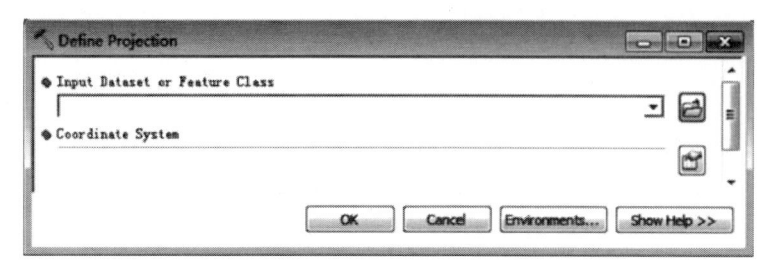

圖 10-11　定義投影對話框

（2）在 Input Dataset or Feature Class 文本框中選擇需要定義投影的數據。

（3）Coordinate System 文本框顯示為 Unknown，表明原始數據沒有坐標系統。單擊 Coordinate System 文本框旁邊的圖標，打開 Spatial Reference Properties 對話框（見圖 10-12），設置數據的投影參數。

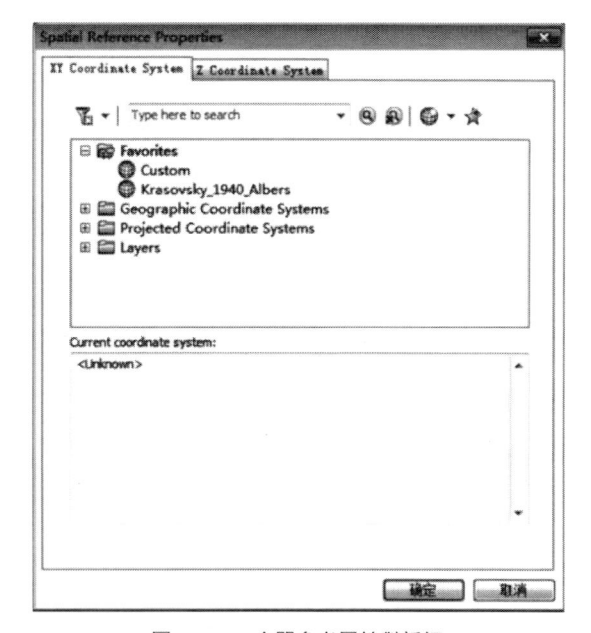

圖 10-12　空間參考屬性對話框

（4）定義投影有三種方法：

①可在空間參考屬性對話框的上部瀏覽坐標系為數據選擇坐標系統。其中坐標系統分為地理坐標系統（Geographic Coordinate Systems）和投影坐標系統（Projected Coordinate Systems）兩種類型。地理坐標系統是利用地球表面的經緯度表示；投影坐標系統是將三維地球表面上的經緯度經過數學轉換為二維平面上的坐標系統，在定義坐標系統之前，要瞭解數據的來源，以便選擇合適的坐標系統。

②當已知原始數據與某一數據的投影相同時，可單擊圖標，選擇 Import，瀏覽確定使用其坐標系統的數據，用該數據的投影信息來定義原始數據，因此兩個數據

具有相同的投影信息。

③單擊 圖標，選擇 New，新建一個坐標系統。同樣可以新建地理坐標系統和投影坐標系統兩種坐標系統。打開 New Geographic Coordinate System 對話框（見圖 10-13），定義地理坐標系統，包括定義或選擇參考橢球體，測量單位和起算經線。打開 New Projected Coordinate System 對話框（見圖 10-14），定義投影坐標系統，需要選擇投影的類型、設置投影參數及選擇測量單位。其中投影參數包括投影帶的中央經線和坐標縱軸西移的距離等。

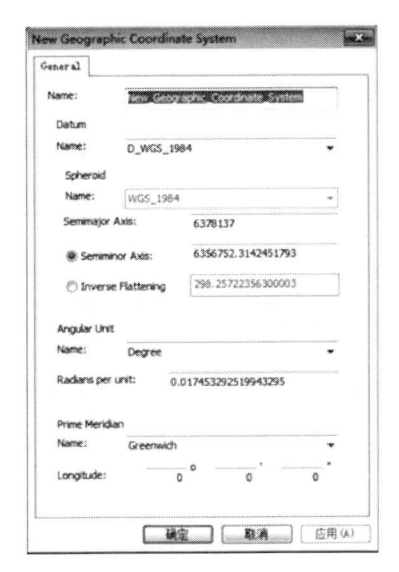

圖 10-13　新建地理坐標系統對話框

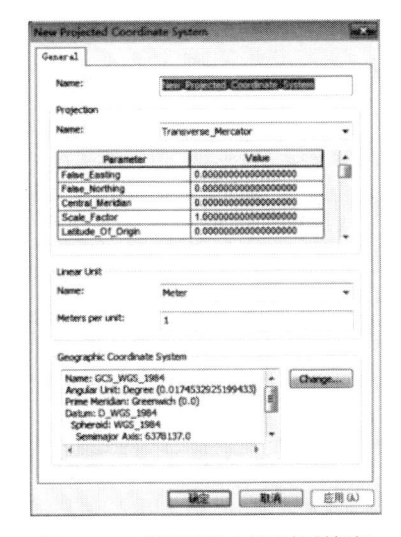

圖 10-14　新建投影坐標系統對話框

（5）定義投影后點擊確定回到 Spatial Reference Properties 對話框，可在對話框下部 Current Coordinate System 查看當前坐標系統詳細信息，單擊 ![icon] 圖標，選擇 Clear 清除投影，重新定義。

（6）點擊確定，返回 Define Projection 對話框，點擊 OK。

4. 裁切 DEM

柵格數據的裁切有多種方法，例如用圓形、點、多邊形、矩形以及用已存在的數據進行裁切，其中最常用的方法是利用已存在的柵格或矢量數據裁切柵格數據，本實驗採用已存在的矢量數據裁切 DEM，其他幾種裁切方法都大同小異。

（1）打開 ArcToolbox，選擇 Spatial Analyst Tools→Extraction 工具集，雙擊 Extract by Mask 工具（見圖 10-15），打開 Extract by Mask 對話框（見圖 10-16）。

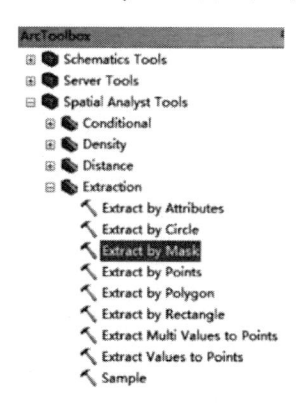

圖 10-15　Extract by Mask 工具

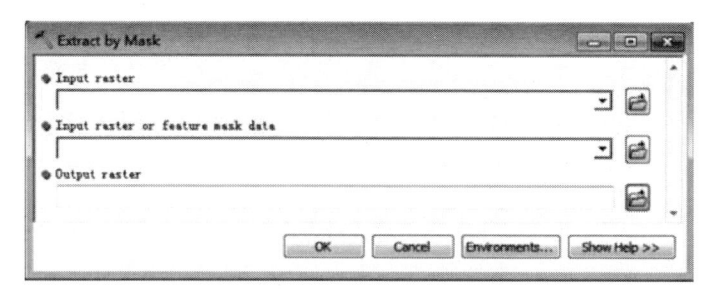

圖 10-16　Extract by Mask 對話框

（2）在 Input Raster 文本框中選擇輸入拼接的 DEM 數據。

（3）在 Input Raster or Feature Mask Data 文本框定義瀏覽確定由 Vector.shp 提取的矢量數據。

（4）在 Output Raster 文本框鍵入輸出的數據的路徑與名稱。

（5）單擊 OK 按鈕，執行 Extract by Mask 操作，結果如圖 10-17 所示。

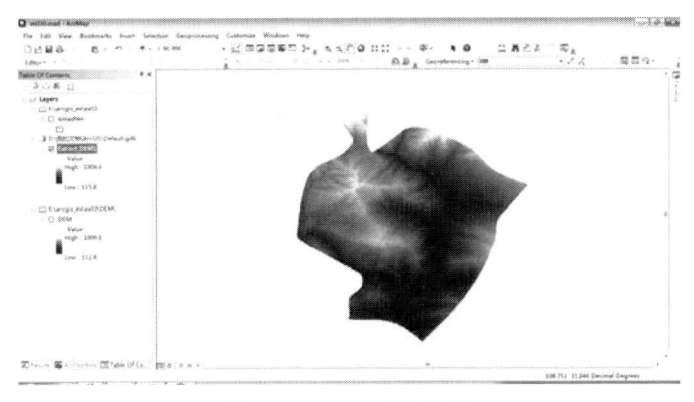

圖 10-17　DEM 裁切結果

5. 投影變換

（1）打開 ArcToolbox，選擇 Data Management Tools→ Projections and Transformations → Raster，雙擊 Project Raster 工具（見圖 10-18），打開 Project Raster 對話框（見圖 10-19）。

圖 10-18　Project Raster 工具

遙感與 GIS 應用實習教程

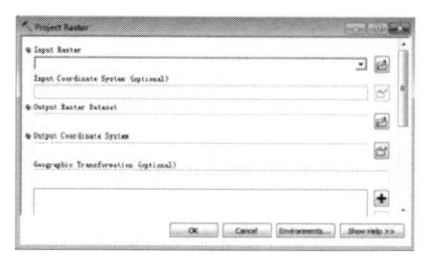

圖 10-19　Project Raster 對話框

（2）在 Input raster 文本框中選擇裁切后的 DEM 柵格數據。

（3）在 Output raster 文本框鍵入輸出的柵格數據的路徑與名稱。

（4）在 Output Coordinate System 文本框定義輸出數據的投影。

（5）變換柵格數據的投影類型需要對數據進行重採樣。在 Resampling technique 下可以選擇柵格數據在新的投影類型下的重採樣方式，默認狀態是 NEAREST，即最臨近採樣法。

（6）在 Output Cell Size 文本框設置輸出數據的柵格大小，默認狀態下輸出的數據柵格大小與原數據相同，還可以直接設定柵格的大小，或瀏覽確定某一柵格數據，輸出數據的柵格大小則與該數據相同。

（7）點擊 OK，執行投影變換。

四、問題思考

地圖坐標和投影坐標有什麼關係？

實驗十一　區域擇房

一、基礎知識

（一）空間分析

空間分析是基於地理對象的位置和形態的空間數據的分析技術，其目的在於提取空間信息或者從現有的數據派生出新的數據，是將空間數據變為信息的過程。

根據要進行的空間分析類型的不同，空間分析一般包括以下基本步驟：

1. 確定問題並建立分析的目標和要滿足的條件。
2. 針對空間問題選擇合適的分析工具。
3. 準備空間操作中要用到的數據。
4. 制訂分析計劃並執行。
5. 顯示並評價分析結果。

（二）矢量數據空間分析

矢量數據的空間分析的處理方法具有多樣性與複雜性，最為常見的矢量數據分析

類型有包含分析、緩衝區分析、多邊形疊置分析、網路分析、泰森多邊形分析和數據的量算。

包含分析：確定要素之間是否存在著直接的聯繫，實現圖形、屬性對位檢索的基本分析方法。利用包含分析方法可以解決地圖的自動分色、地圖內容從面向點的製圖綜合、面狀數據從矢量向柵格格式的轉換以及區域內容的自動計數等。

緩衝區分析：根據數據庫的點、線、面實體，自動建立其周圍一定寬度範圍內的緩衝區域多邊形實體，從而實現空間數據在水平方向得以擴展的信息分析方法，是地理信息系統重要的和基本的空間操作功能之一。

多邊形疊置分析：同一地區、同一比例尺的兩組或兩組以上的多邊形要素的數據文件進行疊置。通過區域多重屬性的模擬，尋找和確定同時具有幾種地理屬性的分佈區域，按照確定的地理指標，對疊置後產生的具有不同屬性的多邊形進行重新分類或分級；或者是計算一種要素在另一種要素的某個區域多邊形範圍內的分佈狀況和數量特徵，提取某個區域範圍內某種專題內容的數據。

網路分析：建立網路路徑的拓撲關係和路徑信息屬性數據庫，在知道路徑在網路中如何分佈和經過每一段路徑需要的成本值的基礎上進行選擇最佳路徑、設施以及進行網路流等分析。

數據的量算：主要是關於幾何形態量算，對於點、線、面、體4類目標物而言，其含義是不同的。點狀對象的量算主要指對其位置信息的量算，例如坐標；線狀對象的量算包括其長度、方向、曲率、中點等方面的內容；面狀對象的量算包括其面積、周長、重心等；體狀對象的量算包括表面積、體積的量算等。

二、實驗目的和要求

瞭解空間分析涉及的一般步驟以及矢量數據空間分析的原理；掌握基本的空間分析操作，為求解更複雜的實際問題打下基礎。

選擇的區域要求噪聲要小；距離商業中心和學校要近；為了休閒，距離公園要近。綜合上述條件，給定一個定量的限定：

(1) 離區域主幹道50米之外。
(2) 以商業中心的大小來確定影響區域。
(3) 距離學校200米之內。
(4) 距離公園200米之內。

數據包含了某區域交通圖（road.shp）、商業中心分佈圖（market.shp）、區域學校分佈圖（school.shp）和公園分佈圖（park.shp），存放於本書數字資源包（…ex11\Data）。

三、實驗步驟

打開ArcMap，新建地圖文檔，加載交通圖（road.shp）、商業中心分佈圖（market.shp）、區域學校分佈圖（school.shp）和公園分佈圖（park.shp）。

1. 主幹道緩衝區建立

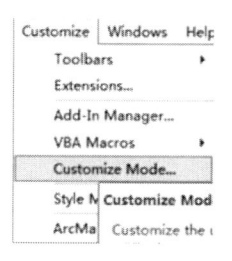

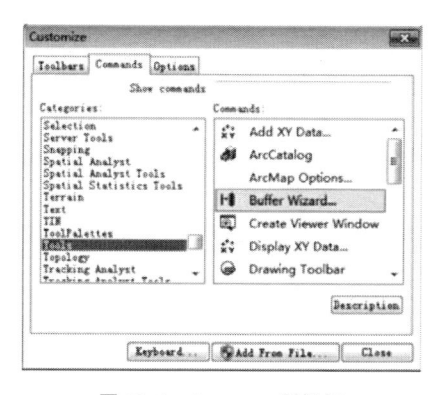

（1）在主菜單上選擇 Customize → Customize Mode 命令（見圖 11-1），打開 Customize 對話框，選擇 Commands→Categories→Tools→Buffer Wizard（見圖 11-2），將 Buffer Wizard 圖標 拖動到工具欄空處。

圖 11-1　Customize Mode 命令

圖 11-2　Customize 對話框

（2）利用選擇工具 ，選擇要進行緩衝分析的要素（按住 Shift 鍵可多選），點擊 ，打開 Buffer Wizard 對話框。選擇 road. shp 矢量數據，其中有選擇要素時勾選 Use only the selected feature，單擊下一步（見圖 11-3）。

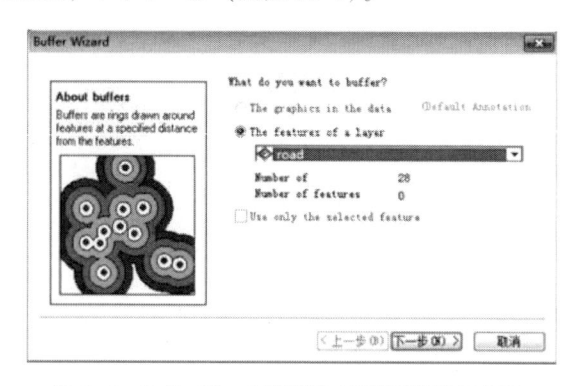

圖 11-3　Buffer Wizard 對話框（選擇緩衝分析文件）

（3）有三種不同的方式選擇建立不同種類的緩衝區：At a specified distance 是以一個給定的距離建立緩衝區（普通緩衝區）；Based on a distance from an attibut 是以分析對象的屬性值作為距離建立緩衝區（屬性權值緩衝區，各要素的緩衝區大小不一樣）；As multiple buffer rings 是建立一個給定環個數和間距的分級緩衝區（分級緩衝區）。此處給定主幹道距離，設置為普通緩衝區，單擊下一步（見圖 11-4）。

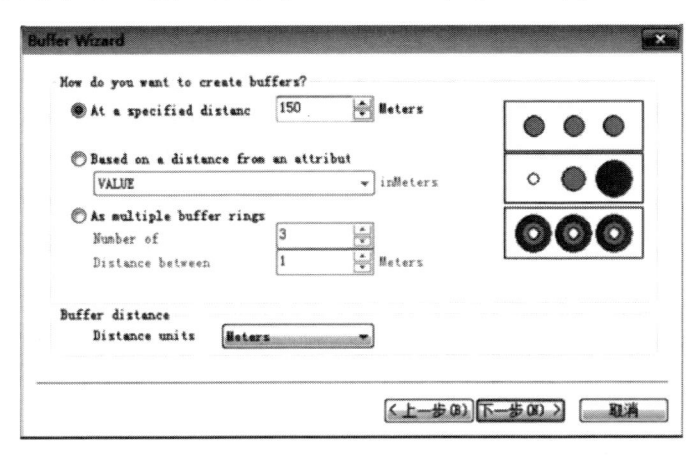

圖 11-4　Buffer Wizard 對話框（選擇緩衝種類）

（4）Buffer output type：選擇是否將相交的緩衝區融合；Creat buffers so they are：選擇對多邊形的內緩衝或外緩衝；Where do you want the buffers to be saved？：對生成文件的選擇。根據需要設置參數，單擊完成（見圖 11-5），結果如圖 11-6。

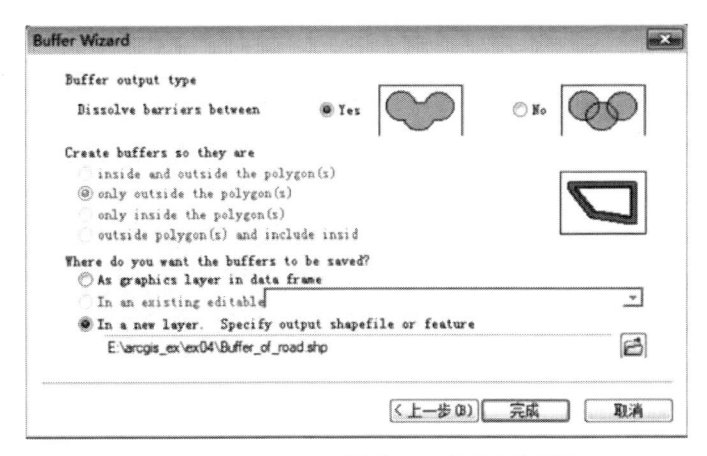

圖 11-5　Buffer Wizard 對話框（緩衝區存放選擇）

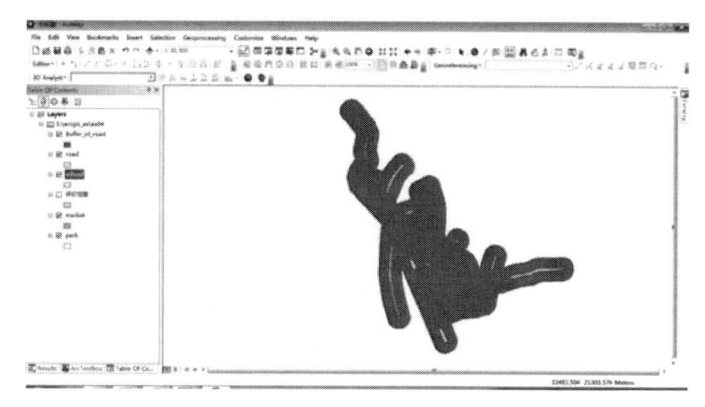

圖 11-6　主幹道緩衝區

2. 商業中心緩衝區建立

商業中心影響範圍由商業中心的大小來確定（見圖 11-7），操作步驟同主幹道緩衝區的建立，不同點在於第（3）步是選擇建立屬性權值緩衝區，結果如圖 11-8。

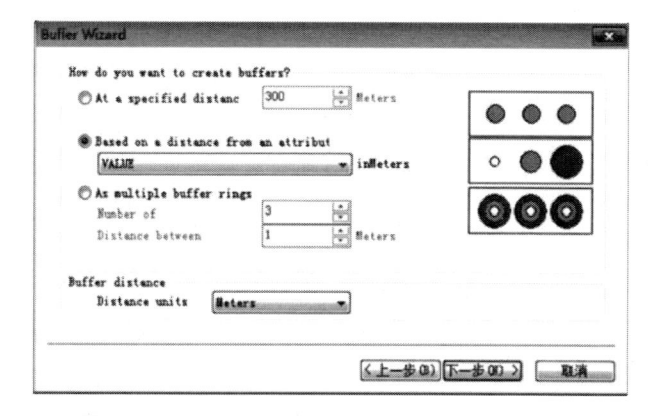

圖 11-7　Buffer Wizard 對話框（屬性權值建立緩衝區）

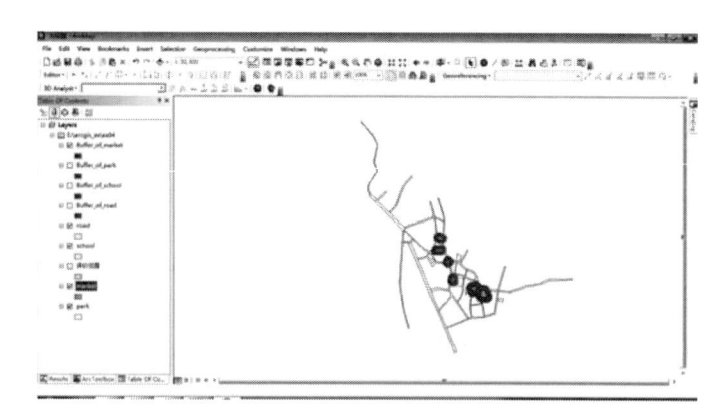

圖 11-8　商業中心影響範圍

3. 公園和學校緩衝區建立

根據以上步驟和要求建立公園和學校的影響範圍，結果如圖 11-9 和 11-10。

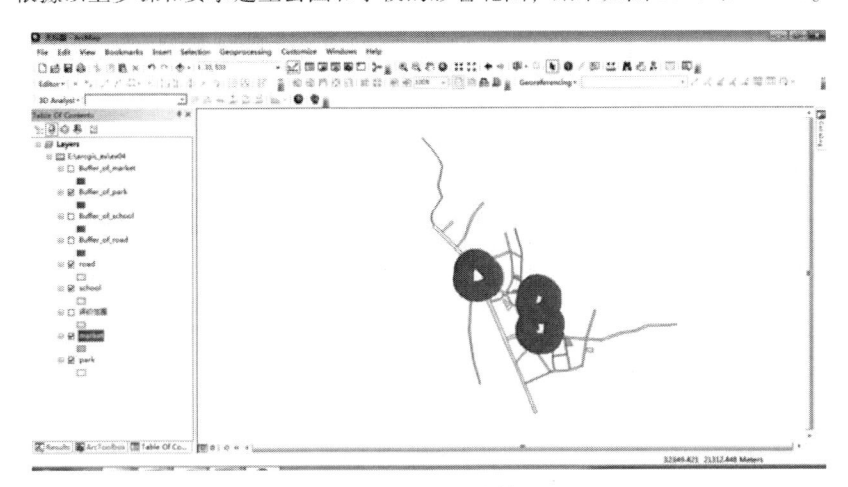

圖 11-9　公園影響範圍

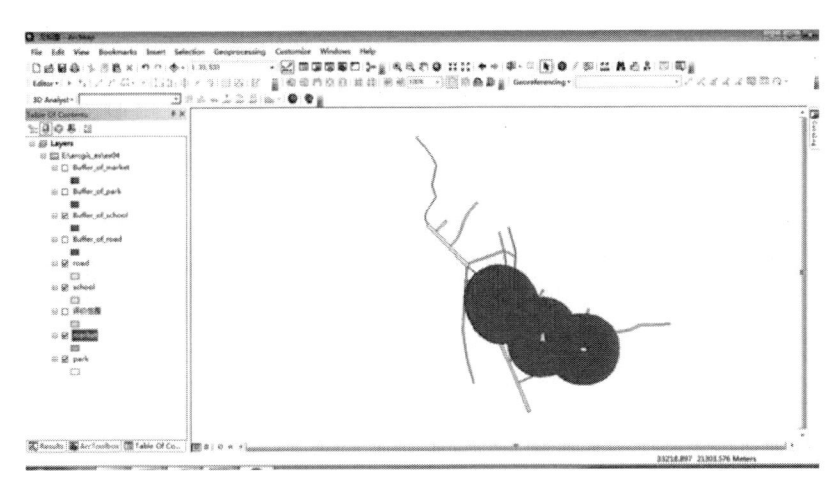

圖 11-10　學校影響範圍

4. 疊加分析

（1）對商業中心、學校和公園的影響範圍三個緩衝區圖層進行疊加分析的交集操作，可將同時滿足三個條件的區域求出。打開 ArcToolbox，選擇 Analysis Tools→Overlay 工具集，雙擊 Intersect 工具（見圖 11-11），打開 Intersect 對話框（見圖 11-12）。

遙感與 GIS 應用實習教程

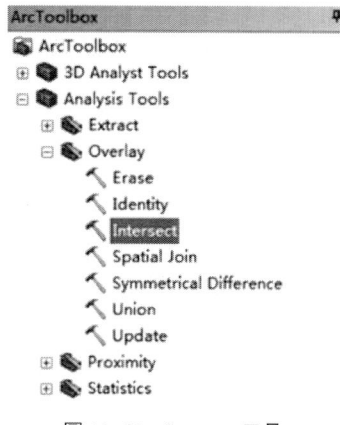

圖 11-11　Intersect 工具

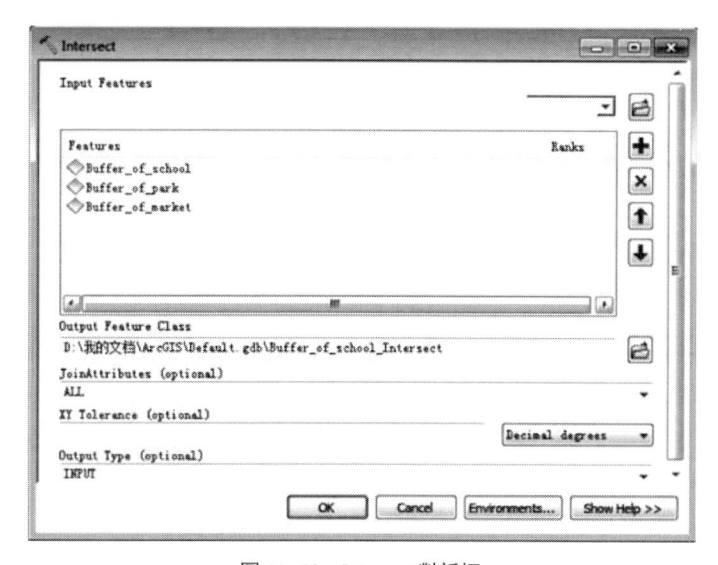

圖 11-12　Intersect 對話框

（2）在 Input feature 中添加商業中心、公園和學校的緩衝區文件；在 Output Feature Class 設置輸出文件名稱和路徑；在 JoinAttibutes 選擇全部字段；Output Tpye 為輸入類型，單擊 OK，結果如圖 11-13 所示。

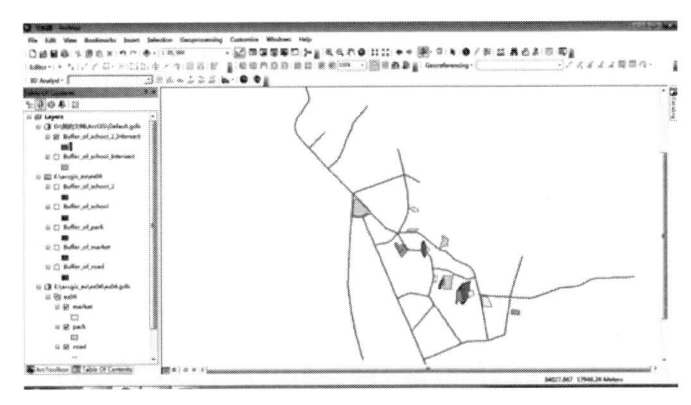

圖 11-13　滿足三個條件的區域

（3）利用主幹道緩衝區對獲得的滿足三個條件的區域進行擦除，從而獲得同時滿足四個條件的區域。打開 ArcToolbox，選擇 Analysis Tools→Overlay 工具集，雙擊 Erase 工具（見圖 11-14），打開 Erase 對話框（見圖 11-15）。

圖 11-14　Erase 工具

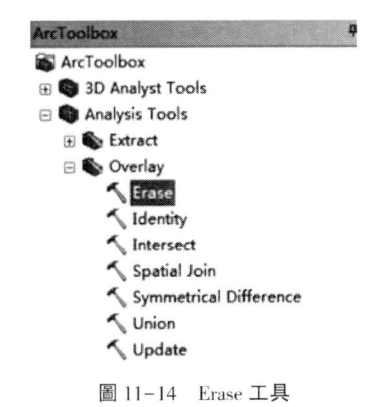

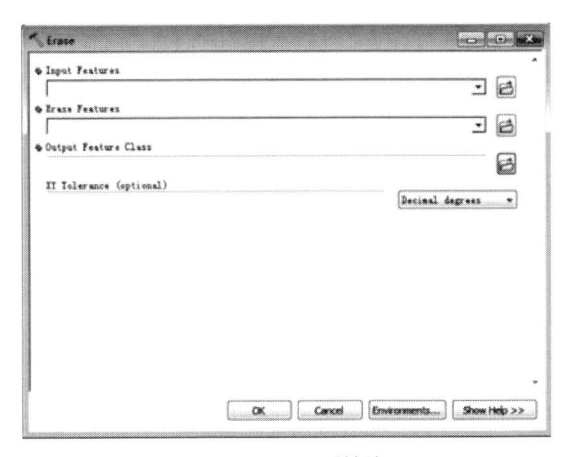

圖 11-15　Erase 對話框

（4）在 Input Feature 文本框選擇滿足三個條件的區域；在 Erase Feature 文本框選擇主幹道緩衝區；在 Output Feature Class 設置輸出文件名稱和路徑，單擊 OK，結果如圖 11-16。

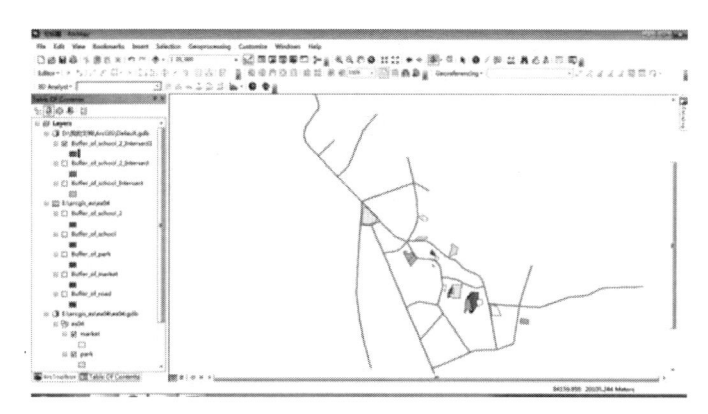

圖 11-16 最佳選擇區域

四、問題思考

區域疊加合併后怎樣為居住的適宜性分級？

實驗十二 地形分析——TIN 及 DEM 的生成及應用

一、基礎知識

TIN：不規則三角網。指由不規則空間取樣點和斷線要素得到的一個對表面的近似表示，包括點和與其相鄰的三角形之間的拓撲關係。

DEM：數字高程模型，以高程表達地面起伏形態的數字集合。它是對地形地貌一種離散的數字表達，是對地面特性進行空間描述的一種數字方法、途徑，它的應用可遍及整個地學鄰域。從地形分析的複雜角度，可以將地形分析分為兩大部分：基於地形因子（包括坡度、坡向、粗糙度等）的計算和複雜的地形分析（包括可視性分析、地形特徵提取、水文系特徵分析、道路分析等）。

二、實驗目的和要求

掌握 ArcGIS 中建立 TIN、DEM 的技術方法；掌握根據 DEM 或 TIN 計算坡度、坡向的方法，並應用 DEM 解決地學空間分析問題。

數據包括某區域等高線（contour.shp）和高程點（elevpt.shp）矢量數據，存放於本書數字資源包（…ex12\Data）

三、實驗步驟

1. TIN 及 DEM 生成

（1）打開 ArcMap，新建地圖文檔，加載高程點（elevpt. shp）和等高線（contour. shp）矢量數據（見圖 12-1）。

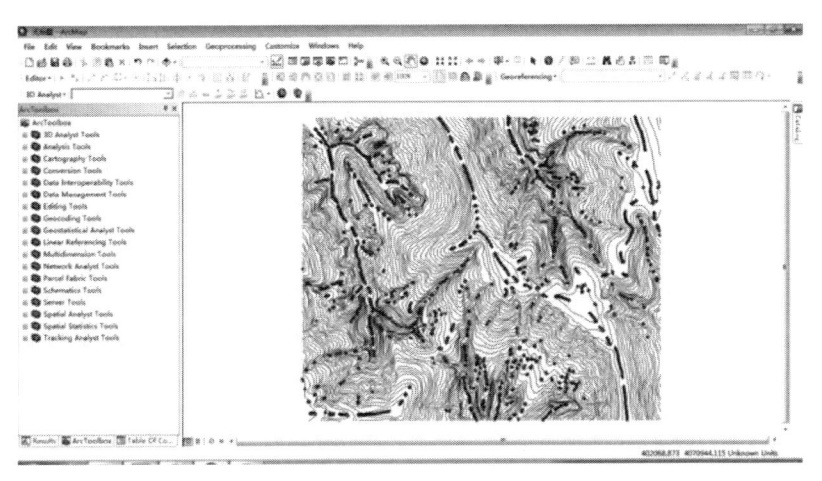

圖 12-1　加載矢量數據

（2）單擊主菜單 Customize，選擇 Extensions（見圖 12-2），打開 Extensions 對話框（見圖 12-3），勾選 3D Analyst 選項，單擊 Close，激活擴展模塊的 3D Analyst 功能。

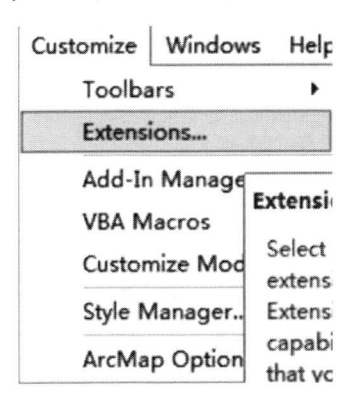

圖 12-2　打開 Extensions 對話框

遙感與 GIS 應用實習教程

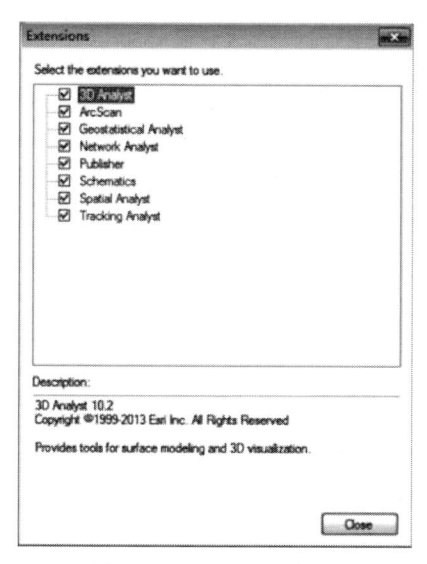

圖 12-3　Extensions 對話框

（3）在標準菜單欄單擊右鍵，選擇 3D Analyst，打開 3D Analyst 工具條（見圖 12-4）。

圖 12-4　3D Analyst 工具條

（4）打開 ArcToolbox，選擇 3D Analyst Tools→Data Management→TIN 工具集，雙擊 Creat TIN 工具（見圖 12-5），打開 Creat TIN 對話框（圖 12-6）。

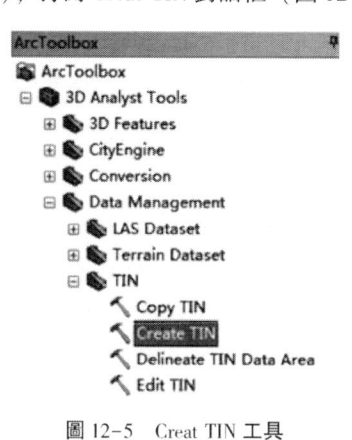

圖 12-5　Creat TIN 工具

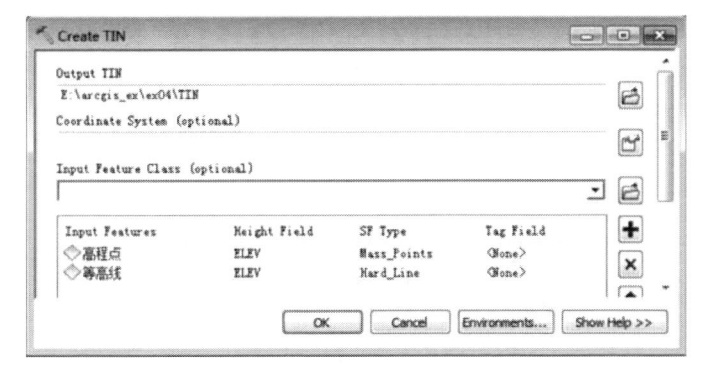

圖 12-6　Creat TIN 對話框

（5）在 Output TIN 中確定生成文件的名稱及其路徑；在 Coordinate System 定義輸出 TIN 的坐標系；在 Input Feature Class 裡選擇輸入的矢量數據，並對每個要素設置相應的屬性以定義表面，結果如圖 12-7。

①Input Feature：要素名稱。

②Height Field：選擇具有高程值的字段。

③SF Type：選擇要素以何種類型參加 TIN，包括離散多點、隔斷線或多邊形。

④Tag Field：標籤字段，如果使用該字段，則面的邊界將被強化為隔斷線，且這些面內部的三角形會將標籤值作為屬性，如果不使用標籤值則指定為<None>。

⑤Constrained Delaunay（optional）：如果不選擇該項，三角測量將完全遵循 Delaunay 規則，即隔斷線將由軟件進行增密，導致一條輸入隔斷線線段將形成多條三角形邊；如果選擇該項，Delaunay 三角測量將被約束，不會對隔斷線進行增密，並且每條隔斷線線段都作為一條單邊添加。

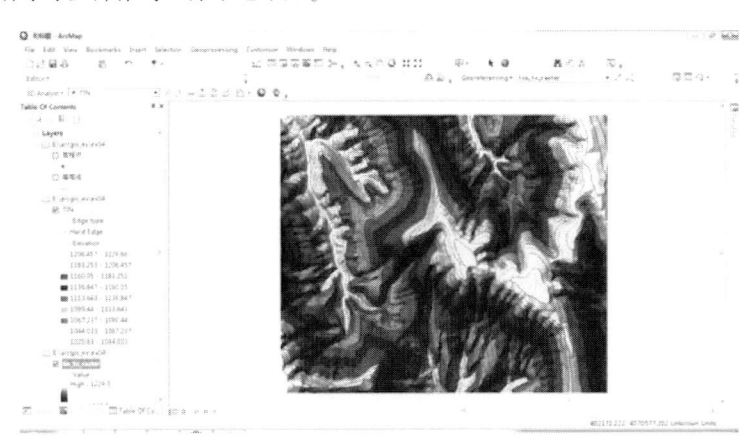

圖 12-7　由高程點和等高線生成的 TIN

（6）打開 ArcToolbox，選擇 Spatial Analyst Tools→Conversion→From TIN 工具集，雙擊 TIN to Raster 工具（見圖 12-8），打開 TIN to Raster 對話框（見圖 12-9）。

圖 12-8　TIN to Raster 工具

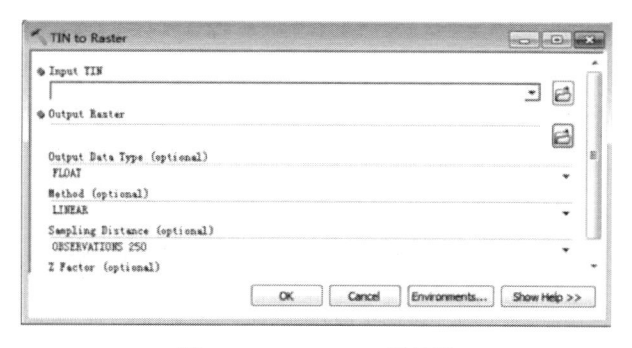

圖 12-9　TIN to Raster 對話框

（7）在 Input TIN 文本框選擇之前生成的 TIN，在 Output raster 文本框定義輸出的 DEM 的名稱和路徑；在 Sampling Distance 文本框定義輸出柵格像元大小，可根據實際需要填寫，此處默認；單擊 OK，結果如圖 12-10 所示。

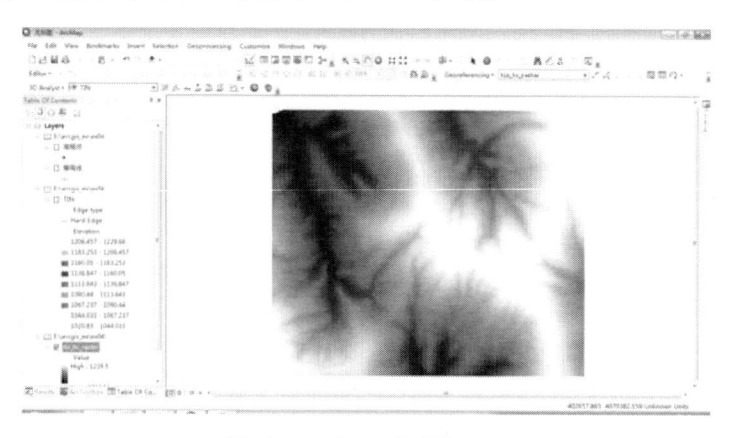

圖 12-10　由 TIN 生成的 DEM

2. DEM 應用

（1）坡度（Slope）

①新建地圖文檔，加載 DEM 數據，激活 3D Analyst 擴展模塊。

②打開 ArcToolbox，選擇 Spatial Analyst Tools→Surface 工具集，雙擊 Slope 工具（見圖 12-11），打開 Slope 對話框（見圖 12-12）。

圖 12-11　Slope 工具

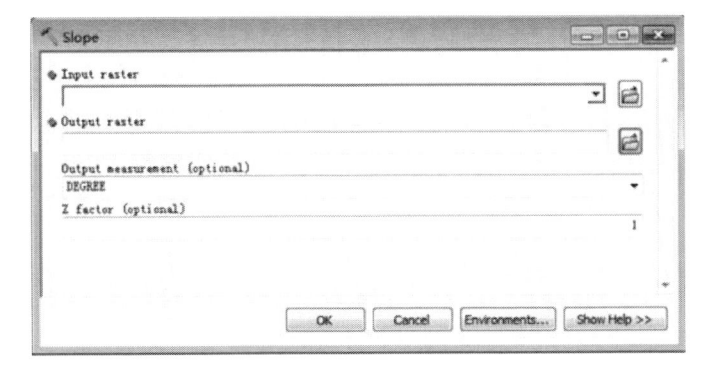

圖 12-12　Slope 對話框

③在 Input Raster 文本框選擇 DEM 數據；在 Output 文本框定義輸出坡度柵格的名稱和路徑；在 Output measurement 文本框選擇數據輸出度量；單擊 OK，結果如圖 12-13 所示。

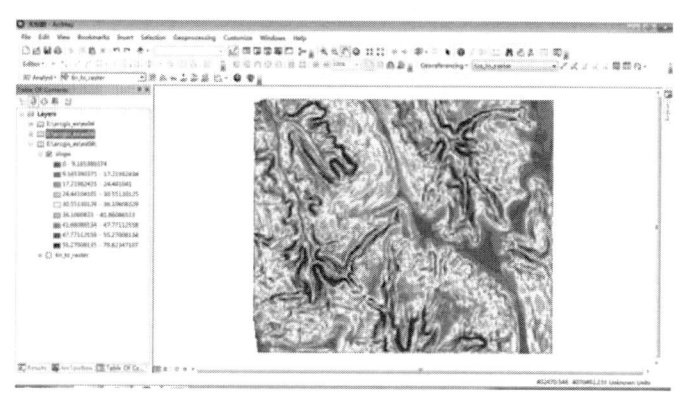

圖 12-13　坡度柵格

④重複第②步，在 Input Raster 文本框選擇坡度柵格，再提取坡度，得到坡度變率數據，記為 SOS（見圖 12-14）。地面坡度變率是地面坡度在微分空間的變化率，在一定程度上可以很好地反應剖面曲率。

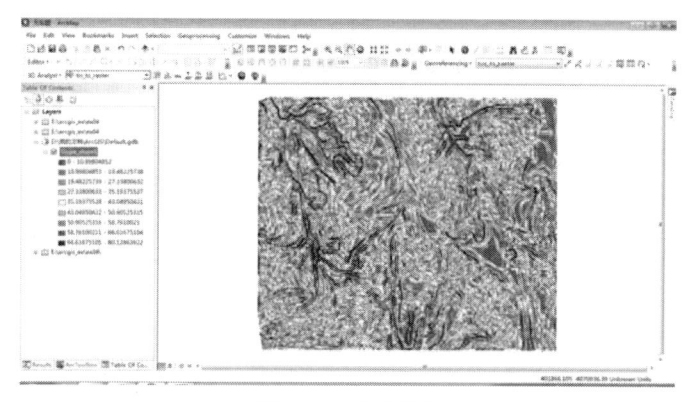

圖 12-14　坡度變率

（2）坡向（Aspect）
①新建地圖文檔，加載 DEM 數據，激活 3D Analyst 擴展模塊。
②打開 ArcToolbox，選擇 Spatial Analyst Tools→Surface 工具集，雙擊 Aspect 工具（見圖 12-15），打開 Aspect 對話框（見圖 12-16）。

圖 12-15　Aspect 工具

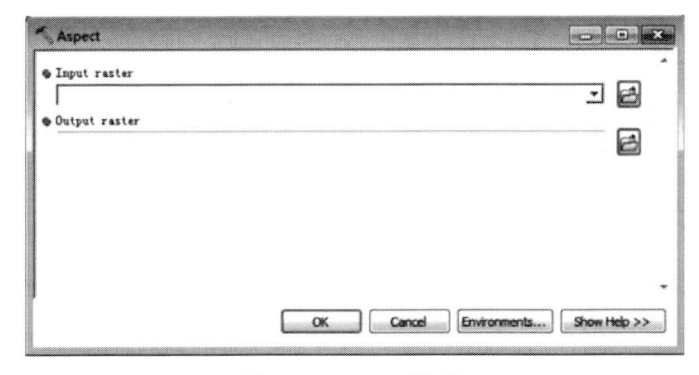

圖 12-16　Aspect 對話框

③在 Input raster 文本框選擇 DEM 數據；在 Output raster 文本框定義輸出坡度柵格的名稱和路徑；單擊 OK，結果如圖 12-17 所示。

遙感與 GIS 應用實習教程

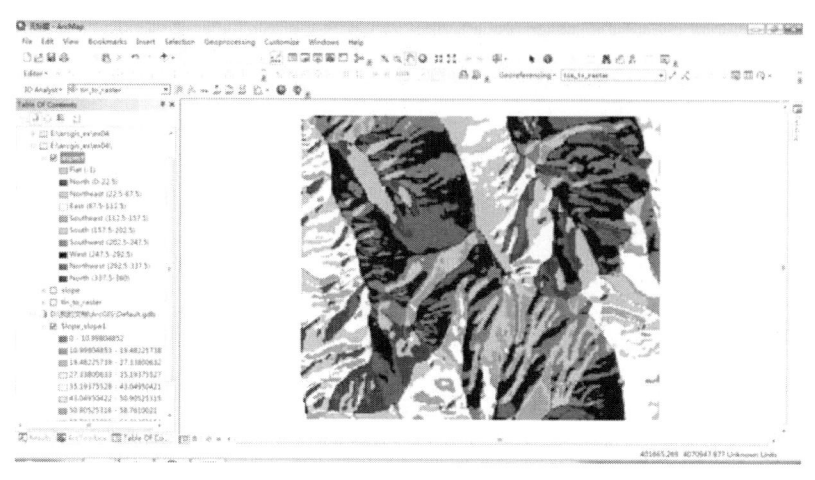

圖 12-17　坡度柵格

④重複第②步，在 Input raster 文本框選擇坡向柵格，再次提取坡度，得到坡向變率，記為 SOA（見圖 12-18）。地面坡向變率是指在提取坡向基礎上，提取坡向的變化率，可以很好地反應等高線的彎曲程度。

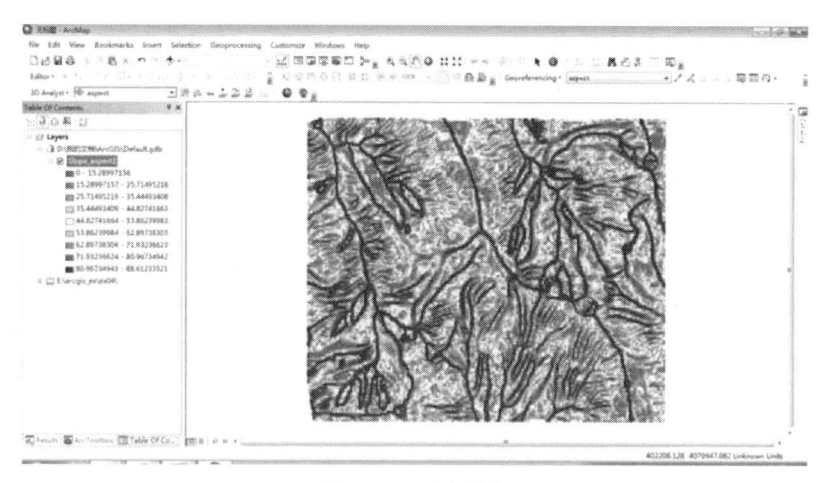

圖 12-18　坡向變率

⑤上一步得到的坡向變率在北面坡產生誤差，所以要對其進行修正。
打開 ArcToolbox，選擇 Spatial Analyst Tools→Map Algebra 工具集，雙擊 Raster Caculator 工具（見圖 12-19），打開 Raster Caculator 對話框（見圖 12-20）。

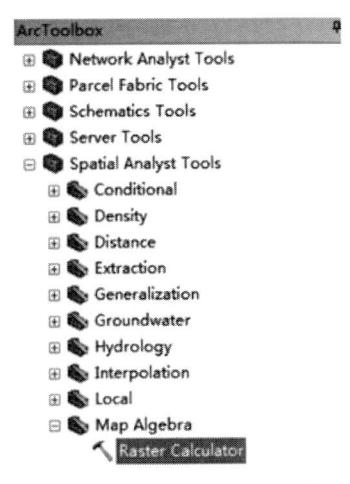

圖 12-19　Raster Caculator 工具

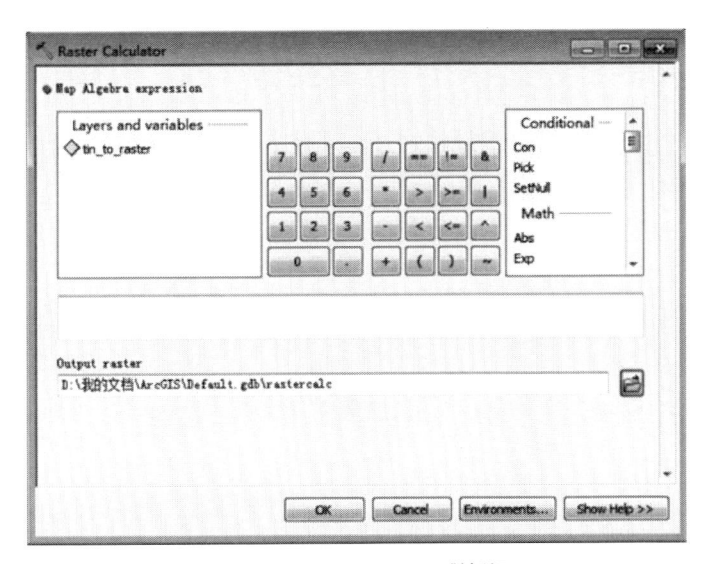

圖 12-20　Raster Caculator 對話框

輸入公式（H-DEM），H 為原始 DEM 數據的最大高程值，得到與原來地形相反的 DEM 數據（見圖 12-21）。

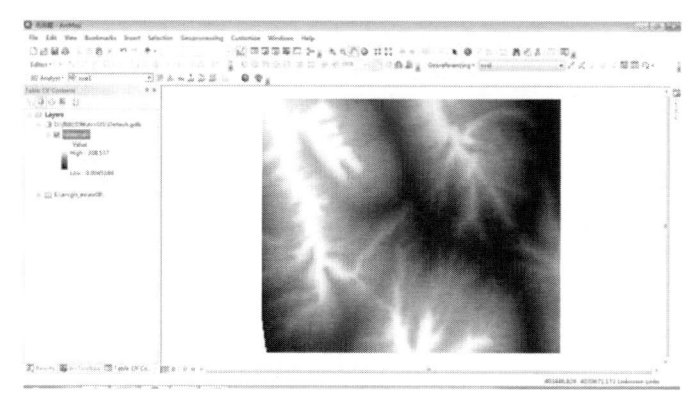

圖 12-21　反地形 DEM

基於反地形 DEM 提取坡向值，並提取坡向變率，記為 SOA2；由原始 DEM 得出的坡向變率記為 SOA1。

再次使用 Raster Caculator，公式為（（" soa1" +" soa2"）- Abs（" soa1" -" soa2"））/ 2，即可求出沒有誤差的 DEM 坡向變率，記為 SOA（見圖 12-22）。

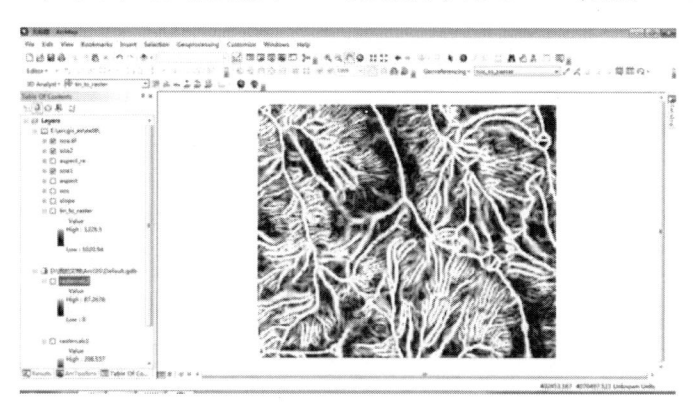

圖 12-22　修正的 DEM 坡向變率

(3) 地形起伏度

地形起伏度是指特定的區域內，最高點海拔與最低點海拔的差值，是描述一個區域地形特徵的宏觀性指標。

①加載 DEM 數據，打開 ArcToolbox，選擇 Spatial Analyst Tools→Neighborhood 工具集，雙擊 Focal Statistics 工具（見圖 12-23），打開 Focal Statistics 對話框（見圖 12-24）。

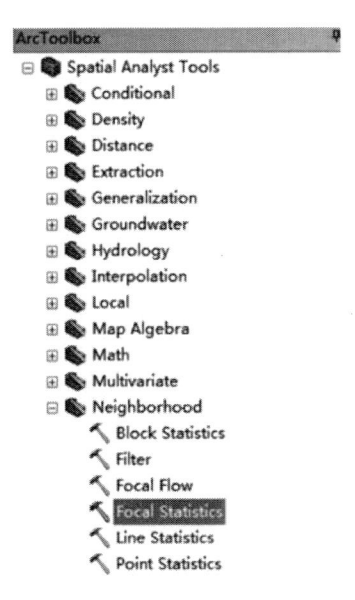

圖 12-23　Focal Statistics 工具

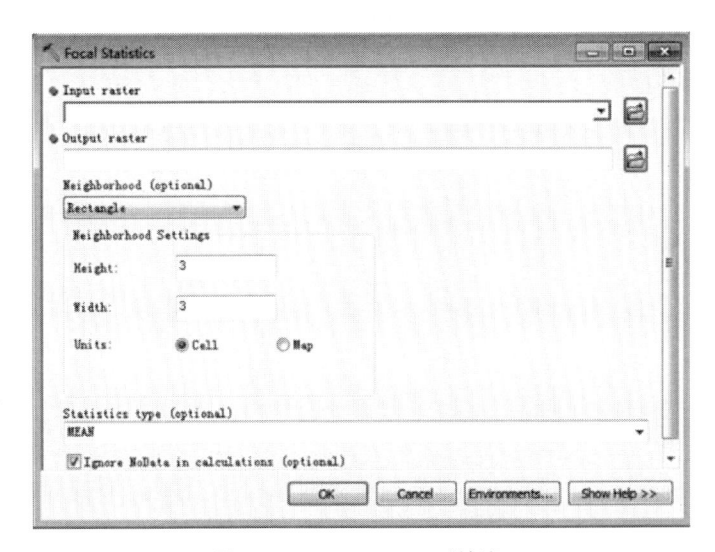

圖 12-24　Focal Statistics 對話框

②在 Input raster 文本框選擇 DEM 柵格數據；在 Output raster 文本框設置輸出數據的名稱和路徑；Neighborhood 的設置可以為圓、矩形、環、楔形等，Neighborhood 的大小可以根據自己的要求來確定；這裡將 Statistics type 設置為 MAXMUM，則可得到 DEM 的最大值層面，記為 MAX。

③重複上一步，將 Statistics type 設置為 MINMUM，則得到 DEM 的最小值層面，記為 MIN。

④打開 Raster Caculator,輸入公式(MAX-MIN),即可得到 DEM 的地形起伏度(見圖12-25),其中每個柵格的值是以這個柵格為中心的確定鄰域的地形起伏值。

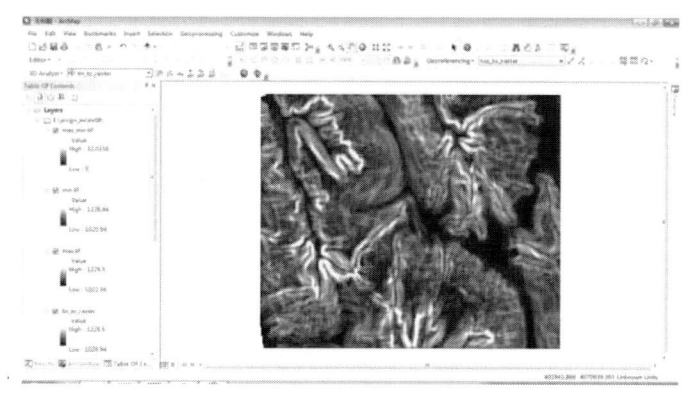

圖 12-25 地形起伏度

(4)提取山頂點

①加載 DEM 數據,打開 ArcToolbox,選擇 Spatial Analyst Tools→Surface 工具集,雙擊 Contour 工具(見圖12-26),打開 Contour 對話框(見圖12-27)。

圖 12-26 Contour 工具

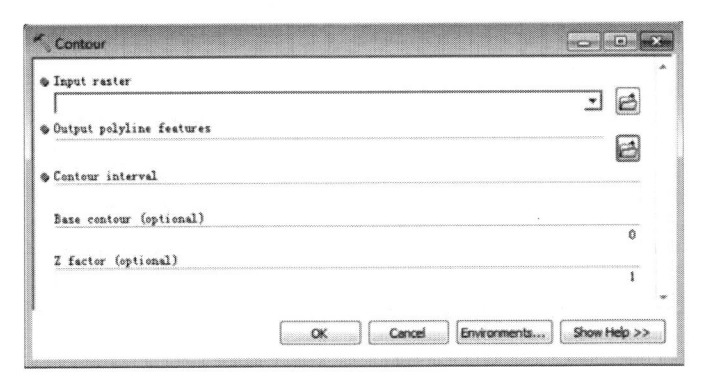

圖 12-27　Contour 對話框

②在 Input raster 文本框選擇輸入的 DEM 數據；在 Output polyline feature 文本框設置輸出等高線的名稱和路徑；在 Contour interval 文本框輸入等高距為 15m，單擊 OK。

③重複第②步，將等高距設置為 75m。

④打開 ArcToolbox，選擇 Spatial Analyst Tools→Surface 工具集，雙擊 Hillshade 工具（見圖 12-28），打開 Hillshade 對話框（見圖 12-29），選擇輸入數據和設置輸出數據的名稱和路徑，提取山體陰影，結果如圖 12-30 所示。

圖 12-28　Hillshade 工具

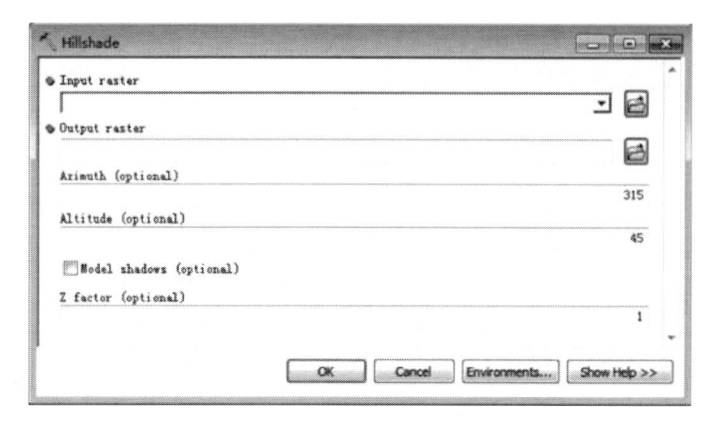

圖 12-29　Hillshade 對話框

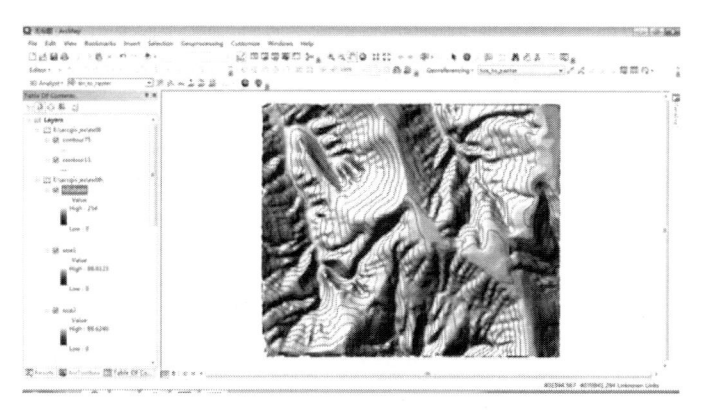

圖 12-30　三維立體等高線圖

⑤重複地形起伏度提取中 Focal Statistics 步驟，求取最大值。

⑥打開 Raster Caculator，輸入公式（MAX-DEM＝＝0）提取山頂點區域。

⑦對提取到的山頂點區域重分類，選擇 Spatial Analyst Tools→Reclass 工具集，雙擊 Reclassify 工具（見圖 12-31），打開 Reclassify 對話框（見圖 12-32），將 VALUE 字段中的 0 值賦值為 NoData。

圖 12-31 Reclassify 工具

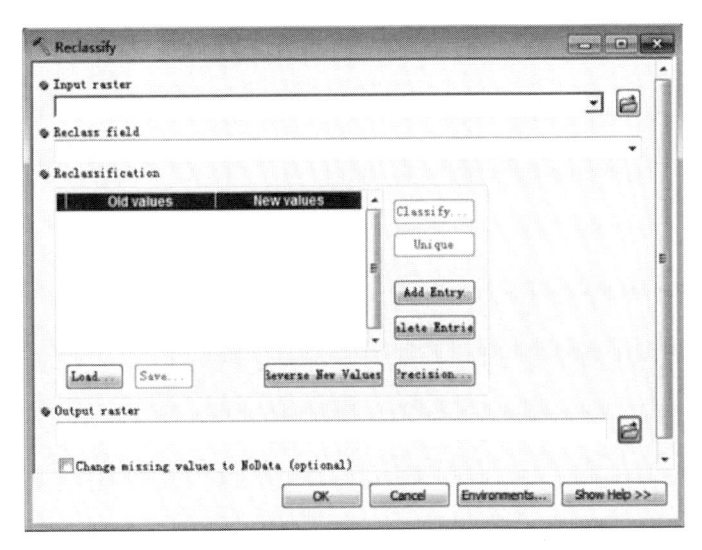

圖 12-32 Reclassify 對話框

⑧選擇 Conversion Tools→From Raster 工具集，雙擊 Raster to Point 工具（見圖 12-33），打開 Raster to Point 對話框（見圖 12-34），將重分類過后的山頂點轉為矢量點，結果如圖 12-35 所示。

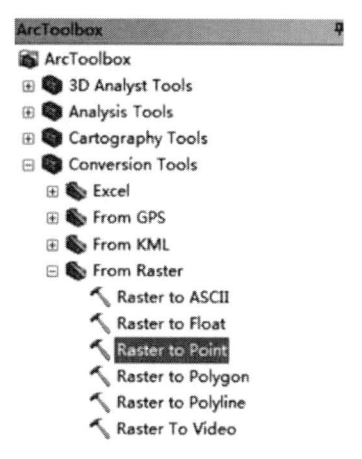

圖 12-33　Raster to Point 工具

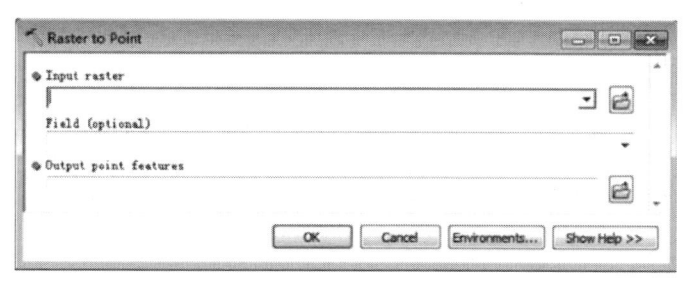

圖 12-34　Raster to Point 對話框

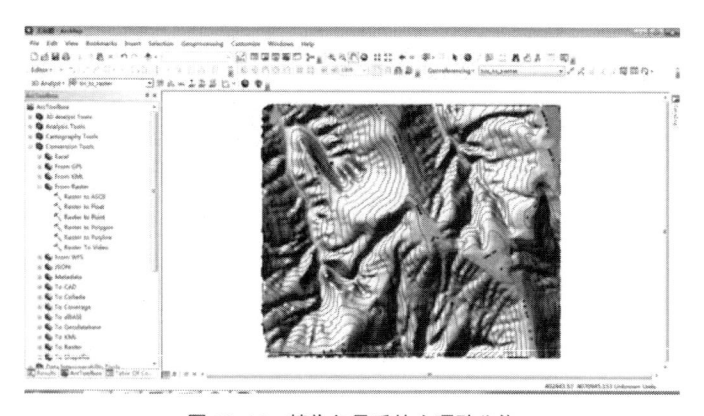

圖 12-35　轉為矢量后的山頂點分佈

⑨轉為矢量后的山頂點較多，是受 Focal Statistics 中設置分析窗口的大小影響，窗口越大提取的點越少，但是窗口過大將會漏掉一些重要的山頂點。對提取的結果可以通過人工判斷刪除一些局部的點。

四、問題思考

利用 DEM 還可以得到哪些地形數據？

實驗十三　土地經濟評價

一、基礎知識

柵格數據由於其自身數據結構的特點，在數據處理與分析中具有自動分析處理較為簡單，分析處理模式化很強的特徵。一般來說，柵格數據的主要分析處理方法有聚類聚合分析、多層面複合分析、追蹤分析、窗口分析、統計分析、量算等幾種基本的分析模式。

聚類聚合分析：將一個單一層面的柵格數據系統經某種變換得到一個新含義的柵格數據系統的數據處理過程。柵格數據的聚類是根據設定的聚類條件對原有數據系統進行有選擇的信息提取而建立新的柵格數據系統的方法；柵格數據的聚合分析是指根據空間分辨力和分類表，進行數據類型的合併或轉換以實現空間地域的兼併。

多層面複合分析：利用同地區多層面空間信息的自動複合疊置分析可以實現不同波段遙感信息的自動合成處理，還可以進行某類現象動態變化的分析和預測。

追蹤分析：對於特定的柵格數據系統，由某一個或多個起點，按照一定的追蹤線索進行追蹤目標或者追蹤軌跡信息提取的空間分析方法。追蹤分析法在掃描圖件的矢量化、利用 DEM 自動提取等高線、污染源的追蹤分析等方面都有十分重要的作用。

窗口分析：對於柵格數據系統中的一個、多個柵格點或全部數據，開闢一個有固定分析半徑的分析窗口，並在該窗口內進行諸如極值、均值等一系列統計計算，或與其他層面的信息進行必要的複合分析，從而實現柵格數據有效的水平方向擴展分析。

按照分析窗口的形狀，可以將分析窗口劃分為以下類型：

矩形窗口：以目標柵格為中心，分別向周圍八個方向擴展一層或多層柵格。

圓形窗口：以目標柵格為中心，向周圍做等距離搜索區，構成圓形分析窗口。

環形窗口：以目標柵格為中心，按指定的內外半徑構成環形分析窗口。

扇形窗口：以目標柵格為起點，按指定的起始與終止角度構成扇形分析窗口。

統計分析與量算：瞭解數據分佈的趨勢或者通過趨勢擬合出某些空間屬性之間的關係，以把握空間屬性之間的關係和規律。

二、實驗目的和要求

瞭解柵格數據空間分析的原理和方法，掌握柵格數據分析的基本操作。

評價因子及權重：公交便捷度（0.15）、商服中心（0.25）、小學（0.1）、中學（0.15）、幼兒園（0.05）、文化設施（0.1）、醫療設施（0.2）。

數據包含了某區域文化設施（culture. shp）、醫療設施（hospital. shp）、幼兒園

（kindergarten. shp）、商服區（market. shp）、中學（Middleschool. shp）、小學（primary. shp）和公交車站（station. shp）矢量數據，存放於本書數字資源包（…ex13\Data）。

三、實驗步驟

1. 運行 ArcMap，打開地圖文檔，加載文化設施（culture. shp）、醫療設施（hospital. shp）、幼兒園（kindergarten. shp）、商服區（market. shp）、中學（Middleschool. shp）、小學（primary. shp）和公交車站（station. shp）矢量數據。

2. 數據柵格化

打開 ArcToolbox，選擇 Conversion→To Raster→Feature to Raster 工具，將所有評價因子矢量數據柵格化。

3. 設置空間分析環境

（1）在 ArcToolbox 空白處單擊右鍵，選擇 Environments，打開 Environment Settings 對話框。

（2）展開 Processing Extent，在 Extent 下拉框中選擇 Same as layer fw；展開 Raster Analysis，在 Cell Size 下拉框中選擇「Same as layer fw」。

4. 提取評價因子直線距離

（1）打開 ArcToolbox，選擇 Spatial Analyst Tools→Distance 工具集，雙擊 Euclidean Distance 工具（見圖 13-1），打開 Euclidean Distance 對話框（見圖 13-2）。

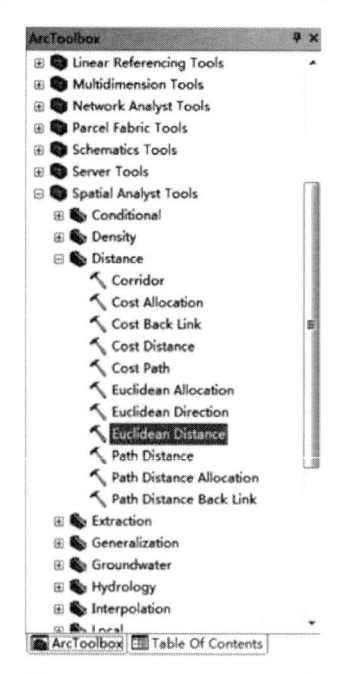

圖 13-1　Euclidean Distance 工具

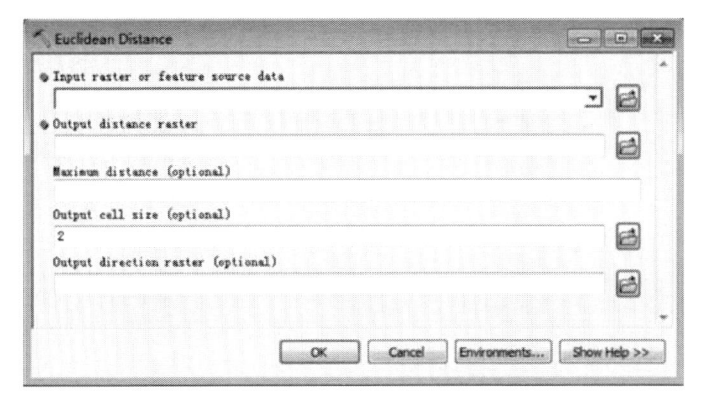

圖 13-2　Euclidean Distance 對話框

（2）在 Input raster or feature source data 文本框下拉列表選擇分析的數據；在 Output distance raster 文本框設置數據的輸出路徑和名稱，單擊 OK。

5. 重分類數據

（1）打開 ArcToolbox，選擇 Spatial Analyst Tools→Reclass 工具集，雙擊 Reclassify 工具（見圖 13-3），打開 Reclassify 對話框（見圖 13-4）。

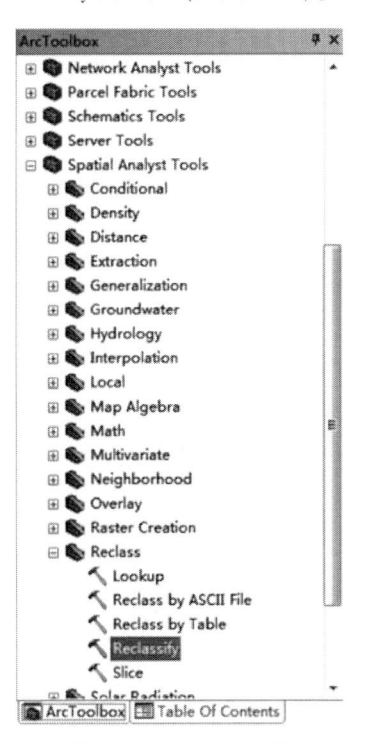

圖 13-3　Reclassify 工具

（2）在 Input raster 文本框選擇進行重分類的數據；單擊 Classify 按鈕，打開 Classification 對話框，在 Method 下拉列表選擇 Equal Interval（等間距）分類方法，在 Classes 下拉列表選擇分為 10 級，單擊 OK（見圖 13-5），回到 Reclassify 對話框；在 Output raster 設置輸出數據的路徑和名稱，單擊 OK，結果如圖 13-6 所示。

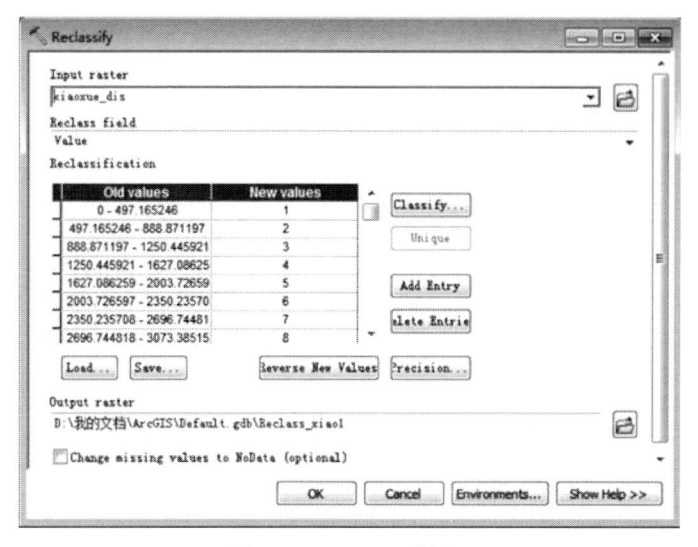

圖 13-4　Reclassify 對話框

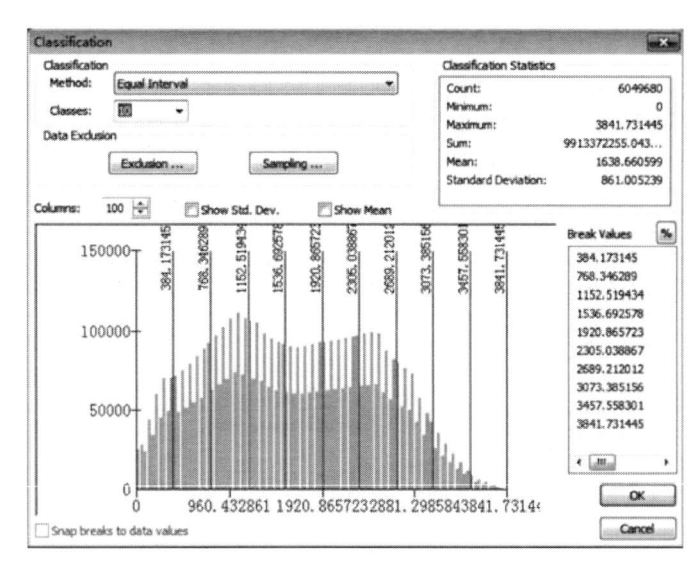

圖 13-5　classification 對話框

圖 13-6　中學直線距離重分類數據

6. 土地經濟評價

數據重分類后，各個數據都統一到相同的等級體系類，且每一個數據中那些被認為比較適宜的屬性都被賦以比較高的值，然后根據權重合併數據。

（1）打開 ArcToolbox，選擇 Spatial Analyst Tools→Map Algebra 工具集，雙擊 Raster Caculator 工具，打開 Raster Caculator 對話框。

（2）在 Raster Caculator 中輸入公式（公交便捷度 * 0.15+商服中心 * 0.25+小學 * 0.1+中學 * 0.15+幼兒園 * 0.05+文化設施 * 0.1+醫療設施 * 0.2），設置輸出路徑和名稱，結果如圖 13-7 所示。

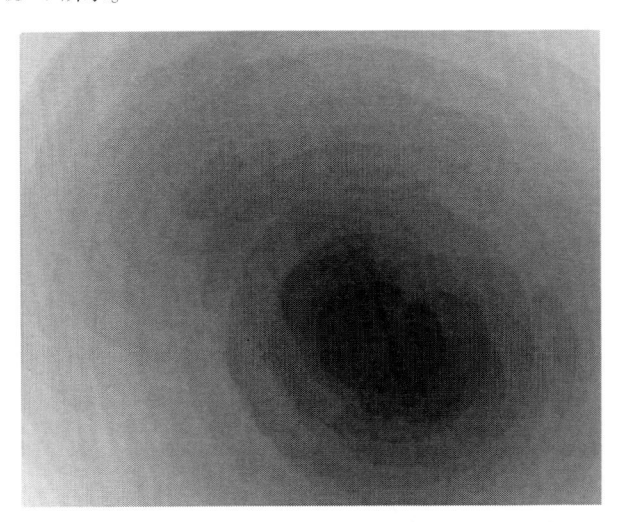

圖 13-7　土地經濟評價成圖（顏色越深代表適宜性越高）

四、問題思考

思考矢量數據和柵格數據的區別，在實際問題中合理選擇數據類別。

實驗十四　最佳路徑

一、基礎知識

距離制圖，即根據每一柵格相距其最鄰近要素（也稱為「源」）的距離來進行分析制圖，從而反應出每一柵格與其最鄰近源的相互關係。通過距離制圖可以獲得很多相關信息，指導人們進行資源的合理規劃和利用。

ArcGIS 中的距離制圖包括了四個部分：直線距離函數（Straight Line）、分配函數（Allocation）、成本距離加權函數（Cost Weighted）、最短路徑函數（Shortest Path），可以很好地實現常用的距離制圖分析，在 ArcGIS 中，距離制圖分析主要通過距離制圖函數完成。

1. 源

源即距離分析中的目標或目的地，如學校、商場、水井、道路等。在空間分析中，用來參與計算的源一般為柵格數據，源所處的柵格賦予源的相應值，其他柵格沒有值。如果源是矢量數據則需要先轉成柵格數據。

2. 距離制圖函數

（1）直線距離函數

直線距離函數用於量測每一柵格單元到最近源的直線距離。它表示的是每一柵格單元中心到最近源所在柵格單元中心的距離。

（2）成本距離加權函數

成本距離加權函數用其他函數因子修正直線距離，這些函數因子即為單元成本。通過成本距離加權功能可以計算出每個柵格到距離最近、成本最低源的最少累加成本。這裡成本的意義非常廣泛，它可以是金錢、時間或偏好。直線距離功能就是成本距離加權功能的一個特例，在直線距離功能中成本就是距離。成本距離加權依據每個格網點到最近源的成本，計算從每個格網點到其最近源的累加通行成本。

（3）距離加權函數

距離方向函數表示了從每一單元出發，沿著最低累計成本路徑到達最近源的路線方向。

（4）成本

成本即到達目標、目的地的花費，包括金錢、時間、人們的喜好等。影響成本的因素可以只有一個，也可以有多個。成本柵格數據記錄了通過每一單元的通行成本，成本分配加權函數通過計算累加成本來找尋最近源。

成本數據的獲取一般是基於重分類功能來實現通行成本的計算。一般將通行成

本按其大小分類，再對每一類別賦予一定的量值，成本高的量值小，成本低的量值大。成本數據是一個單獨的數據，但有時會遇到需要考慮多個成本的情況，如需要考慮時間和空間通達性兩種成本，此時需要對各自分類好的時間和空間通達性兩種成本，根據影響百分比對其數據集賦權重，讓它們分別乘以各自百分比然後相加，就生成了成本柵格數據。

二、實驗目的和要求

加深對柵格數據分析基本原理、方法的認識；掌握空間分析的操作方法，掌握空間分析方法解決地學問題。

數據包含了原始 DEM 柵格數據，路徑源點（spot.shp）、路徑終點（epot.shp）矢量數據，存放於本書數字資源包（…ex14\Data）。

三、實驗步驟

（1）運行 ArcMap，打開地圖文檔，加載原始 DEM 數據。

（2）在 ArcToolbox 空白處單擊右鍵，選擇 Environments（見圖 14-1），打開 Environment Settings 對話框。展開 Processing Extent，在 Extent 下拉框中選擇 Same as layer dem（見圖 14-2）；展開 Raster Analysis，在 Cell Size 下拉框中選擇「Same as layer dem」（見圖 14-3）。

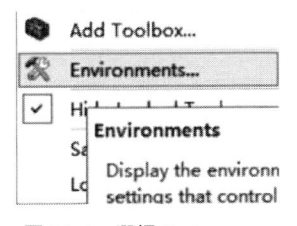

圖 14-1　選擇 Environments

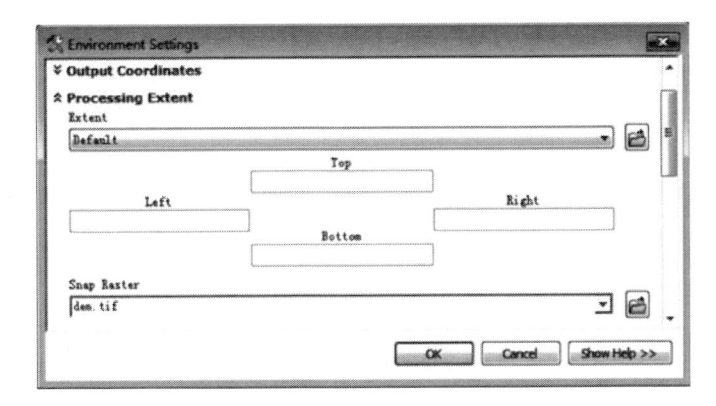

圖 14-2　Environment Settings 對話框 1

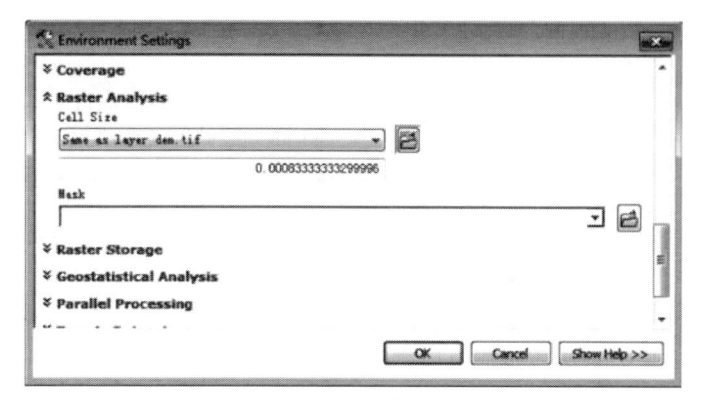

图 14-3　Environment Settings 对话框 2

（3）参照实验五，提取 DEM 坡度和起伏度。

（4）参照实验六，选择 Spatial Analyst Tools→Reclass→Reclassify 工具，对坡度、起伏度和河流进行重分类，采用等间距分为 10 级，结果见图 14-4、图 14-5 和图 14-6。

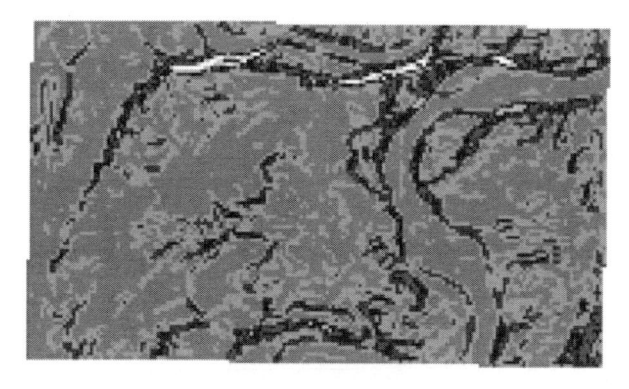

图 14-4　坡度重分类

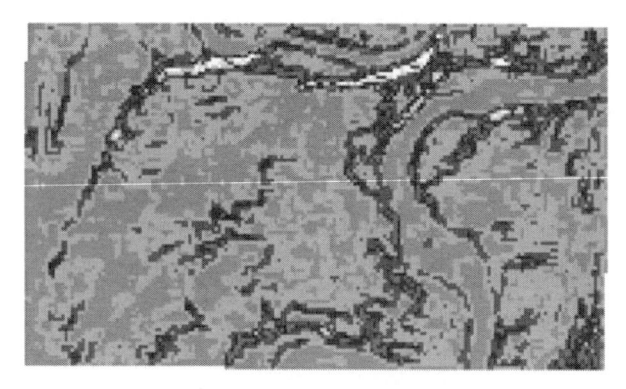

图 14-5　起伏度重分类

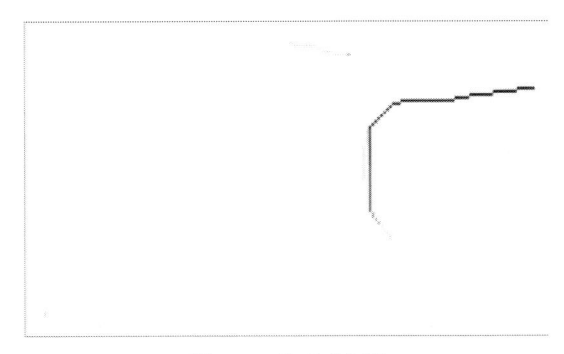

圖 14-6　流域重分類

（5）選擇 Spatial Analyst Tools→Map Algebra 工具集，雙擊 Raster Caculator 工具，打開 Raster Caculator 對話框。

按照公式：流域重分類+坡度重分類*0.6+起伏度重分類*0.4 計算成本數據，結果如圖 14-7 所示。

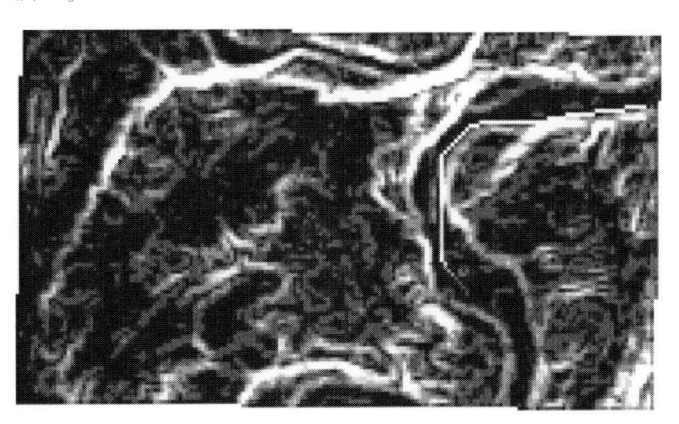

圖 14-7　成本數據

（6）選擇 Spatial Analyst Tools→Distance 工具集，雙擊 Cost Distance 工具（見圖 14-8），打開 Cost Distance 對話框（見圖 14-9）。

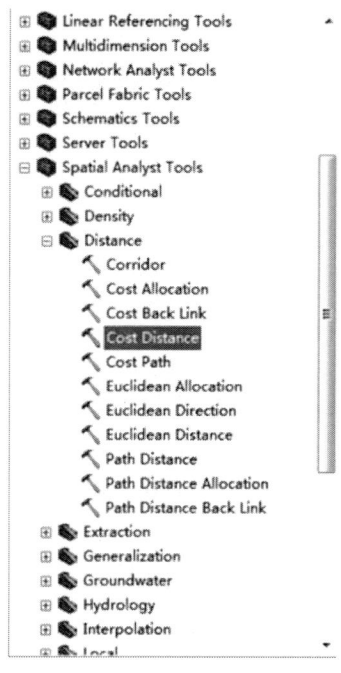

圖 14-8　Cost Distance 工具

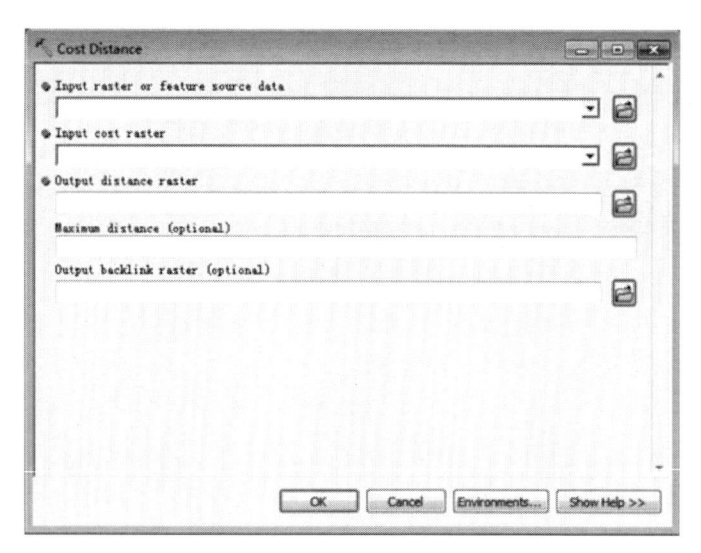

圖 14-9　Cost Distance 對話框

（7）在 Input raster or feature source data 文本框選擇源點文件（spot. shp）；在 Input cost raster 文本框選擇加權合併的成本數據，結果如圖 14-10 所示；在 Output distance raster 設置輸出數據的路徑和名稱；在 Output backlink raster 文本框設置輸出回溯連結數據圖的路徑和名稱，單擊 OK，結果如圖 14-11 所示。

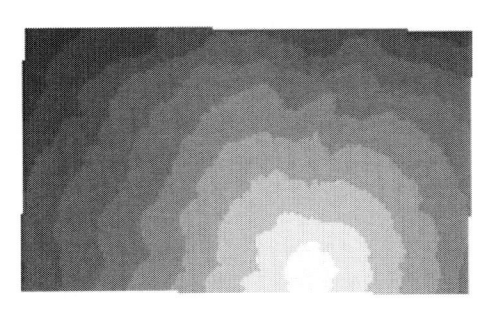

圖 14-10　成本距離

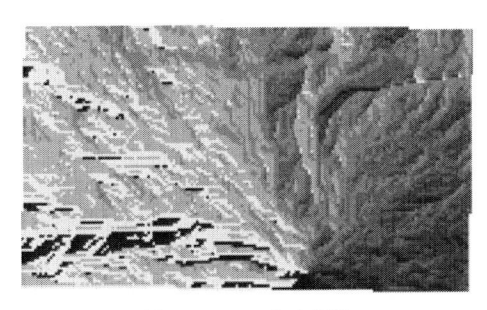

圖 14-11　回溯連結圖

(8) 選擇 Spatial Analyst Tools→Distance 工具集，雙擊 Cost Path 工具（見圖 14-12），打開 Cost Path 對話框（見圖 14-13）。

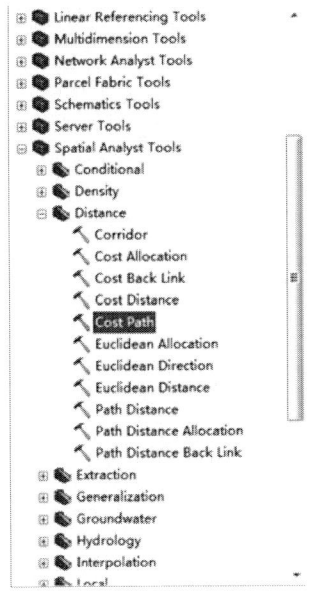

圖 14-12　Cost Path 工具

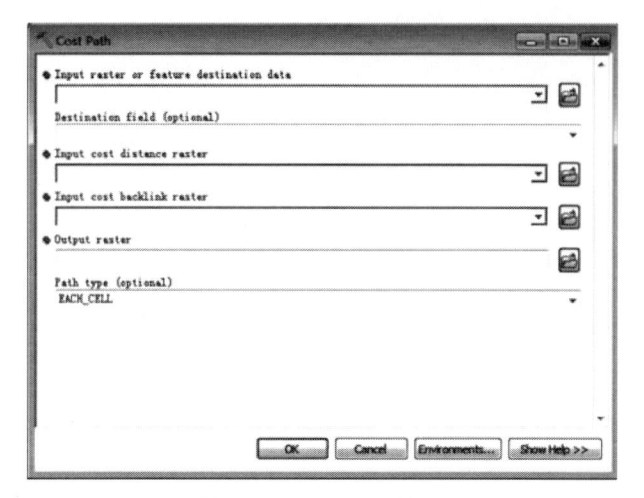

圖 14-13　Cost Path 對話框

（9）在 Input raster or feature destination data 文本框選擇終點文件（epot. shp）；在 Input cost distance raster 文本框選擇成本距離；在 Output raster 文本框設置輸出數據的路徑和名稱，結果如圖 14-14 所示。

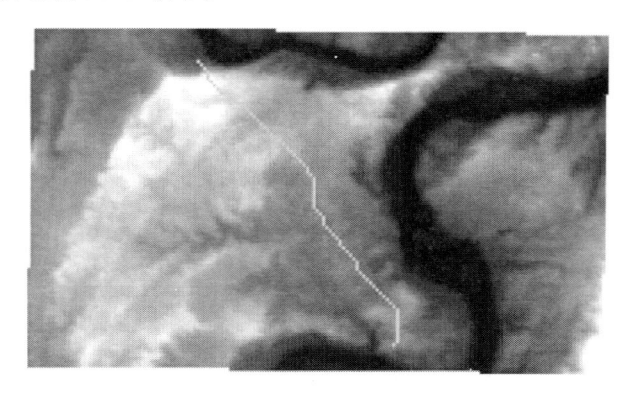

圖 14-14　最佳路徑

四、問題思考

本實驗每一步驟的實驗原理是什麼？

實驗十五　數據三維顯示

一、基礎知識

ArcGIS 具有一個能為三維可視化、三維分析以及表面生成提供高級分析功能的擴

展模塊 3D Analyst，可以用它來創建動態三維模型和交互式地圖，從而更好地實現地理數據的可視化和分析處理。利用三維分析擴展模塊可以進行三維視線分析和創建表面模型（如 TIN）。任何 ArcGIS 的標準數據格式，不論二維數據還是三維數據都可通過屬性值以三維形式來顯示。ArcScene 是 ArcGIS 三維分析模塊 3D Analyst 所提供的一個三維場景工具，它可以更加高效地管理三維 GIS 數據、進行三維分析、創建三維要素以及建立具有三維場景屬性的圖層。ArcScene 包含的功能有瀏覽三維數據、創建表面、進行表面分析、三維飛行模擬。

二、實驗目的和要求

熟悉 ArcScene 的用戶界面，能對地理數據進行基本的透視觀察和三維瀏覽；瞭解數據三維顯示的基本操作方法。

數據包含了某區域等高線（contour. shp）、景點（jingdian. shp）、河流（river. shp）和道路（road. shp）矢量數據，存放於本書數字資源包（…ex15\Data）。

三、實驗步驟

（1）選擇開始→ArcGIS→ArcScene 命令，打開 ArcScene，加載等高線（contour. shp）、景點（jingdian. shp）、河流（river. shp）和道路（road. shp）矢量數據（見圖 15-1）。

圖 15-1　ArcScene 命令

（2）在 ArcScene 中 TIN 的表面創建與實驗五 ArcMap 中 TIN 表面創建相同。
（3）參照實驗五將 TIN 轉為柵格，創建柵格表面。
（4）單擊左邊內容列表中圖層下的符號樣式，選擇合適的顏色和樣式。

（5）在水系圖層單擊右鍵，選擇 Properties 命令，打開 Layer Properties 對話框，進入 Base Heights 選項卡，在 Floating on a custom surface 下拉列表中選擇創建的 TIN 作為基準高程（見圖 15-2），實現其三維顯示，並對其他圖層進行相同操作，顯示結果如圖 15-3 所示。

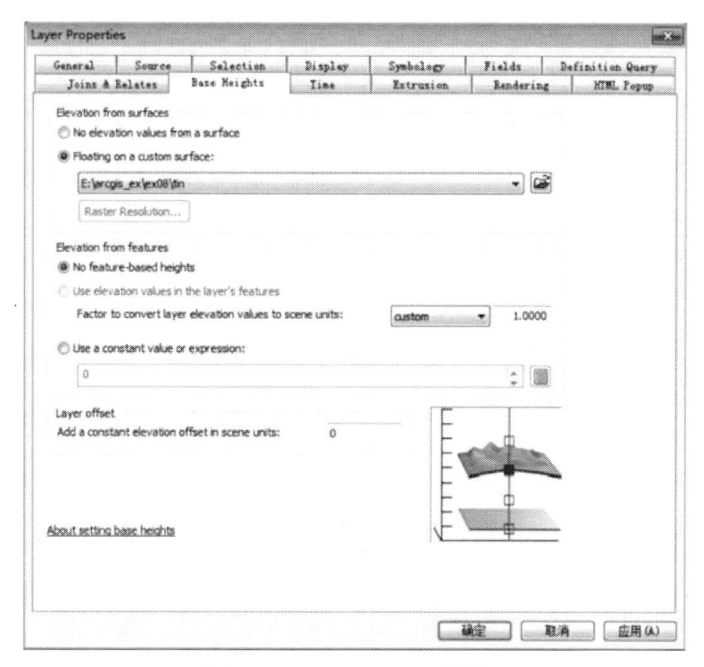

圖 15-2　Layer Properties 對話框

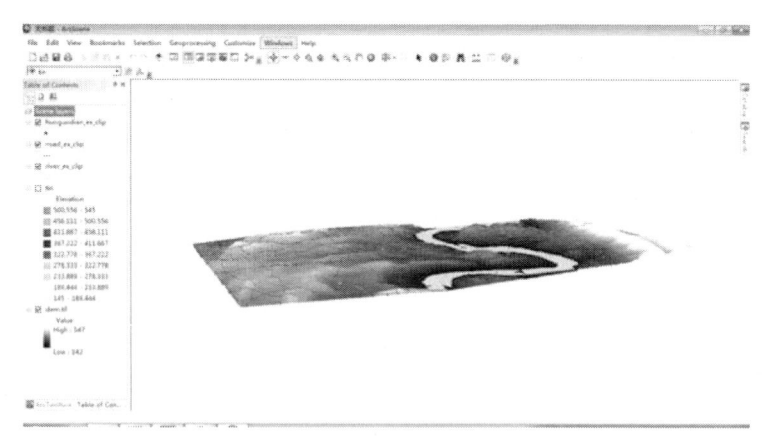

圖 15-3　三維顯示

四、問題思考

數據的三維顯示可以應用在哪些方面？

實驗十六　GIS 輸出

一、基礎知識

GIS 輸出即空間數據的可視化表達，它將符號或數據轉換為直觀的幾何圖形，這一轉換過程表現在以下三個方面：

（1）地圖數據的可視化表示是地圖數據的屏幕顯示。可以根據數字地圖數據分類、分級特點，選擇相應的視覺變量（如形狀、尺寸、顏色等），製作全要素或分要素表示的可閱讀的地圖。

（2）地理信息的可視化表示是利用各種數學模型，把各類統計數據、實驗數據、觀察數據、地理調查資料等進行分級處理，然後選擇適當的視覺變量以專題地圖的形式表示出來。

（3）空間分析結果的可視化表示是將 GIS 空間分析的結果以專題地圖的形式來描述。

二、實驗目的和要求

掌握將地圖屬性信息以直觀的方式表現在地圖上並利用佈局界面製作專題地圖的基本操作，熟悉如何將各種地圖元素添加到地圖版面中以生成美觀的地圖設計。

1. 數據顯示符號化

（1）不同的鄉按照 FID 字段用分類色彩表示。

（2）將道路按 Class 字段分類：分為一級道路和二級道路，分別使用不用的顏色來表示。

（3）鐵路線符號 Width：1.5；樣式：Single、Nautical Dashed。

（4）區縣界線：橘黃色；Width：1。

（5）縣政府：紅色；Size：14.00；樣式：Star3。

2. 註記標記

（1）對地圖中鄉鎮的 Name 字段使用自動標註，標註統一使用 Country2 樣式，大小為 7。

（2）手動標註主要河流，使用宋體、斜體、10 號字，字體方向為縱向。

（3）縣政府使用自動標註，字體使用宋體，大小為 10。

3. 繪製格網

採用索引參考格網，使用默認設置。

4. 添加圖幅整飾要素

（1）添加圖例，包括所有字段。

（2）添加指北針。

（3）添加比例尺。

遙感與 GIS 應用實習教程

數據包含了某區域道路（dl. shp）、區鄉界限（quxiangjiexian. shp）、鄉界（quxianzhengfu. shp）、縣界（tielu. shp）、區縣政府（water. shp）、鐵路（xiangjie. shp）和水系（xianjie. shp）矢量數據，存放於本書數字資源包（…ex\Data）。

三、實驗步驟

1. 數據符號化

ArcGIS 的符號化是指將已處理好的矢量地圖數據恢復成連續圖形，並附之以不同符號表示的過程，其原則是按實際形狀確定地圖符號的基本形狀，以符號的顏色或者形狀區分事物的性質。

（1）打開 ArcMap，加載道路（dl. shp）、區鄉界限（quxiangjiexian. shp）、鄉界（quxianzhengfu. shp）、縣界（tielu. shp）、區縣政府（water. shp）、鐵路（xiangjie. shp）和水系（xianjie. shp）矢量數據，對圖層進行排序。

（2）在區鄉界限（quxiangjiexian. shp）圖層單擊右鍵，選擇 Properties（見圖 16-1），打開 Layer Properties 對話框（見圖 16-2）。

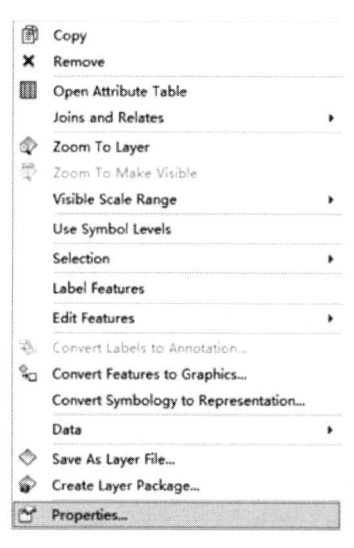

圖 16-1　Properties 命令

206

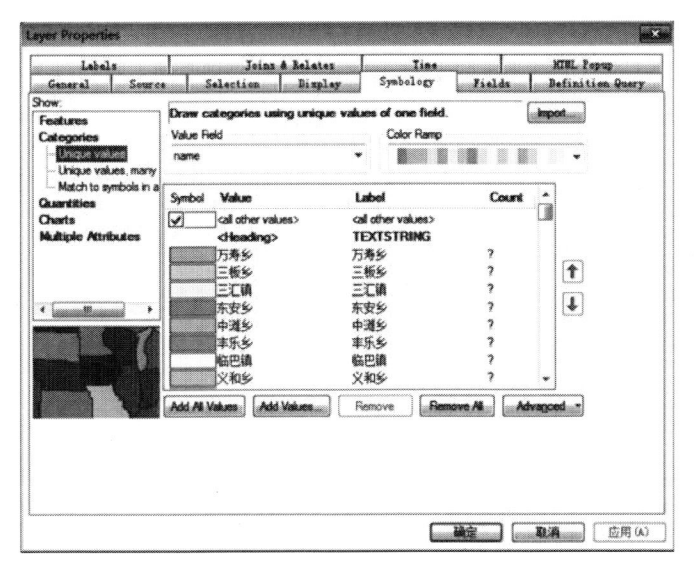

圖 16-2　Layer Properties 對話框

（3）選擇 Categories→Unique values，在 Value Field 中選擇字段 name，單擊 Add All Values，將所有鄉鎮名稱添加到視圖中，單擊確定，關閉 Layer Properties 對話框。

（4）在鐵路線（xiangjie.shp）圖層的符號上單擊左鍵，打開 Symbol Selector 對話框，找到要求中的 Single，Nautical Dashed 樣式，在 Width 中將線寬設為 1.5，單擊 OK（見圖 16-3），關閉對話框。

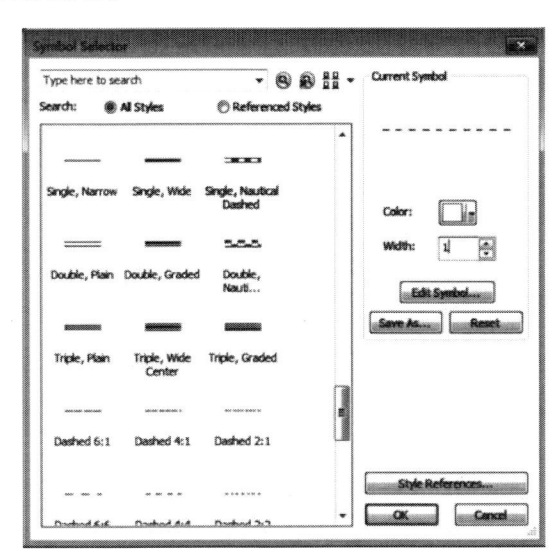

圖 16-3　Symbol Selector 對話框

（5）在道路（dl.shp）圖層單擊右鍵，選擇 Properties，打開 Layer Properties 對話

框，選擇 Categories→Unique values，在 Value Field 中選擇字段 class，單擊 Add All Values，將所有道路分級添加到視圖中（見圖 16-4），在線符號上雙擊左鍵，根據要求設置道路分級。

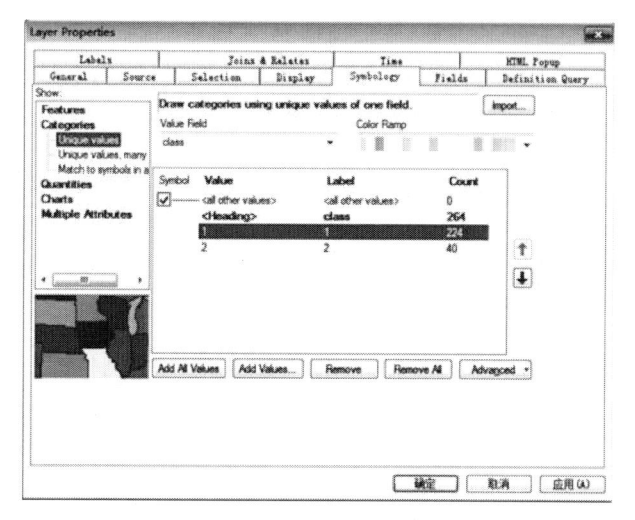

圖 16-4　道路分級設置

（6）根據要求依次設置鄉鎮界線、縣政府等。

2. 地圖註記

（1）在區鄉界限（quxiangjiexian.shp）圖層上單擊右鍵，選擇 Properties，打開 Layer Properties 對話框，進入 Labels 選項卡。

（2）勾選 Label feature in this layer，在 Text String 下拉列表選擇 name 字段（見圖 16-5），單擊 Symbol 按鈕（見圖 16-6），按要求設置標註的樣式。

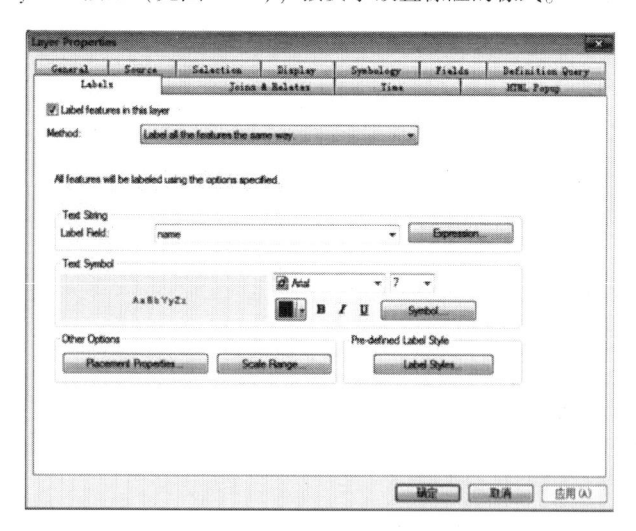

圖 16-5　Layer Properties 對話框

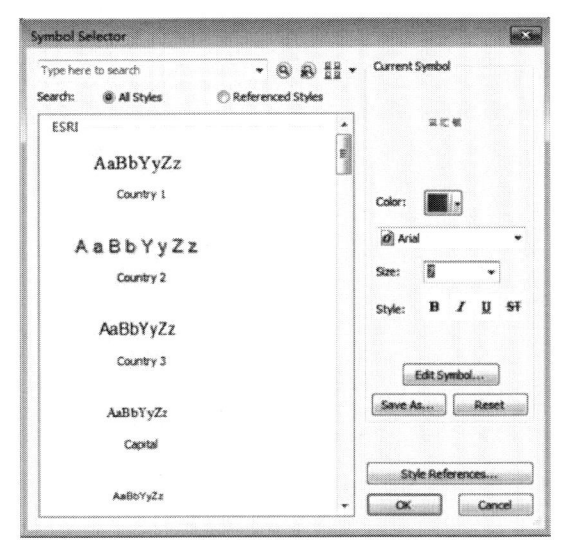

图 16-6　Symbol Selector 對話框

（3）在標準工具欄單擊右鍵，選擇 Draw 命令，添加繪圖工具條（見圖 16-7）；單擊 Draw 工具條中的 A 按鈕，選擇曲線註記設置 Splined Text（見圖 16-8），沿著渠江畫一條弧線，雙擊出現的文本框，打開 Properties 對話框；在 Text 文本框輸入「渠江」，可以在中間設置空格，調整字與字之間的距離（見圖 16-9）；點擊 Change Symbol 按鈕，打開 Symbol Selector 對話框，設置字體、字號、斜體等屬性，勾選 CJK character o-rientation 可改變字符方向（見圖 16-10），單擊確定。

圖 16-7　Draw 工具條

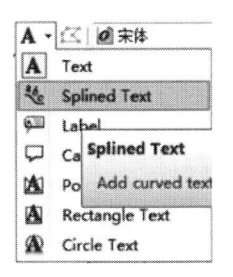

圖 16-8　Splined Text 命令

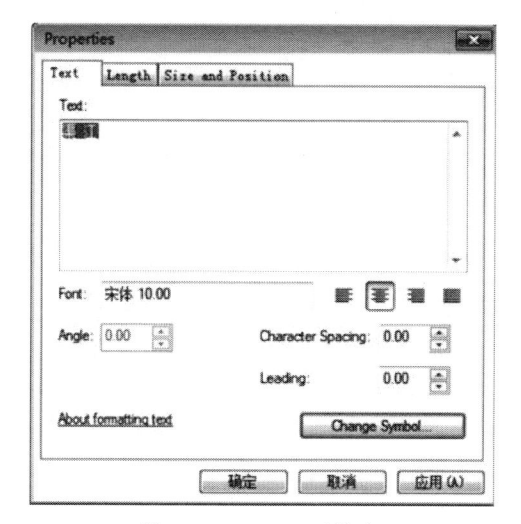

圖 16-9　Properties 對話框

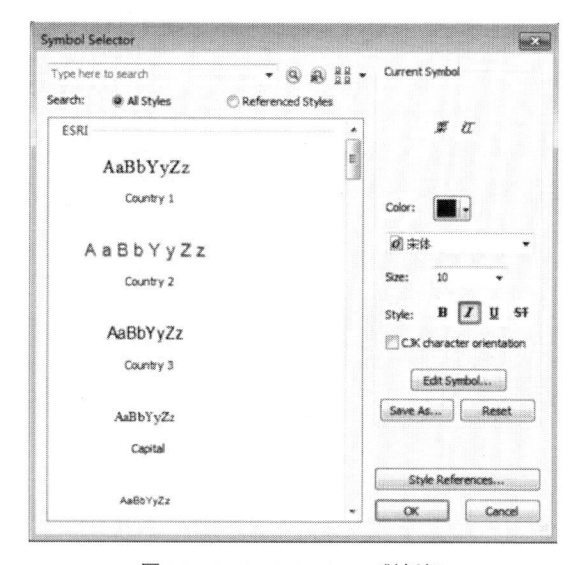

圖 16-10　Symbol Selector 對話框

(4) 縣政府用同樣的方式標註。

3. 設置網格

(1) 打開 Layout View，如果佈局不符合需要可以通過頁面設置來改變圖面尺寸和方向，或者通過 Layout 工具條中的 按鈕對佈局進行變換。

(2) 在數據框上單擊右鍵，選擇 Properties 命令，打開 Data Frame Properties 對話框（見圖 16-11），進入 Grids 選項卡（見圖 16-12）。

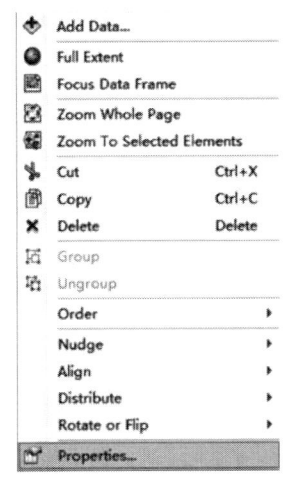

圖 16-11　Properties 命令

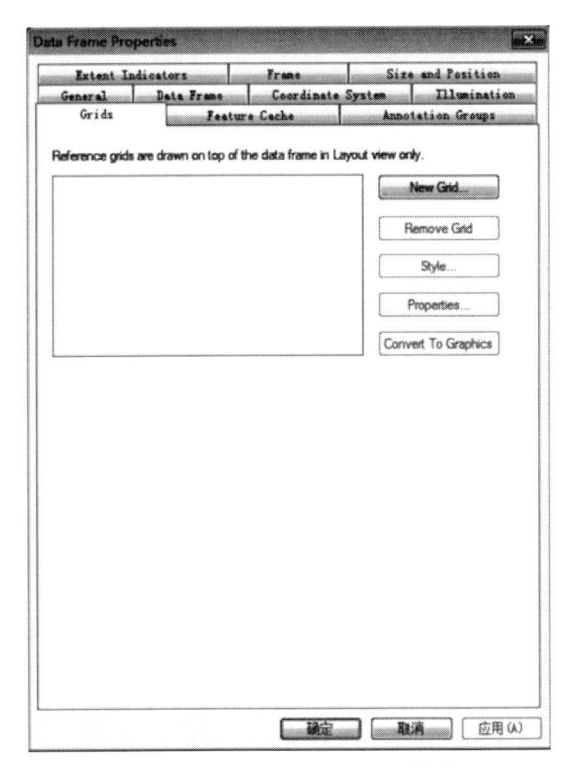

圖 16-12　Data Frame Properties 對話框

　　（3）單擊 New Grids 按鈕，打開 Grids and Graticules Wizard 對話框，選擇 Reference Grid，在 Grid 文本框輸入格網名稱，單擊下一步（見圖 16-13）。

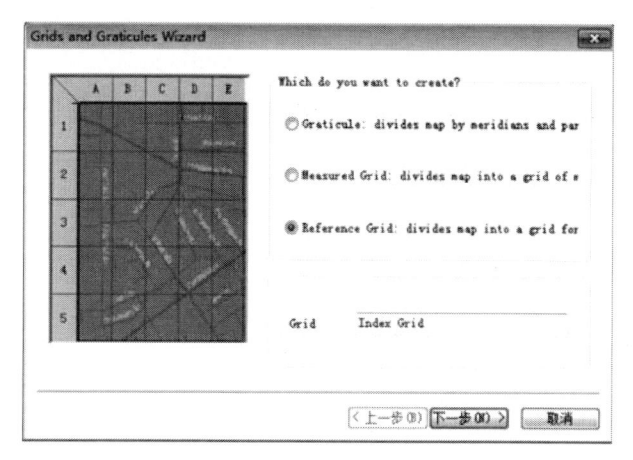

圖 16-13　Grids and Graticules Wizard 對話框

（4）打開 Create a reference grid 對話框，選擇 Grid and index tabs，在 Intervals 中輸入參考格網的間隔：5 列，5 行，單擊下一步（見圖 16-14）。

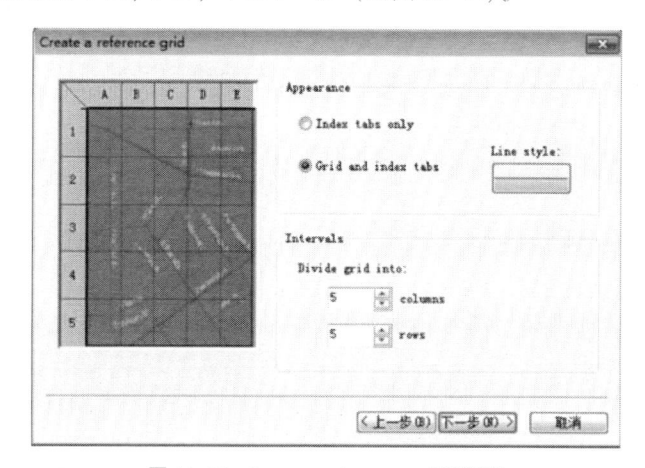

圖 16-14　Create a reference grid 對話框

（5）打開 Create a reference grid 對話框，設置 Tab Style 為 Continuous Tabs；在 Color 下拉列表選擇參考格網標示框底色；單擊 Font 按鈕設置參考格網標示字體和大小；在 Tab Configuration 中選擇 A，B，C... in columns，1，2，3... in row，單擊下一步（見圖 16-15）。

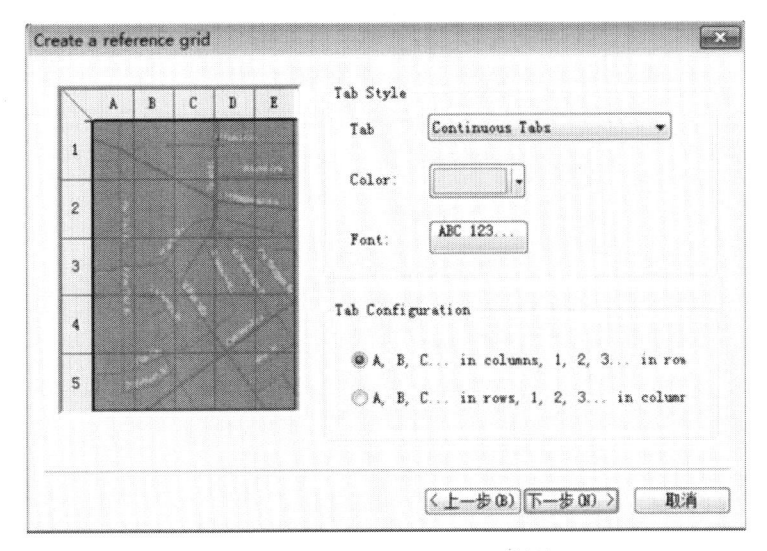

图 16-15　Create a reference grid 對話框

（6）打開 Create a reference grid 對話框，勾選 Place a border between grid and exis label 和 Place a border outside the grid 設置參考格網邊框和內圖廓線；選擇 Store as a fixed grid that updates with change to the data frame 設置格網屬性，單擊 Finish（見圖 16-16）。

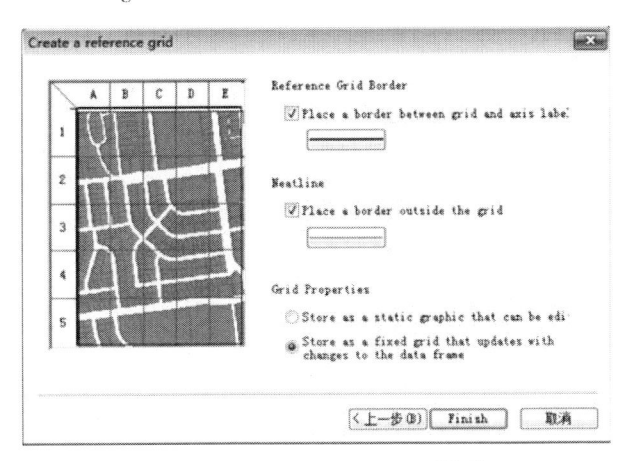

圖 16-16　Create a reference grid 對話框

4. 添加地圖整飾要素

（1）單擊主菜單 Insert 下拉菜單，選擇 Legend 命令（見圖 16-17），打開 Legend Wizard 對話框（見圖 16-18），根據要求調整圖例的標題、圖例框屬性、圖例樣式、大小和位置等。

遙感與 GIS 應用實習教程

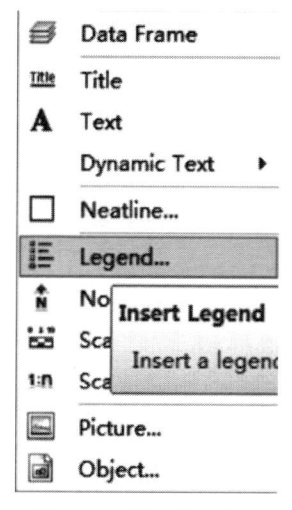

圖 16-17　插入圖例命令

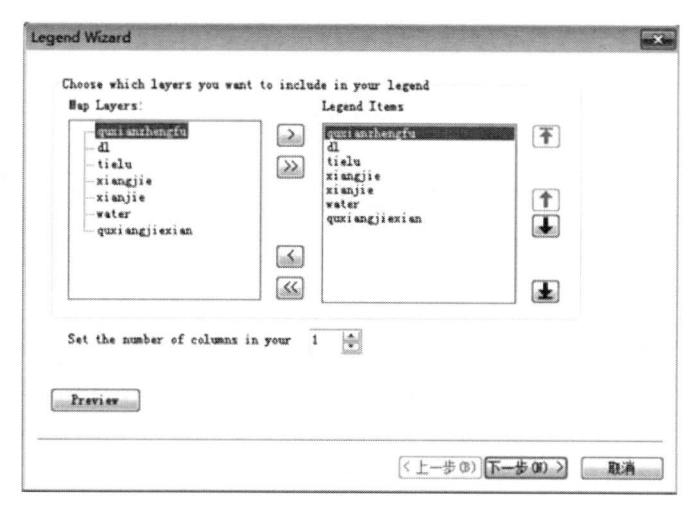

圖 16-18　Legend Wizard 對話框

（2）採用同樣的方法依次插入指北針、標題和比例尺等，以達州市渠縣行政區劃圖為例，結果如圖 16-19 所示。

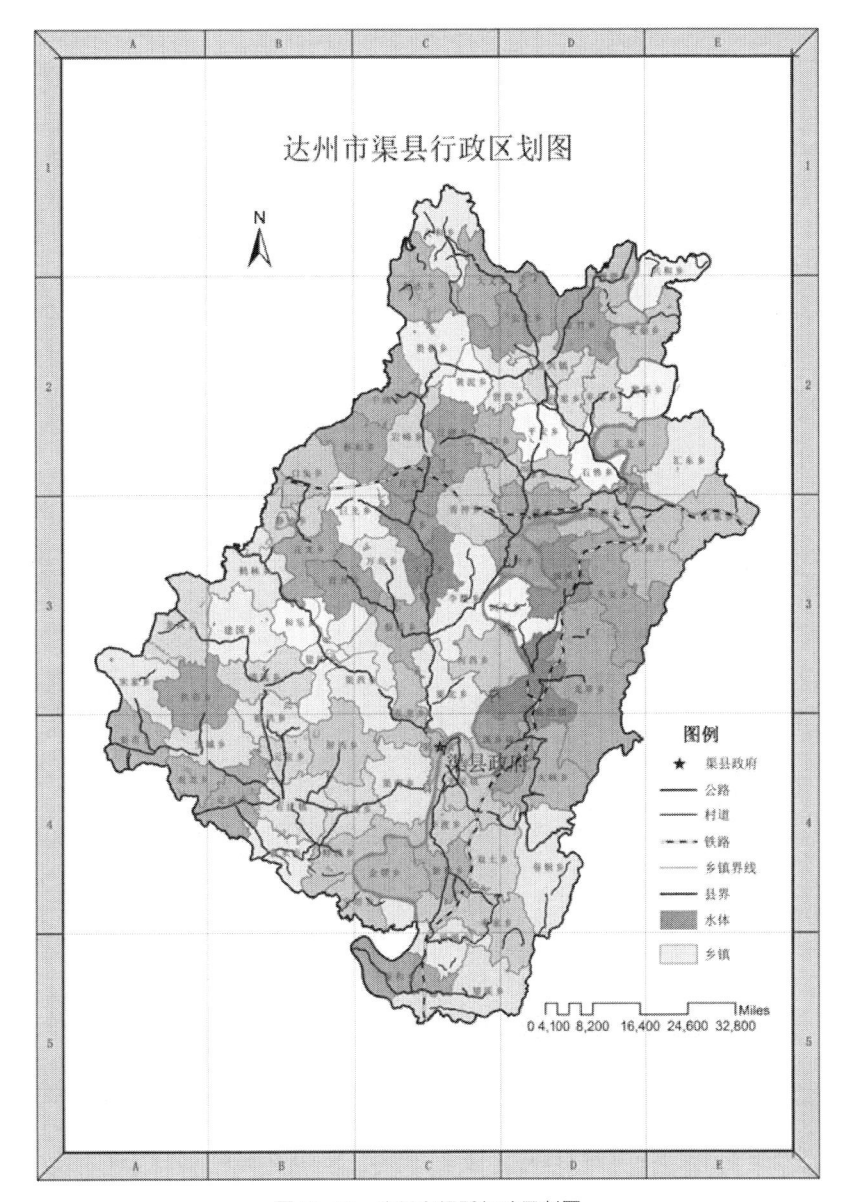

圖 16-19　達州市渠縣行政區劃圖

圖片來源：國家基礎地理信息中心官網。http://ngcc.sbsm.gov.cn/article/khly/lyzx/。

四、問題思考

GIS 的數據輸出有什麼格式要求？

第三部分　GIS 與遙感綜合應用

　　遙感技術能動態地、週期性地獲取地表信息，遙感影像依賴於 GIS 進行有效管理與共享，與此同時 GIS 技術利用計算機系統快速有效的處理通過遙感技術獲取的海量空間數據。遙感與 GIS 技術的集成與綜合應用成為認識國土、開發資源、保護環境和研究全球變化的重要手段。

　　隨著遙感應用軟件和 GIS 技術的進步，RS 與 GIS 一體化集成已經從最開始的數據互操作、工作流的無縫連結發展到了新的階段，即系統無縫融合階段，全面提升遙感影像價值。

　　利用 ArcGIS10 可以方便、快捷、即時和準確地訪問影像數據；在桌面端，加快了柵格顯示性能，漫遊縮放更加平滑；提供了一些實用的圖像增強工具，如亮度、對比度、gamma 等，方便影像解譯；增加新的柵格數據模型（Mosaic Dataset），它集成了柵格目錄（Raster Catalog）、柵格數據集（Raster Dataset）和 Image server 技術的最佳功能，並被 ArcGIS 的大多數應用程序支持，包括 Desktop 和 Server，支持動態鑲嵌、動態處理、集成檢索等；增強影像服務功能（Image Services），服務端高效執行動態鑲嵌和動態處理，可通過 SOAP、REST、WMS、WCS 和 KML 訪問。

　　目前的遙感應用軟件可以完全兼容 ArcGIS10 及 ArcGIS9.3 版本，並將高級的影像處理與分析工具直接整合到 ArcGIS 產品體系當中，使得用戶在進行影像信息提取與 GIS 數據更新時無需進行軟件切換。如在精細農業中，通過遙感手段獲取的作物種植面積及長勢信息，可用 ArcGIS 軟件進行直接調取，並用於 GIS 估產模型中。可以用 ModelBuilder 將 ArcGIS Toolbox 中的 ENVI 工具或用戶自定義的工具拖放到建模界面並連接各個工具形成一個有序的操作流程。如將 ENVI 影像信息提取工具納入 ArcGIS 城市規劃模型中，可以傳遞高精度和豐富的市區硬地、綠地、建築物、河流等信息，以及及時、精確的土地覆蓋信息。

　　隨著空間信息市場的快速發展，遙感數據與 GIS 的結合日益緊密。遙感與 GIS 不僅從數據上，還將從整個軟件構架體系上真正實現融合，從而達到優勢互補，進一步提升 GIS 軟件的可操作性，提升空間和影像分析的工作效率，並有效節約系統成本。

實驗十七 基於 RS 和 GIS 的土地利用動態監測

一、背景知識概況

(一) 基本名詞

土地利用：全面反應土地數量、質量、分佈、利用方式以及相互關係。土地利用信息是通過土地利用現狀圖反應出來的。

土地利用數據庫：利用 GIS 技術對於土地利用現狀圖進行數字化，建立土地利用數據庫系統。

變化監測：土地利用是一個動態變化的過程，傳統的 5 年一更新的辦法不能滿足土地監察、管理的要求，採用遙感技術實現土地利用的變化監測勢在必行。採用不同分辨率、多源、多時相遙感數據，採用多種圖像處理方法可以提取土地利用的變化信息和分類信息，從而實現自動監測的目的。

土地利用動態監測：對土地資源及其利用狀況的信息持續收集調查，開展系統分析的科學管理手段和工作。

(二) 土地利用動態監測的內容

土地資源狀況：土地數量、利用狀況變化特別是耕地資源狀況的變化，當前監測城市建設用地規模的擴展和耕地的變化是重點。

土地利用狀況：對土地利用過程和利用效果進行監測，是土地監察和規範土地利用行為的主要內容。

土地權屬狀況：土地權屬變動是社會經濟發展、生產力佈局變革的必然，對土地權屬的狀況的變化動態應及時瞭解掌握。

土地條件狀況：土地利用與其環境條件密切相關，需及時掌握土地條件的變化，防止土地條件變化帶來的災難。

土地質量及等級狀況：土地等級反應土地質量，土地質量是土地利用的基礎也是價格形成的重要依據。

(三) 土地利用動態監測的方法

土地利用動態監測目前由變更調查、遙感監測、統計報表制度、專項調查及土地信息系統等構成。變更調查及遙感監測是目前的主要手段。

變更調查是指對實地土地利用發生的變化加以調查、記載和變更，更新、充實原有的相關資料，進而保持土地資料的現勢性。

遙感監測是指採用遙感技術手段，對土地資源和土地利用實施宏觀動態監測，及時發現實地土地利用發生的變化，並做出相應的分析。

(四) 土地利用動態監測對象及目的

土地利用動態監測，主要是對耕地以及建設用地等土地利用變化情況進行及時、

直接、客觀的定期監測，檢查土地利用總體規劃及年度計劃執行情況。重點是核查每年土地變更調查匯總數據，為國家宏觀決策提供比較可靠、準確的土地利用變化情況；對違法或涉嫌違法用地的地區及其他特定目標等情況，進行快速的日常監測，為違法用地查處及突發事件處理提供依據。

監測原則：以土地變更調查數據、圖為基礎，利用遙感圖像的處理與識別等技術，從遙感圖像上提取變化信息。

二、實驗目的和要求

通過這次實驗充分瞭解通過 ENVI 5.1 和 Arcgis 10.2 軟件進行土地利用動態監測的基本操作流程和原理，盡量做到學以致用。學會獨立安裝 ENVI 5.1 和 Arcgis 10.2 軟件，並且熟悉 ENVI 5.1 和 Arcgis 10.2 軟件的基本操作，為以后實驗的操作打下基礎。熟悉 Arcmap 與 ENVI 的相關操作，掌握土地利用動態監測的原理與流程及運用。

通過 ENVI 5.1 與 Arcgis 10.2 軟件相關操作，結合重慶 1988 年和 2007 年 TM 影像圖，對重慶主城土地利用現狀進行動態監測。文件以 Img 格式提供，存放於本書數字資源包（…\ex17\1988.img 和 2007.img）。

三、實驗步驟

（一）實驗流程

實驗流程如圖 17-1 所示。

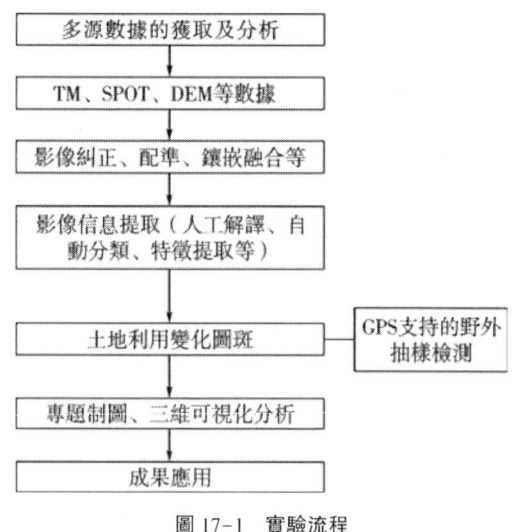

圖 17-1　實驗流程

（二）數據預處理

參考第一部分（實驗一、實驗二和實驗三）的內容對數據進行校正配準、影像鑲嵌與融合等前期遙感影像預處理步驟，結果見圖 17-2。

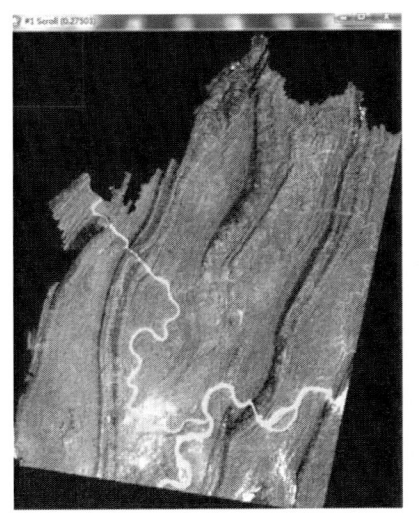

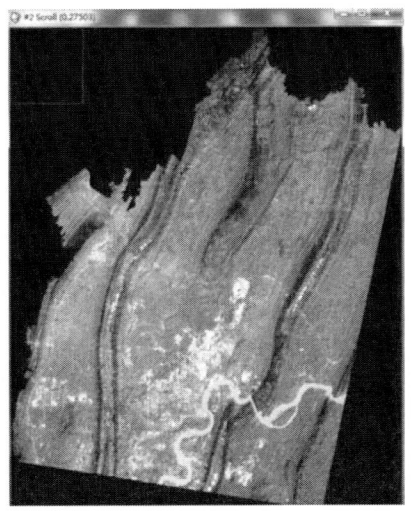

1988 年數據預處理結果　　　　2007 年數據預處理結果
圖 17-2

(三) 影像信息提取

參考第一部分（實驗六）監督分類步驟對 1988 年和 2007 年 TM 影像信息分類及提取。由於監督法分類已經在本實訓的實驗六中介紹過了，所以我們在這裡只總結一下，ENVI 進行監督分類需要用戶選擇作為分類基礎的訓練樣區，即感興趣區（ROI）。

1. 創建感興趣區（ROI）

打開影像 1988.img，選擇 4、3、2 波段顯示，選擇樣本，Basic Tools→Region of Interest→Define Region of Interest 或 Image 窗口→Overlay→Region of Interest 定義感興趣區（ROI），根據預處理後的遙感影像特點，分為水田、旱地、林地、水體、草地、建設用地和未利用地七類。

2. 監督分類

使用最大似然法（Maximum Likelihood）對其進行分類，使用混淆矩陣對其進行精度評價，分類結果如圖 17-3 所示，精度達到要求。

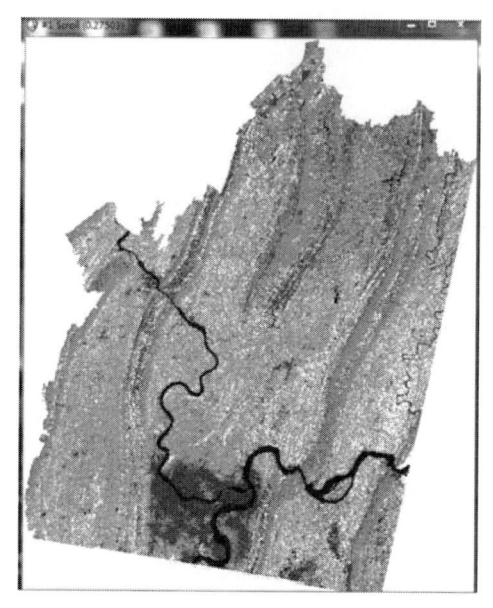

图 17-3　監督分類結果圖

（四）分類后處理

對區域進行土地利用動態評價，我們需要將分類后的影像導入 ArcGIS 中，以便為動態管理提供數據。

1. 影像分類

在並類處理過的分類影像的主影像窗口中，選擇 Overlay→Vectors，在 Vector Parameters 對話框中，選擇 File→Open Vector File→ENVI Vector File，然后選擇文件 can_ v1. evf 和 can_ v2. evf。在可用矢量列表對話框中，選擇 Select All Layers，點擊 Load Selected 按鈕，選擇 can_ dmp. img。在分類產生的多邊形中獲取的矢量，就會勾畫出柵格分類像元的輪廓。將自己的分類影像轉換為矢量層。

選擇 Classification→Post Classification→Classification to Vector，在 Raster to Vector Input Band 對話框中，選擇經過分類后的影像 1988_ jiandufenlei. img（見圖 17-4），點擊 OK 按鈕；在打開的 Raster To Vector Parameters 對話框中選擇需要轉換為矢量的類別，在 Enter Output Filename 中輸入保存路徑及保存文件名 1988_ jiandufenlei. img（見圖 17-5），點擊 OK 按鈕，即打開 Bulid Vector Topology 窗口（見圖 17-6）；打開 Available Vectors List 窗口，選擇 File→Export Layers to Shapefile（見圖 17-7），打開 Output EVF Layers to Shapefile 窗口，在 Enter Output Filename 中輸入保存路徑及保存文件名 1988_ LUCC. img（見圖 17-8），點擊 OK 按鈕。

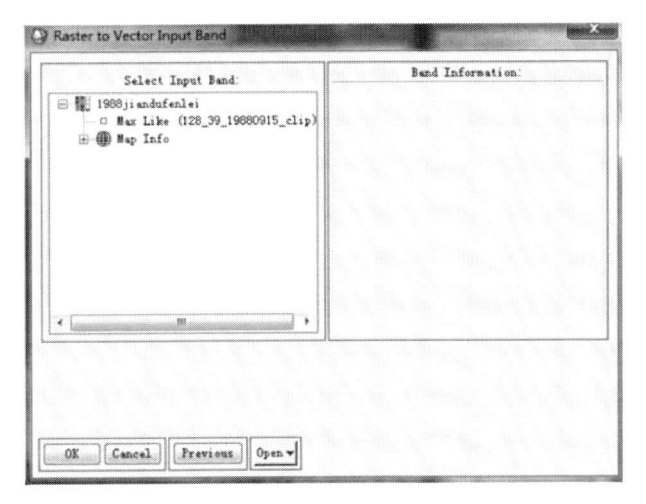

圖 17-4　Raster to Vector Input Band 對話框

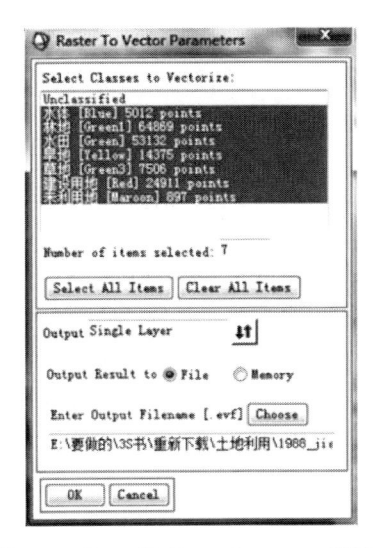

圖 17-5　Raster To Vector Parameters 對話框

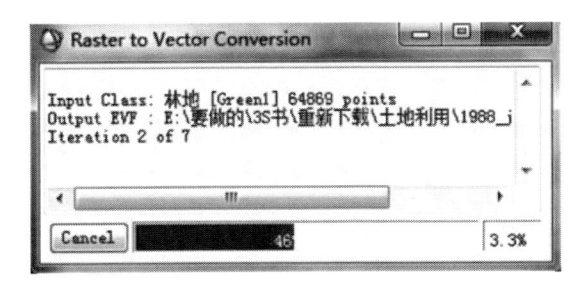

圖 17-6　Raster to Vector Conversion 窗口

遙感與 GIS 應用實習教程

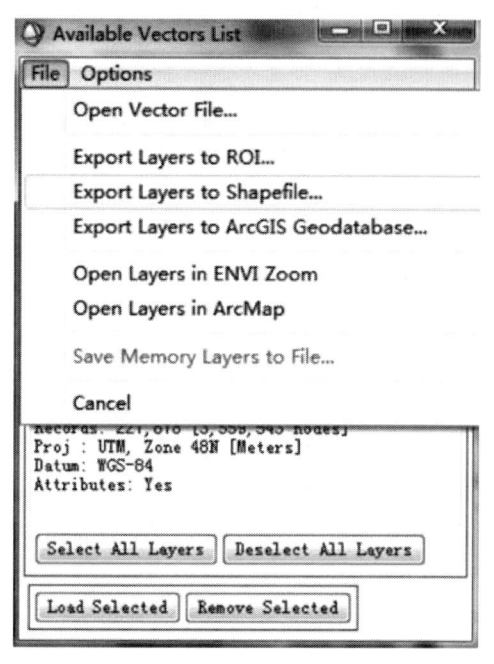

圖 17-7　Available Vectors List 窗口

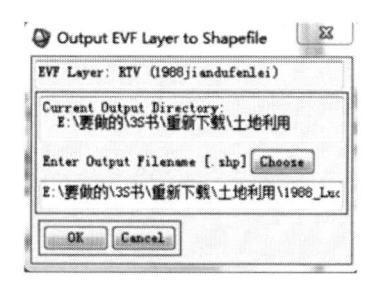

圖 17-8　Output EVF Layers to Shapefile 對話框

2. 手工矢量化

打開 Arccatalog 按鈕，新建面文件，在空白處點擊右鍵，選擇 New→shapefile（見圖 17-9）。打開 Create New Shapefile，在 Name 中輸入文件名 1988_ LUCC，在 Feature Type 中選擇 Polygon，在 Spatial Reference 中輸入坐標及投影系統（見圖 17-10），點擊 OK 按鈕。選擇 Editor→Start Editing（見圖 17-11），結合第二部分（實驗九）對影像矢量化，矢量結果如圖 17-12 所示。

圖 17-9　添加矢量層操作流程

圖 17-10　Create New Shapefile 對話框

遙感與 GIS 應用實習教程

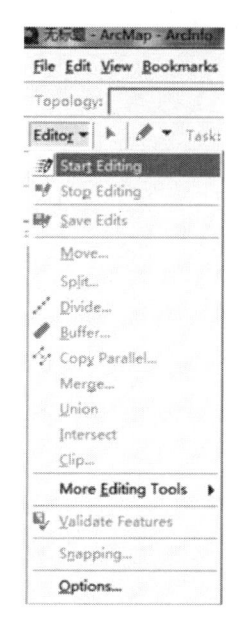

圖 17-11　矢量編輯工具條

圖 17-12　矢量化結果圖

(五) 屬性編輯

在 1988_ LUCC. shp 文件右鍵點擊 Open Attribute Table (見圖 17-13)，點擊右下角 Options，選擇 Add Field (見圖 17-14)。打開 Add Fiels 對話框，在 Name 中輸入創建

屬性的屬性名，如面積 area，在 Type 中輸入創建屬性的字符類型，如 Double。在 Fiele Properties 中輸入字符的長度（見圖 17-15），點擊 OK 按鈕。點擊所創建屬性的右鍵（見圖 17-16），計算需要的屬性。

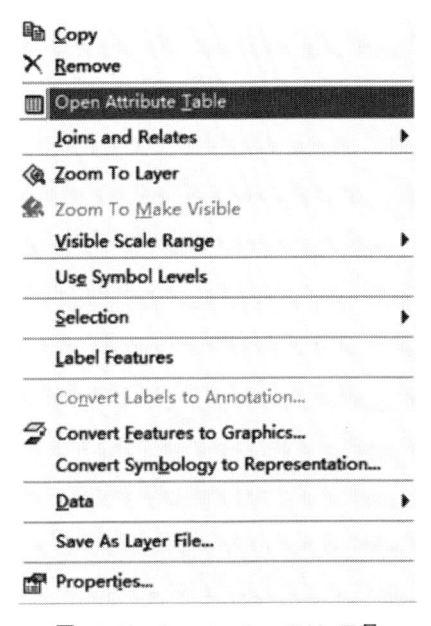

圖 17-13　Open Attribute Table 工具

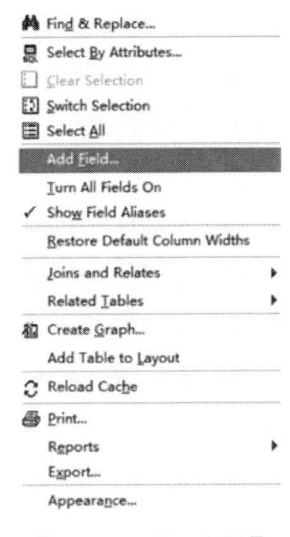

圖 17-14　Add Field 工具

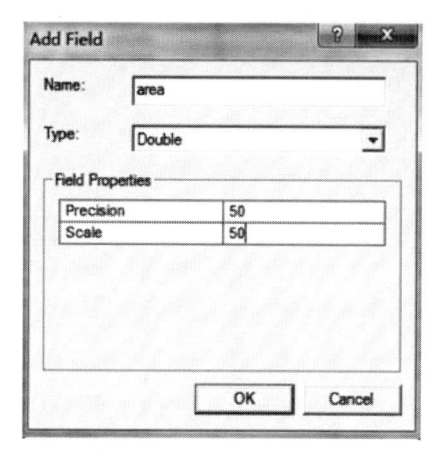

圖 17-15 Add Field 對話框

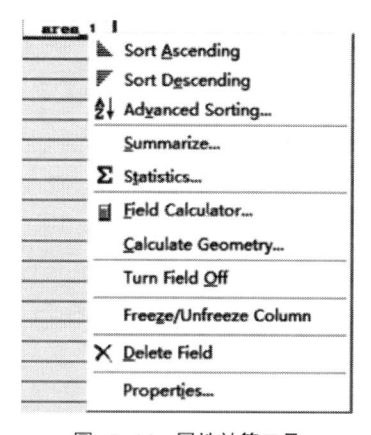

圖 17-16 屬性計算工具

(六) 數據更新

在 1988 年數據的基礎上進行 2007 年數據庫的更新並進行動態分析。

四、問題思考

討論 GPS 在調查前后的方法及應用。

實驗十八　RS 與 GIS 在城市植被覆蓋度動態分析中的應用

一、背景知識概況

植被覆蓋度是指植被（包括葉、莖、枝）在地面的垂直投影面積占統計區總面積的百分比。容易與植被覆蓋度混淆的概念是植被蓋度，植被蓋度是指植被冠層或葉面

在地面的垂直投影面積占植被區總面積的比例。兩個概念主要區別就是分母不一樣。植被覆蓋度常用於植被變化、生態環境研究、水土保持、氣候等方面。

植被覆蓋度的測量可分為地面測量和遙感估算兩種方法。地面測量常用於田間尺度，遙感估算常用於區域尺度。目前已經發展了很多利用遙感測量植被覆蓋度的方法，較為實用的方法是利用植被指數近似估算植被覆蓋度，常用的植被指數為 NDVI。

目前已經發展了很多利用遙感測量植被覆蓋度的方法，較為實用的方法是利用植被指數近似估算植被覆蓋度，常用的植被指數為 NDVI，常用的模型為像元二分模型。

像元二分模型是一種簡單實用的遙感估算模型，它假設一個像元的地表由有植被覆蓋部分地表與無植被覆蓋部分地表組成，而遙感傳感器觀測到的光譜信息也由這兩個組分因子線性加權合成，各因子的權重是各自的面積在像元中所占的比率，如其中植被覆蓋度可以看作是植被的權重。

$$VFC = (NDVI - NDVI_{soil}) / (NDVI_{veg} - NDVI_{soil}) \quad (1)$$

其中，$NDVI_{soil}$ 為完全是裸土或無植被覆蓋區域的 NDVI 值，$NDVI_{veg}$ 則代表完全被植被所覆蓋的像元的 NDVI 值，即純植被像元的 NDVI 值。兩個值的計算公式為：

$$NDVI_{soil} = (VFC_{max} * NDVI_{min} - VFC_{min} * NDVI_{max}) / (VFC_{max} - VFC_{min}) \quad (2)$$

$$NDVI_{veg} = ((1 - VFC_{min}) * NDVI_{max} - (1 - VFC_{max}) * NDVI_{min}) / (VFC_{max} - VFC_{min}) \quad (3)$$

利用這個模型計算植被覆蓋度的關鍵是計算 $NDVI_{soil}$ 和 $NDVI_{veg}$，這裡有兩種假設：

①當區域內可以近似取 $VFC_{max} = 100\%$，$VFC_{min} = 0\%$。

公式（1）可變為：

$$VFC = (NDVI - NDVI_{min}) / (NDVI_{max} - NDVI_{min}) \quad (4)$$

$NDVI_{max}$ 和 $NDVI_{min}$ 分別為區域內最大和最小的 NDVI 值。由於不可避免存在噪聲，$NDVI_{max}$ 和 $NDVI_{min}$ 一般取一定置信度範圍內的最大值與最小值，置信度的取值主要根據圖像實際情況來定。

②當區域內不能近似取 $VFC_{max} = 100\%$，$VFC_{min} = 0\%$。

當有實測數據的情況下，取實測數據中的植被覆蓋度的最大值和最小值作為 VFC_{max} 和 VFC_{min}，這兩個實測數據對應圖像的 NDVI 作為 $NDVI_{max}$ 和 $NDVI_{min}$。

當沒有實測數據的情況下，取一定置信度範圍內的 $NDVI_{max}$ 和 $NDVI_{min}$，VFC_{max} 和 VFC_{min} 根據經驗估算。

二、實驗目的和要求

熟練掌握 ENVI 軟件的波段運算及應用，理解基於像元二分模型設計的植被覆蓋度遙感估算方法並運用；掌握 GIS 軟件柵格數據疊加及分析的運用。

以重慶市的 Landsat TM 影像為數據源，成像時間為 1988 年 9 月份和 2007 年 9 月份，採用改進的像元二分模型詳細介紹植被覆蓋度遙感估算過程，結合 DEM 與土地利用數據對植被覆蓋度動態變化進行分析。涉及 TM 影響大氣校正、圖像鑲嵌與裁剪、NDVI 計算與統計、Bandmath 使用、圖像疊加分析等，在 ENVI 5.0 與 Arcgis 10.2 版本中完成整個操作。文件以 Img 格式提供，存放於本書數字資源包（…\ex18\1988.img

和 2007.img）。

三、實驗步驟

實驗以 Landsat TM 數據為研究對象，採用像元二分模型方法，對重慶 1988 年和 2007 年內數據進行處理，進行植被覆蓋度變化監測研究，另外通過重慶地區的 DEM 地形數據和土地利用類型變化數據進行處理，綜合評價地形和土地利用對地區植被覆蓋度變化所產生的影響。

利用 Landsat 5TM 的像元二分模型植被覆蓋度遙感估算的處理流程如圖 18-1 所示。

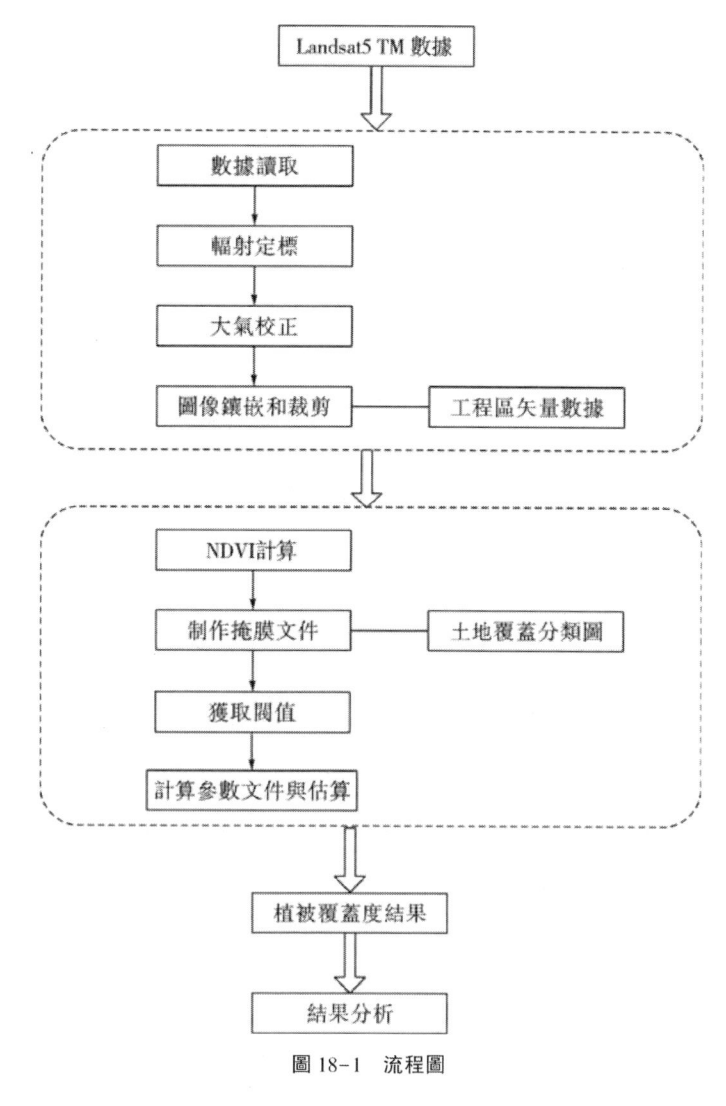

圖 18-1　流程圖

(一) 數據預處理

參考第一部分（實驗一、實驗二、實驗三和實驗五）對影像進行預處理使用的數據是經過幾何校正、大氣校正、圖像增強等的 TM 影像。經預處理后的研究區 1988 年和 2007 年的影像見圖 18-2。

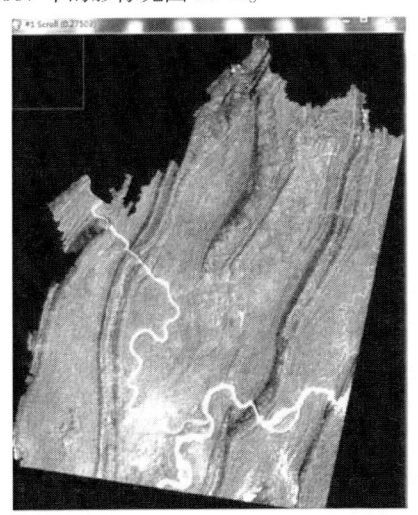

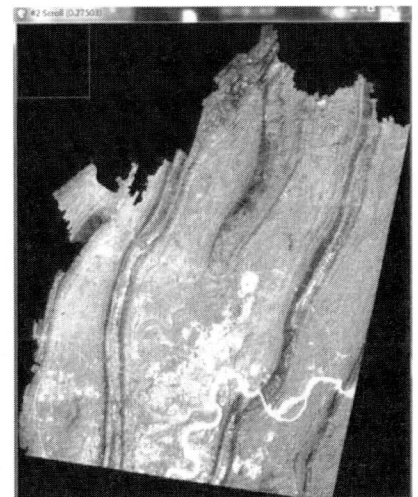

圖 18-2　1988 年和 2007 年影像圖

(二) 植被覆蓋度估算

實驗以「當區域內可以近似取 $VFC_{max} = 100\%$，$VFC_{min} = 0\%$」情況下，整個影像中 $NDVI_{soil}$ 和 $NDVI_{veg}$ 取固定值，介紹在 ENVI 中實現植被覆蓋度的計算方法。

1. 計算 NDVI

在 ENVI 主菜單中，選擇 Transform→NDVI，利用 TM 影像計算 NDVI（見圖 18-3）。計算后保存文件名分別為 1988_ NDVI. img 和 2007_ NDVI. img（見圖 18-4）。再在 ENVI 主菜單中，選擇 Basic Tools→Band Math，在 Enter an expression 中輸入公式 float (b1) *b1/b1（見圖 18-5），點擊 OK 按鈕。在打開的 Variables to Bands pairings 對話框中，將 2007_ NDVI. img 添加給 b1（見圖 18-6），點擊 OK 按鈕即可，影像把研究區背景值 0 改為 NAN（見圖 18-7）。

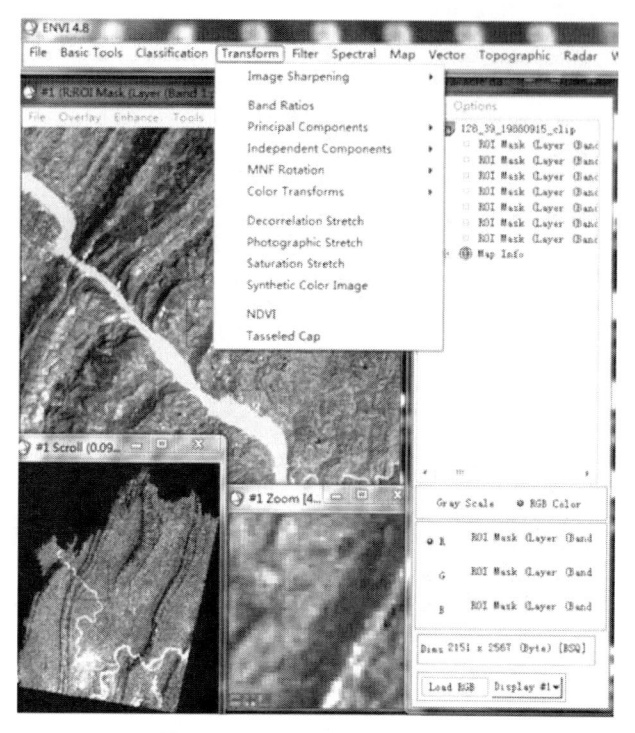

圖 18-3　ENVI 菜單中 NDVI 工具

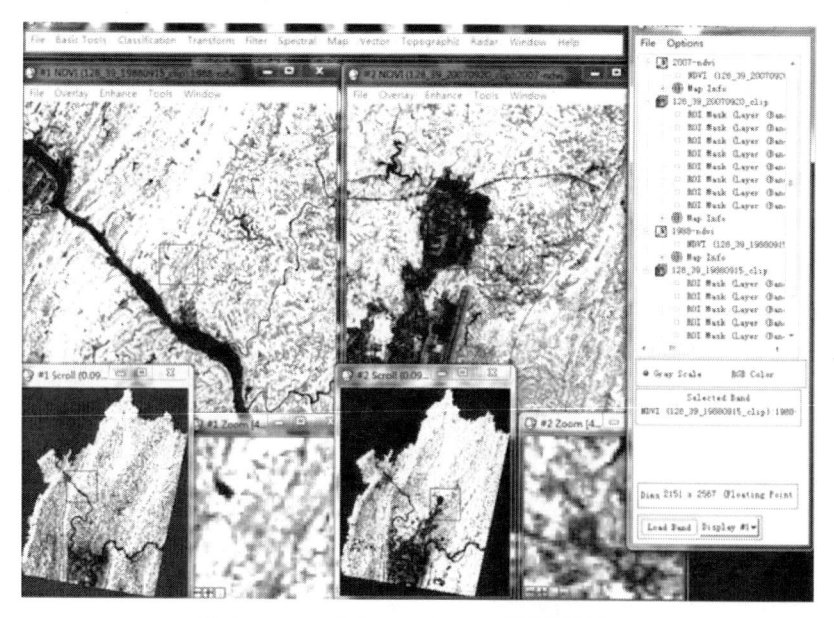

圖 18-4　1988 年和 2007 年 NDVI 圖像顯示窗口

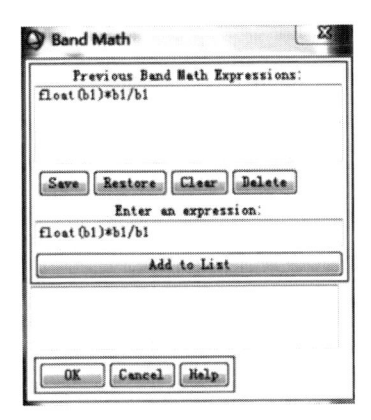

圖 18-5　Band Math 對話框

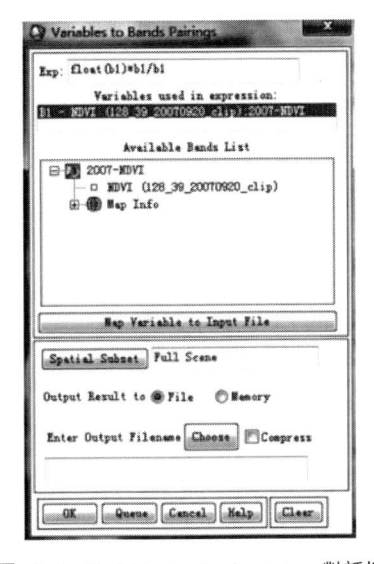

圖 18-6　Variables to Bands pairings 對話框

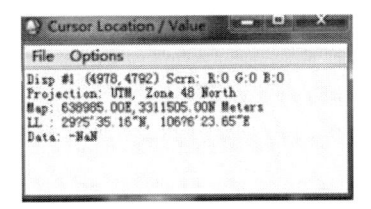

圖 18-7　Cursor Location/Value 界面

2. 選取參數

在 ENVI 主菜單中，選擇 Basic Tools→Statistics→Compute Statistics，在 Compute Statistics Input File 對話框中（見圖 18-8），選擇 1988_ NDVI. img 文件，打開 Compute

Statistics Parameters 對話框，選擇需要的統計數據（見圖 18-9），得到研究區的統計結果。在統計結果中，最后一列表示對應 NDVI 值的累積概率分佈。分別取累積概率為 5% 和 90% 的 NDVI 值作為 $NDVI_{min}$ 和 $NDVI_{max}$（見圖 18-10）。這裡得到：1988 年 $NDVI_{max} = 0.443868$，$NDVI_{min} = 0.005537$；2007 年 $NDVI_{max} = 0.423078$，$NDVI_{min} = 0.007207$。

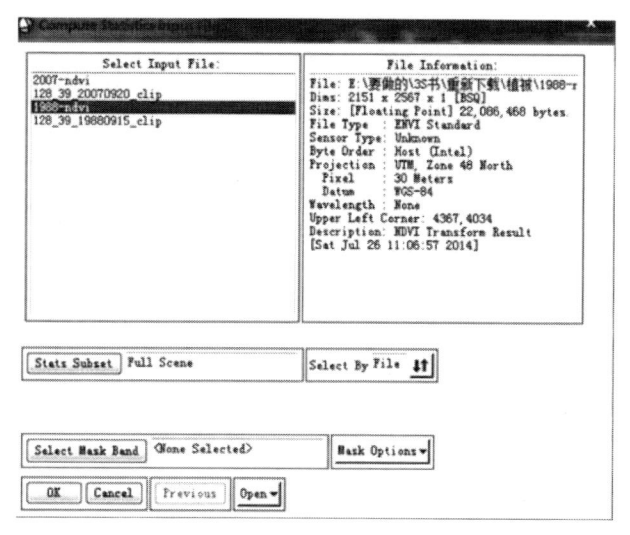

圖 18-8 Compute Statistics Input File 對話框

圖 18-9 Compute Statistics Parameters 對話框

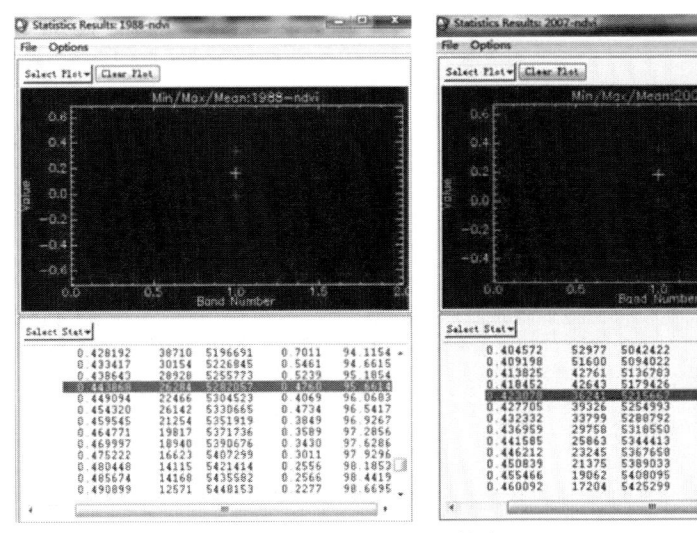

圖 18-10　統計結果

3. 提取植被覆蓋度圖像

在 ENVI 主菜單中，選擇 Basic Tools→Band Math，在 Enter an expression 中輸入公式，1988 年為（b1 lt 0.005537）＊0+（b1 gt 0.443868）＊1+（b1 ge 0.005537 and b1 le 0.443868）＊（（b1-0.005537/（0.443868-0.005537）），2007 年為（b1 lt 0.007207）＊0+（b1 gt 0.423078）＊1+（b1 ge 0.007207 and b1 le 0.423078）＊（（b1-0.007207）/（0.423078-0.007207））（見圖 18-11）。即當 NDVI 小於 NDVImin，VFC 取值為 0；NDVI 大於 NDVImax，VFC 取值為 1；介於兩者之間的像元使用公式（4）計算，點擊 OK 按鈕。在打開的 Variables to Bands pairings 對話框中，將 1988_NDVI.img 或 2007_NDVI.img 添加給 b1（見圖 18-12），點擊 OK 按鈕即可。得到一個單波段的植被覆蓋度圖像文件（見圖 18-13），像元值表示這個像元內的平均植被覆蓋度，點擊 Display 顯示（見圖 18-14）。

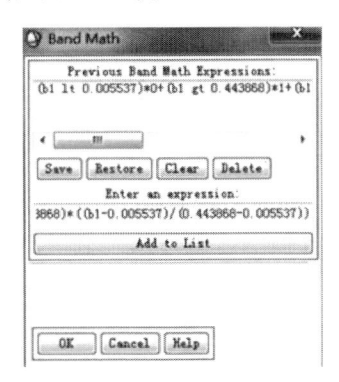

圖 18-11　Band Math 對話框

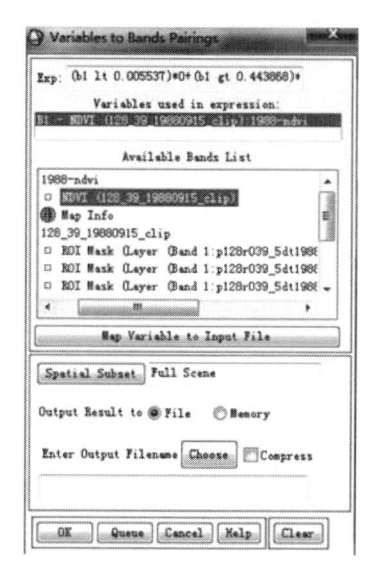

圖 18-12　Variables to Bands pairings 對話框

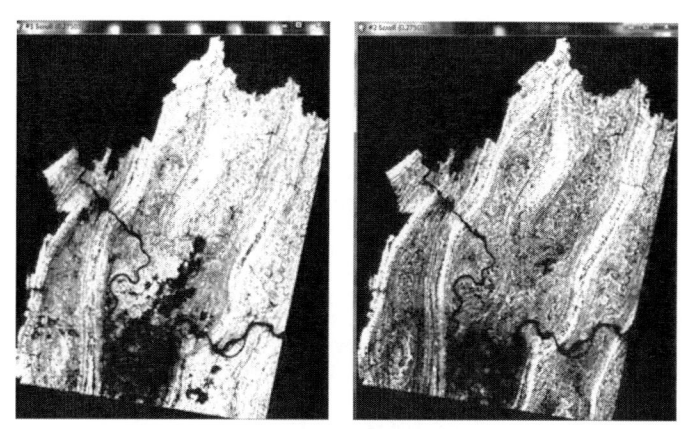

圖 18-13　植被覆蓋度圖

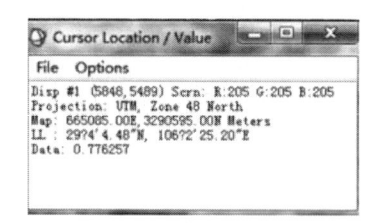

圖 18-14　Cursor Location/Value 界面

4. 植被覆蓋度圖像分類

選擇 Tools→Color Mapping→Density Slice（見圖 18-15），單擊 Clear Range 按鈕清除默認區間（見圖 18-16）。選擇 Opions→Add New Ranges，根據上面的對照表依次添加 10

個區間，分別為每個區間設置一定的顏色，單擊 Apply 得到植被覆蓋圖（見圖 18-17）。

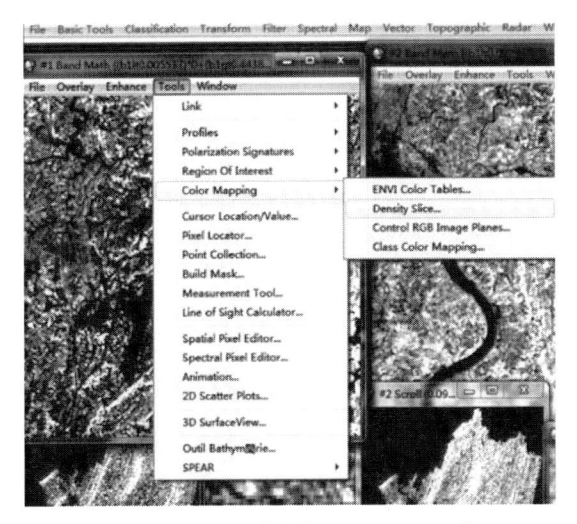

圖 18-15　ENVI 菜單中 Density Slice 工具

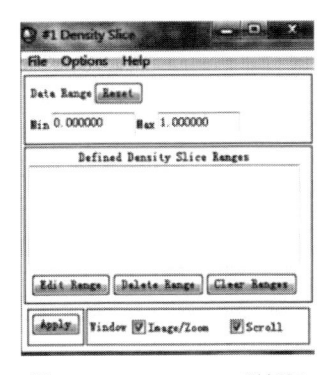

圖 18-16　Density Slice 對話框

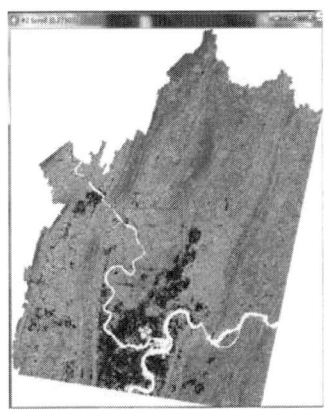

圖 18-17　1988 年（左）、2007 年（右）植被覆蓋度遙感估算結果

5. 將植被覆蓋度分類圖加載到 Arcmap 中

選擇 File→Output Ranges for EVFs，根據上面的分類將數據保存為 .EVF 格式（見圖 18-18）；再選擇 File→Export Layers to Shapefile，將 .EVF 文件轉換為 .shp 文件（見圖 18-19）。

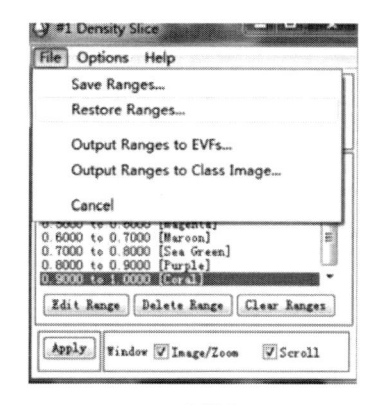

圖 18-18　Density Slice 菜單中 Restore Ranges 工具

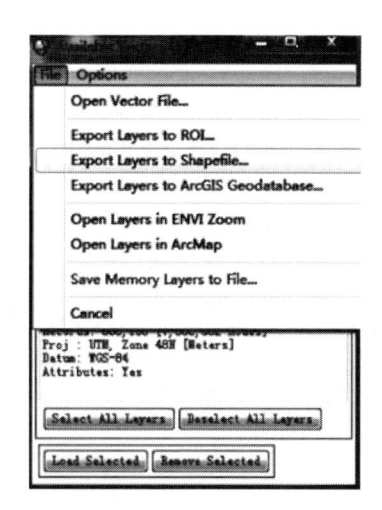

圖 18-19　Available Vectors List 菜單中 Export Layers to Shapefile 工具

6. 柵格數據疊加

在 Arcmap 中打開 .shp 文件。選擇 Conversion→To Raster→Feature to Raster（見圖 18-20），將矢量文件轉換為柵格文件（見圖 18-21），得到植被覆蓋度圖像的柵格數據。打開已有的土地利用數據，操作同樣的步驟將土地利用 .shp 數據轉換為柵格數據。選擇 Spatial Analyst Tools→Math→Logical→Combinatorial And（見圖 18-22），雙擊打開，在 Combinatorial And 對話框中（見圖 18-23），將土地利用柵格數據和植被覆蓋度柵格數據進行疊加，疊加后圖像如圖 18-24，右鍵點擊疊加好的數據打開屬性表，即可看到疊加后的數據（見圖 18-25）。

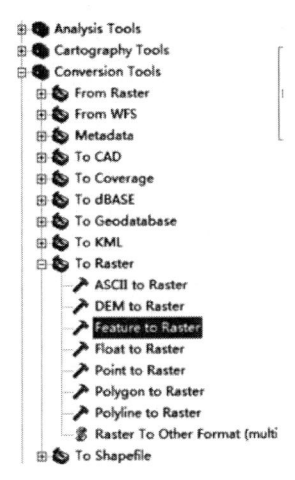

圖 18-20　ArcCatalog 菜單中 Feature to Raster 工具

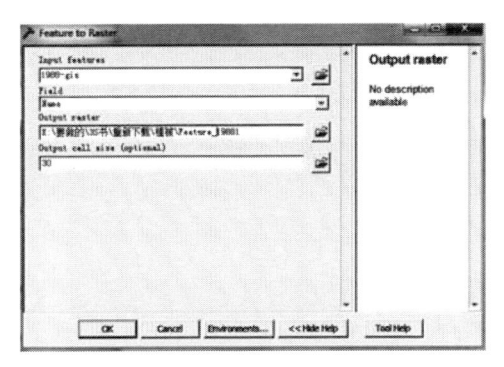

圖 18-21　Feature to Raster 對話框

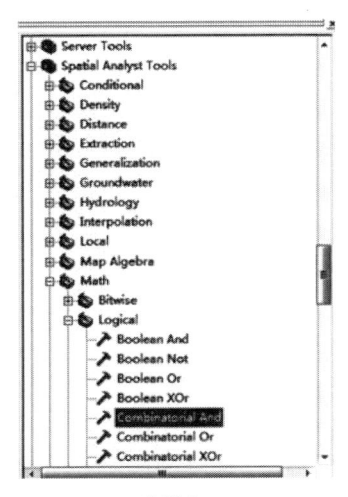

圖 18-22　ArcCatalog 菜單中 Combinatorial And 工具

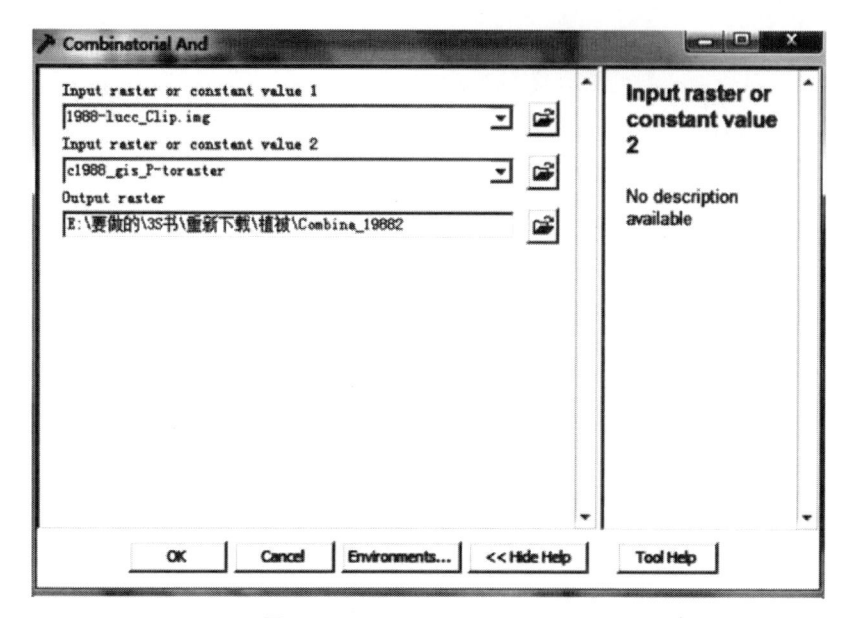

圖 18-23　Combinatorial And 對話框

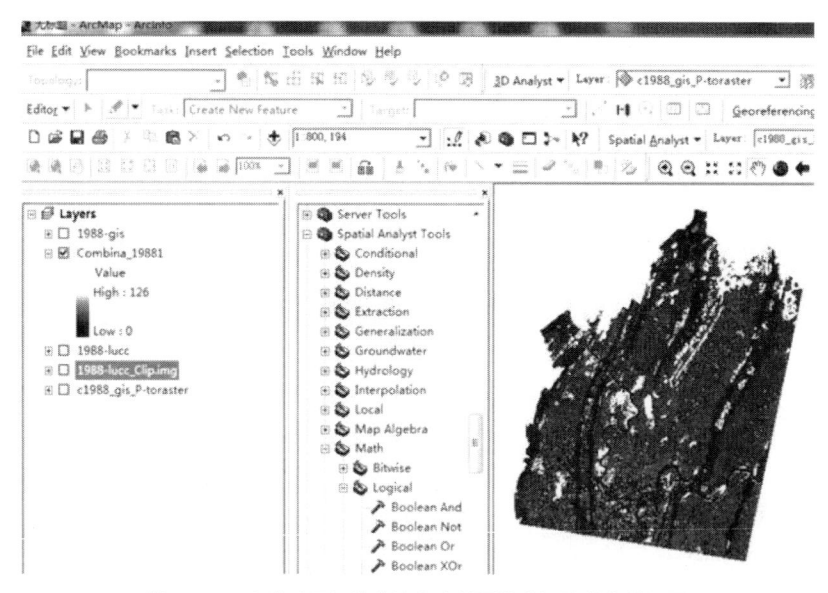

圖 18-24　土地利用柵格數據和植被覆蓋度柵格數據疊加圖

圖 18-25　矢量屬性表

7. 對土地利用與植被覆蓋度進行統計分析

　　選擇 Spatial Analysis Tools→Zonal→Zonal Statistics table（見圖 18-26）。雙擊打開；打開 Zonal Statistics as Table 對話框（見圖 18-27），在 Input raster or feature zone data 下選擇要統計的數據，在 Zone field 下選擇統計的屬性，在 Input value raster 下輸入一個同坐標範圍的柵格數據（若沒有柵格，也可用矢量轉化為一個柵格），在 Output table 下選擇輸出結果的保存路徑。點擊 Source 查看結果統計表（見圖 18-28）。其中，COUNT 屬性指柵格數目，AREA 屬性是面積。打開屬性表（見圖 18-29）即可對土地利用與植被覆蓋度進行統計分析。

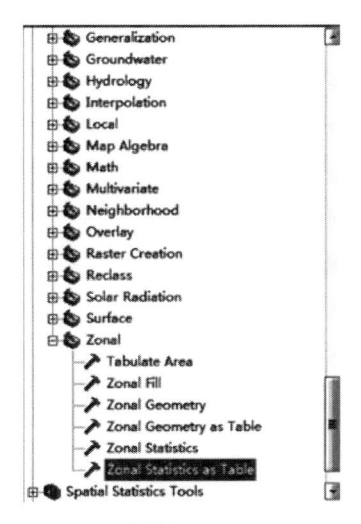

圖 18-26　ArcCatalog 菜單中 Zonal Statistics as Table 工具

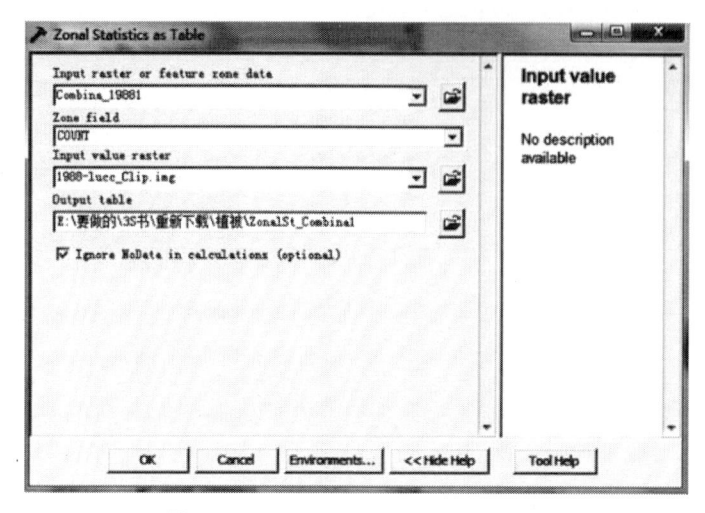

圖 18-27　Zonal Statistics as Table 對話框

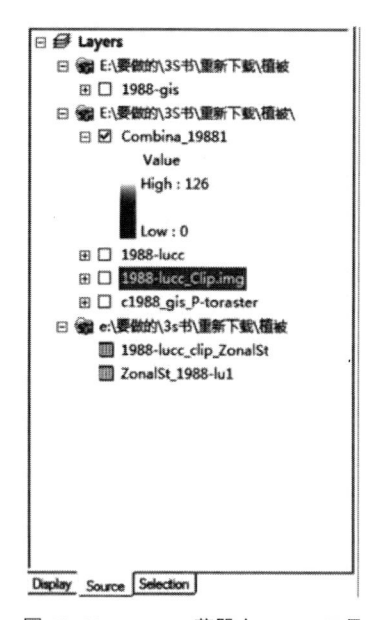

圖 18-28　Arcmap 菜單中 Source 工具

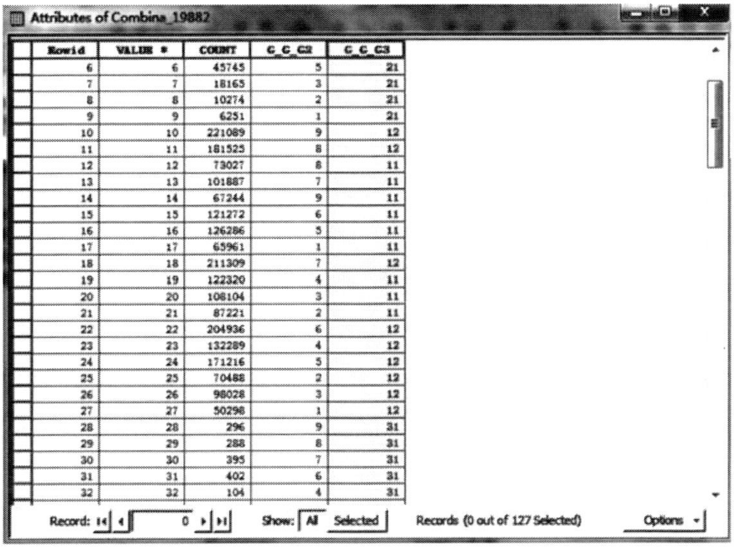
Attributes of Combina_19882

Rowid	VALUE *	COUNT	G_G_G2	G_G_G3
6	6	45745	5	21
7	7	18165	3	21
8	8	10274	2	21
9	9	6251	1	21
10	10	221089	9	12
11	11	181525	8	12
12	12	73027	8	11
13	13	101887	7	11
14	14	67244	9	11
15	15	121272	6	11
16	16	126286	5	11
17	17	65961	1	11
18	18	211309	7	12
19	19	122320	4	11
20	20	108104	3	11
21	21	87221	2	11
22	22	204936	6	12
23	23	132289	4	12
24	24	171216	5	12
25	25	70488	2	12
26	26	98028	3	12
27	27	50298	1	12
28	28	296	9	31
29	29	288	8	31
30	30	395	7	31
31	31	402	6	31
32	32	104	4	31

Record: 0 Show: All Selected Records (0 out of 127 Selected) Options

圖 18-29　矢量屬性表

四、問題思考

植被覆蓋度的空間分析應該如何做？地形對植被覆蓋度有什麼影響？

實驗十九　RS 與 GIS 在城市熱環境監測中的應用

一、背景知識概況

（一）理論基礎

熱紅外遙感（Infrared Remote Sensing）是指傳感器工作波段限於紅外波段範圍之內的遙感。這是一個狹義的定義，只是說明了數據的獲取。另外一個廣義的定義是：利用星載或機載傳感器收集、記錄地物的熱紅外信息，並利用這種熱紅外信息來識別地物和反演地表參數如溫度、濕度和熱慣量等。

熱紅外遙感的信息源來自物體本身，其基礎是所有的物質，只要其溫度超過絕對零度，就會不斷發射紅外輻射。不同的地表物質，由於其表面形態、內部組成等的不同，其熱慣量、熱容量、熱傳導及熱輻射一般也各不相同，其向外發射的熱紅外能量也存在差異。常溫的地表物體發射的紅外輻射主要集中在中遠紅外區，又稱熱輻射。熱輻射與物質的表面狀態有關，同時是物質內部組成和溫度的函數。熱紅外遙感利用傳感器收集、記錄地物的熱紅外信息，利用熱紅外信息來識別地物和反演各類地表參數。

應用熱紅外遙感來反演地表溫度要基於普朗克定律。黑體（發射率 ε 為 1）發射的

輻射能量和物體本身的溫度有關。然而大多數自然界物體並不是黑體的，其發射率介於0和1之間，其光譜發射率 $\varepsilon(\lambda)$ 是地物的輻射率與同溫條件下黑體的輻射率的比值。因此，對於這些非黑體的物體的計算公式如下：

$$R(\lambda, T) = \varepsilon(\lambda) B(\lambda, T) = \varepsilon(\lambda) \frac{C_1 \lambda^{-5}}{\pi(\exp(\frac{c_2}{\lambda T}) - 1)} \tag{1}$$

其中，$R(\lambda, T)$ 是物體的實際輻射率（$W \cdot m^{-2} \mu m^{-1} sr^{-1}$）；$B(\lambda, T)$ 是同溫黑體輻射率；λ 是波長（μm）；$\varepsilon(\lambda)$ 是地物在波長 λ 的比輻射率；T 是物體的溫度（K）；C_1 和 C_2 分別是普朗克函數常量，$C_1 = 3.741,8 \times 10 - 16 Wm^2$，$C_2 = 143,888 \mu mk$。在不考慮大氣效應，地物發射率已知的條件下，根據公式（1），可計算物體溫度 T：

$$T = \frac{C^2}{\lambda \ln\left[\frac{\varepsilon(\lambda) c_1}{\pi \lambda^5 R} + 1\right]} \tag{2}$$

熱紅外遙感在地表溫度反演、城市熱島效應、林火監測、旱災監測、探礦、探地熱、岩溶區探水等領域都有很廣泛的應用前景。

（二）常見名詞

熱紅外遙感涉及的知識多而且深，此處介紹熱紅外遙感中幾個基本的概念。

輻射出射度：單位時間內，從單位面積上輻射出的輻射能量稱為輻射出射度，單位是 wm^{-2}。

輻射亮度：輻射源在某一方向上單位投影表面、單位立體角內的輻射通量，稱為輻射亮度（Radiance），單位是 $W \cdot m^{-2} \mu m^{-1} Sr^{-1}$。

比輻射率（Emissivity）：也叫發射率，物體的出射度與同溫度黑體出射度之比。常見的還有地表比輻射率。

大氣透射率：通過大氣（或某氣層）后的輻射強度與入射前輻射強度之比。

亮度溫度：就是我們常說的亮溫。在熱輻射的測量與應用理論中，亮度溫度是一個被廣泛應用的物理名詞，其定義為：當一個物體的輻射亮度與某一黑體的輻射亮度相等時，該黑體的物理溫度就被稱之為該物體的亮度溫度，所以亮度溫度具有溫度的量綱，但是不具有溫度的物理含義，它是一個物體輻射亮度的代表名詞。

（三）地表溫度反演的應用

陸地表面溫度（Land Surface Temperature，LST）是一個重要的地球物理參數。目前人們比較熟悉的是用衛星遙感數據提取海洋溫度（Sea Surface Temperature，SST），SST 技術已較為成熟，可以在全球範圍內達到 1K 的精度。由於陸地表面比海洋表面複雜得多，導致陸地表面溫度反演的精度較低，陸地表面溫度反演成了一個亟待解決的科學難題。

傳統的溫度研究主要採用定點觀測相的方法，而對於大面積研究範圍則多採用網路布點法來間接地測得。然而，地表是一個複雜的巨系統，下墊面類別不同，不同類型下墊面的傳導和輻射的不同而導致各處溫度有明顯的差異，所以傳統方法不可能全

面、同步地反應地面的熱量變化狀況。

自20世紀60年代初期發射TIROS-II以來，利用衛星數據反演地表溫度，探討衛星熱通道數據的理論及實際應用方法已成為遙感科學的一個重要研究領域。從NOAA和MODIS的分辨率1km提高到ETM+的60m；從單波段，到多波段。多傳感器的遙感數據為同步獲取地表溫度，進而進行熱環境分析提供了基本條件。研究者針對不同的數據類型，對溫度的計算方法進行了深入的分析，並得到了適用於不同傳感器的多種算法。利用熱紅外遙感反演地表溫度已取得很多突破。其具體應用可以得到大範圍的地表溫度面信息，具有便捷、廣泛、信息連續的特點。

目前，針對衛星影像的溫度反演算法較多，目前較實用的有：輻射傳輸方程法（大氣校正法）、單波段法、分裂窗算法、單窗算法、多角度算法。

1. 輻射傳輸方程法

輻射傳輸方程法又稱大氣校正法，輻射傳輸方程法是完全根據電磁輻射從地球表面到傳感器的傳輸過程來計算的。方程表示為：

$$I = [\varepsilon B(T_s) + (1-\varepsilon)I^\downarrow]\tau + I^\uparrow \tag{3}$$

其中，I是大氣頂層的輻射亮度，ε是地表比輻射率，$B(T_s)$是根據普朗克輻射定律計算出的黑體輻射強度，T_s是地表溫度（K）。τ為地表與傳感器之間總的大氣透射率，可以用大氣水分含量來估計。$I^\downarrow$和$I^\uparrow$分別是大氣的下行和上行熱輻射強度。由輻射傳輸方程可知，要得到地表溫度T_s必須要知道大氣透過率τ，大氣下行輻射亮度$I^\downarrow$，大氣上行輻射亮度$I^\uparrow$。

從輻射傳輸方程來看，雖然可以通過公式得到一個關於地表溫度的表達式，但是它必須有詳細的衛星過境時的大氣剖面資料。擁有大氣資料后用一些類似MODTRAN的程序，對大氣輪廓線數據進行模擬，計算出反演參數，進而消除大氣和地表比輻射率對地表溫度的影響。這種方法最大的一個限制條件是要求衛星過境時的大氣無線電探空數據。

2. Jiménez-Muñoz 和 Sobrino 的單波段法

Jiménez-Muñoz 和 Sobrino 發展了一個比較普遍的單波段法反演地表溫度，即：

$$T_s = \gamma[\varepsilon^{-1}(\varphi_1 L_{sensor} + \varphi_2) + \varphi_3] + \delta \tag{4}$$

$$\gamma = \left[\frac{c_2 L_{sensor}}{T_{sensor}^2}\left(\frac{\lambda^4}{c_1}L_{sensor} + \lambda^{-1}\right)\right]^{-1} \tag{5}$$

$$\delta = -\gamma L_{sensor} + T_{sensor} \tag{6}$$

以上等式中，T_s是地表溫度（K），L_{sensor}是輻射亮度，單位是w/（m². ster. μm），T_{sensor}是亮度溫度（K），λ是波長（μm），c_1是常數1.191,04×108（W·μm⁴·m⁻²·sr⁻¹），c_2是常數14,387.7（μm·K）。可以按照以下公式得到，其中w為大氣含水量。

$$\varphi_1 = 0.14714w^2 - 0.15583w + 1.1234 \tag{7}$$

$$\varphi_2 = -1.1836w^2 - 0.37607w - 0.52984 \tag{8}$$

$$\varphi_3 = -0.04554w^2 + 1.8719w - 0.39071 \tag{9}$$

3. 分裂窗算法

分裂窗算法（Split Window Algorithm）也稱劈窗算法，是以衛星觀測到的熱輻射數據為基礎，利用大氣在兩個波段上的吸收率不同去除大氣影響，並用該兩波段輻射亮溫的線性組合來計算地表溫度，主要針對的是海水溫度的反演。

分裂窗算法最早是針對 NOAA 衛星 AVHRR 探測器兩個熱通道（分別為 10.5～11.3μm 和 11.5～12.5μm）特點提出的。

Becker 等（1990）通過研究把該方法從海面溫度遙感引入到陸地表面溫度的估算，並得到了廣泛的應用。將 NOAA 的 AVHRR 兩個熱通道即通道轉化為相應的亮度溫度，然后通過亮溫來反演地表溫度。它們的一般表達式如下：

$$T_s = T_4 + A(T_4 - T_5) + B \tag{10}$$

式中 T_s 是地表溫度，T_4 和 T_5 分別是 AVHRR 熱通道 4 和通道 5 的亮度溫度，A 和 B 是參數，溫度單位為絕對溫度（K）。

分窗算法在海面溫度的反演上精度較高，因為海水的比輻射率可以認為是固定的。但是對於陸地表面而言就比較複雜，與水體比較，陸地的大氣水汽含量和地表比輻射率有較大變化，這種經驗、半經驗型公式會產生較大的偏差。

4. 多角度算法

假設大氣在水平方向上是均勻分佈的，多角度方法充分利用了同一目標在不同的觀測角度下大氣對地表輻射吸收率的差異。多角度觀測可以是同一衛星在不同角度觀測，也可以是不同衛星對同一目標觀測。1991 年 ATSR 是第一個能進行雙角度觀測的傳感器。利用多角度數據反演組分溫度，需要對地表、大氣以及傳感器三個實體的熱輻射傳輸進行反演。陳良富和徐希孺對該方法進行了較多的研究。

5. 單窗算法

只用一個熱紅外波段來獲取溫度，這種算法要求獲取在水平和垂直方向上的溫度、水汽含量等一系列參數。

此外舉例覃志豪的單窗算法來說明：

為避免輻射傳輸方程對大氣輪廓線數據的依賴性，覃志豪等根據地表熱輻射傳輸方程推導出地表溫度反演的單窗算法，建立了一種利用 TM 第六波段反演地表溫度的單窗算法，其表達式由以下三個方程決定，公式如下：

$$T_s = \frac{a_6(1 - C_6 - D_6) + [b6(1 - C_6 - D_6) + C_6 + D_6]T_6 - D_6 T_a}{C_6} \tag{11}$$

$$C_6 = \varepsilon_6 \tau_6 \tag{12}$$

$$D_6 = (1 - \tau_6)[1 + (1 - \varepsilon_6)\tau_6] \tag{13}$$

其中，T_s 表示反演的地表溫度，T_6 表示亮度溫度，T_a 是大氣平均作用溫度，a_6 和 b_6 是常數-67.355,351 和 0.458,606，ε 是地表輻射率，表示大氣透射率。該方法的介紹將在后面的反演過程中具體展開。

比較三種單窗算法，在參數都齊備的情況下，三種算法都能得到較準確的結果，其中輻射傳輸方程法結果最為準確。覃志豪和 Jiménez-Muñoz 等提出的算法都是對前者進行簡化從而避免了對大氣輪廓線的依賴性，所需參數容易獲得。覃志豪提出的方法

具體實現過程又充分考慮了多種地物地表比輻射率的影響，因此受到國內外學者的廣泛應用。研究中使用覃志豪的單窗算法來反演地表溫度。

二、實驗目的和要求

瞭解並掌握 ENVI 軟件對遙感反演的原理以及操作流程，對其能夠靈活運用；掌握 Arcmap 軟件的柵格數據的疊加分析及緩衝區生成；熟練應用 Google Earth 軟件。

利用 Landsat TM 數據，借助遙感和地理信息系統技術，提取地表溫度、不透水面及植被覆蓋度地表信息，分析城市密度、NDVI 和地表溫度的關係；再通過 Google Earth 得到研究區綠地信息，進行綠地對熱島的影響分析。

（一）利用 ENVI 軟件提取影像的不透水面和 NDVI 信息

實驗運用線性光譜分解模型提取不透水面和植被覆蓋圖，計算過程包括最小噪音分離變換（MNF）、純淨像元指數（PPI）計算、選取端元等步驟，選定了植被、高反照率地物和低反照率地物三個端元組分。

（二）將像元 DN 值算成地表的亮度溫度

實驗使用 TM 的第 6 波段（波長範圍 10.5μm～12.5μm）作為獲取地表熱場空間信息的信息源。對 TM 圖像，選取其熱紅外波段 6 作為反演波段。在將 DN 值轉化為相應的熱輻射強度值的過程中，NASA 提供了 Landsat 用戶手冊中的輻射校正公式。對於熱紅外波段，其定標系數均是給定的，公式如下：

$$T_6 = 1,260.56/ln[1 + 607.76/(1.237,8 + 0.055,158DN_{TM6})] \quad (14)$$

$$T_{61} = 1,282.71/ln[1 + 666.09/0.066,823,5DN_{TM6}] \quad (15)$$

其中 T_6 和 T_{61} 分別表示 TM 和 ETM+的光譜輻射亮度，單位是 W/（m². ster. μm），DN 是圖像的灰度值。

（三）將亮度溫度換算成地表真實溫度

亮度溫度表達的是大氣層外表面的溫度情況。要想獲得地表的真實溫度，必須對亮度溫度進行大氣校正和地表比輻射率的校正。根據覃志豪的溫度反演方法，我們可以對亮度溫度進行轉換，得到我們需要的地表溫度。覃志豪等根據地表熱輻射傳輸方程推導出地表溫度反演的單窗算法，其表達式需要的參數具體有大氣平均作用溫度、地表輻射率和大氣透射率三個。

（四）獲取研究區綠地信息，並對所有數據處理分析

運用 Google Earth 獲取綠地信息，結合 Arcgis 軟件分析城市密度、NDVI 和地表溫度的關係，並分析綠地對熱島的影像。

文件以 Img 格式提供，存放於本書數字資源包（…\ex19\shapingba.img）。

三、實驗步驟

研究區影像如圖 19-1 所示。

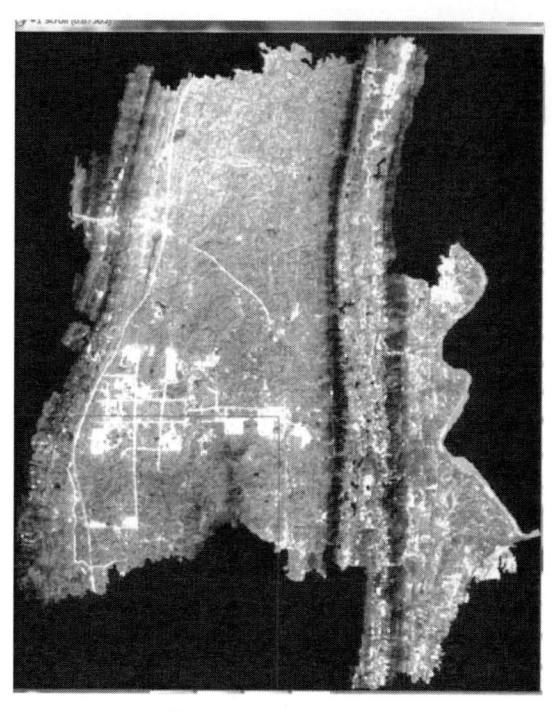

圖 19-1　研究區影像圖

（一）城市密度提取

　　1. 最低噪音分數變換

　　最低噪聲分數變換（Minimun Noise Fraction，MNF）被用於判定圖像數據內在的維數，隔離數據中的噪聲，確定數據內在的維數，減少隨后處理計算的需求。其本質上是兩次層疊的主成分變換。第一次變換分離和重新調節數據中的噪聲，產生的變換數據中噪聲有單位變化，沒有波段和波段間的相關。第二步是一次噪聲白化數據的標準主成分變換。MNF 變換是目前廣泛使用的空間轉換方法，包括正向變換和反向變換，下面詳細介紹具體操作過程：

　　（1）MNF 變換之前先進行波段組合

　　將 TM 數據的 1、2、3、4、5 和 7 波段進行波段組合。在 ENVI 菜單中，選擇 File→Save File As→ENVI Standard→Import File 出現 Create New File Input File 窗口（見圖 19-2）。選擇 Spectral Subset，出現 File Spectral Subset 界面，選擇 1、2、3、4、5 和 7 波段（見圖 19-3），點擊 OK，再次進入 Create New File Input File 界面，點擊 OK 按鈕，輸出路徑及保存名為 1-5.7TM.img 文件。

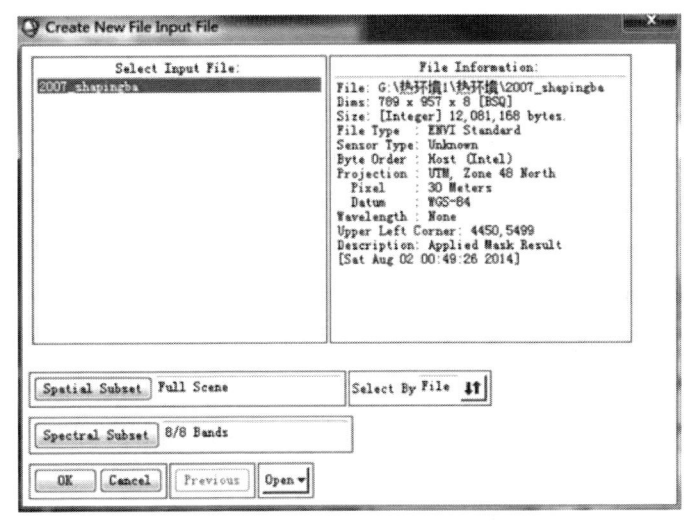

圖 19-2　Create New File Input File 對話框

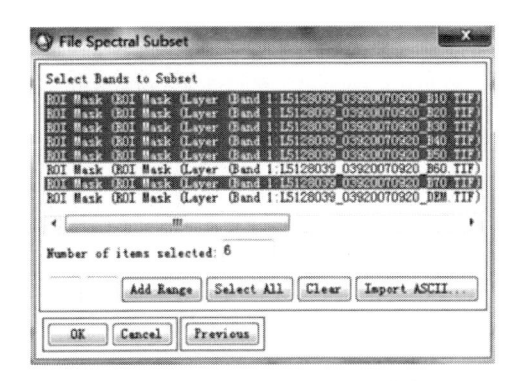

圖 19-3　File Spectural Subset 對話框

(2) 正向 MNF 變換

在 ENVI 主菜單中，選擇 Spectral→MNF Rotation→Forward MNF→Estimate Noise Statistics Form Data，出現 MNF Transform Input File 界面中選擇保存的 1-5.7TM.img 圖像文件，點擊 OK，出現 Forward MNF Transform Parameters 對話框（見圖 19-4），在 Out Noise Stats Filename ［.sta］中選擇輸出路徑及文件名為 Noise.sta 的文件，在 Out MNF Stats Filename ［.sta］中選擇輸出路徑及文件名 MNF.sta，在 Enter Output Filename 中選擇輸出路徑及文件名 MNF1.img，點擊 OK 按鈕即可（見圖 19-5 和圖 19-6）。

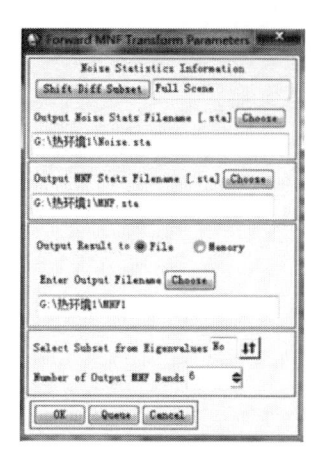

圖 19-4　Forward MNF Transform Parameters 對話框

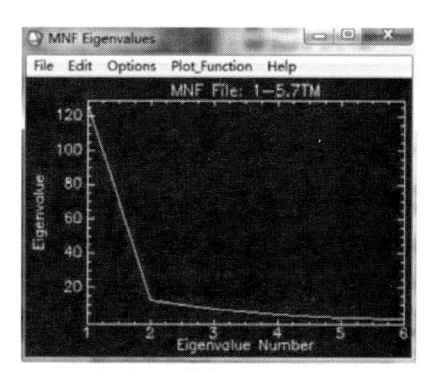

圖 19-5　MNF Eigenvalues 界面

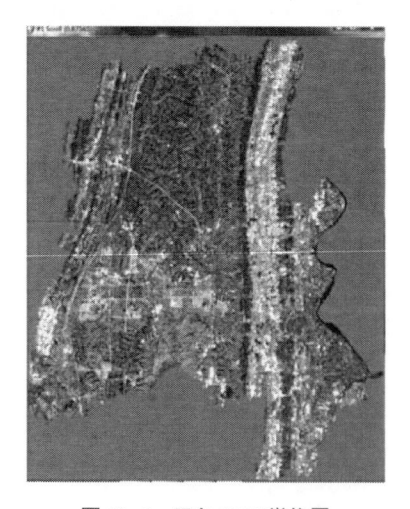

圖 19-6　正向 MNF 變換圖

（3）逆向 MNF 變換

在 ENVI 主菜單中，選擇 Spectral→MNF Rotation→Inverse MNF Transform，在出現的 Inverse MNF Transform Input File 界面中選擇保存的 MNF1.img 圖像文件，點擊 OK，出現 Enter Forward MNF Stats Filename 選擇文件窗口（見圖 19-7），選擇保存的 MNF.sta 文件，點擊 OK 按鈕。在 Inverse MNF Transform Parameters 對話框中，選擇輸出文件保存路徑及文件名為 MNF12.img 的文件（見圖 19-8），點擊 OK 按鈕即可（見圖 19-9）。

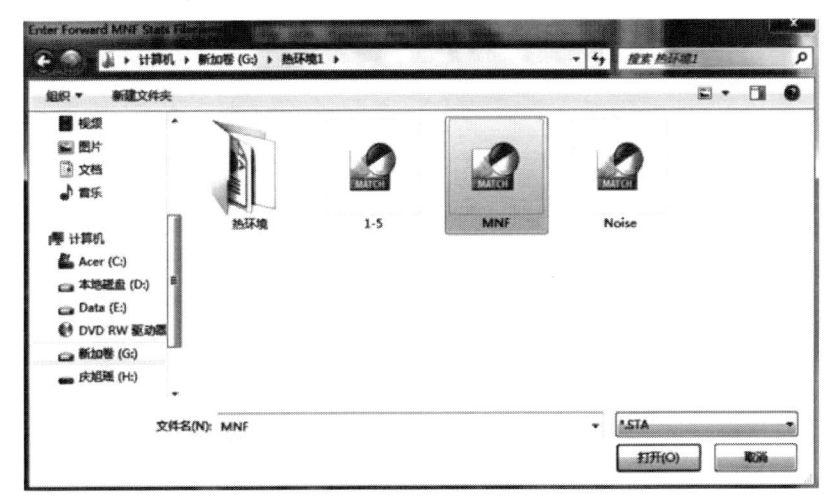

圖 19-7　Enter Forward MNF Stats Filename 選擇文件窗口

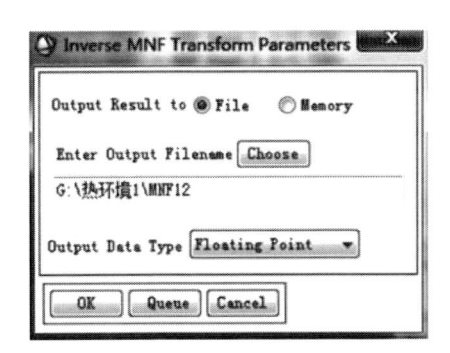

圖 19-8　Inverse MNF Transform Parameters 對話框

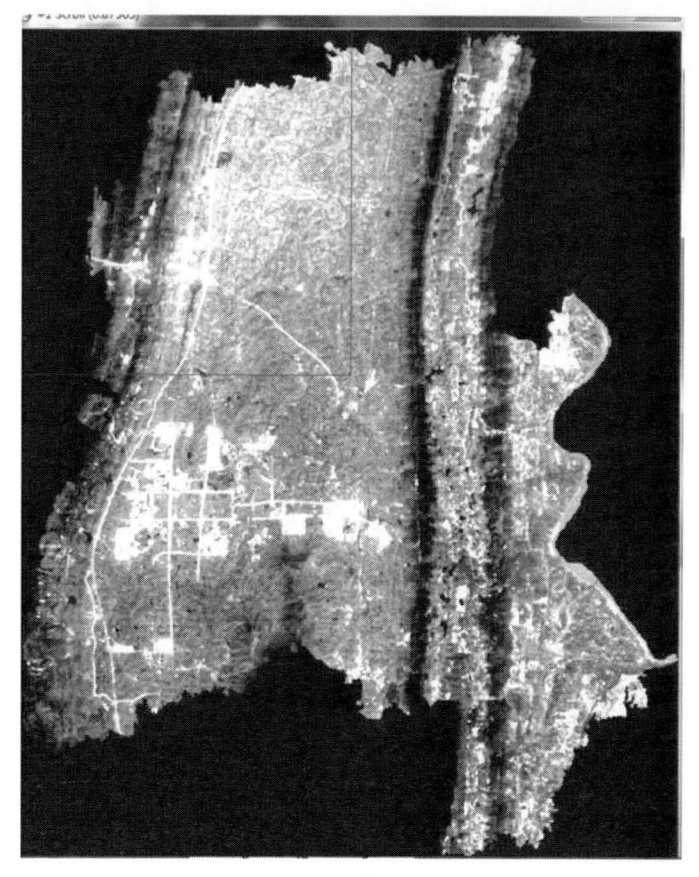

圖 19-9　逆向 MNF 變換圖

2. 純淨像元指數計算

　　純淨像元指數（Pure PixelIndex，PPI）可以在多波譜和高波譜圖像中對原始圖像進行一次篩選，尋找波譜最純像元。波譜純淨像元與混合的終端單元相對應。純淨像元指數通過迭代將 N 維散點圖影射為一個隨機單位向量來計算。每次影射的極值像元被記錄下來，並且每個像元被標記為極值的總次數也被記下來。一幅像元純度圖像被建立，在這幅圖像上，每個像元的 DN 值與像元被標記為極值的次數相對應。像元值為零的像元表明影像中該像元不是純淨像元，像元值越高表示像元被標記為純淨像元的次數越多，像元越純淨。經過 PPI 轉換，可以利用 PPI 圖像設定閾值範圍篩選純淨像元進行散點圖分析，這樣在不影響端元的選擇的前提下，過濾掉了生成散點圖的不純淨像元，減少了生成散點圖的像元數。這樣不僅減少了運算量，也提高了端元選擇的精度。

　　在 ENVI 主菜單中，選擇 Spectral→Pixel Purity Index→［FAST］New Output Band，在出現的 Fast Pixel Purity Index Input File 對話框中，選擇 MNF12 文件，點擊 OK 按鈕，出現 Fast Pixel Purity Index Parameters 對話框（見圖 19-10），在 Number of Iterations 中

輸入1,000，在Thershold Factor中輸入2.5，在X Resize Factor中輸入1.0000，在Y Resize Factor中輸入1.0000，在Enter Output Filename中輸出路徑及文件名為PPI.img的文件，點擊OK按鈕即可。出現Fast Purity Index Calulation界面（見圖19-11）和Pixel Purity Index Plot界面（見圖19-12），再在Display窗口中顯示PPI結果（見圖19-13）。選擇Overlay→Region of Interest，在ROI Tool面板中，選擇Options→Band Threshold to ROI，選擇PPI圖像作為輸入波段，單擊OK，打開Band Threshold to ROI對話框（見圖19-14）。Min Thresh Value：10，Max Thresh Value：空（PPI圖像最大值），其他默認設置，單擊OK計算感興趣區，得到的感興趣區顯示在Display窗口中（見圖19-15）。

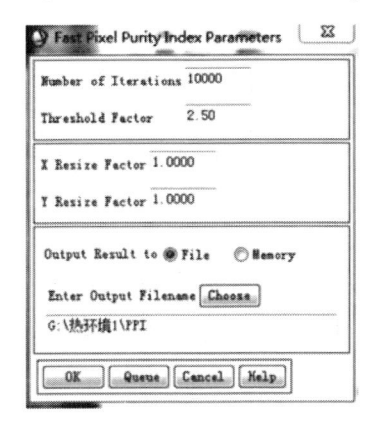

圖19-10　Fast Pixel Purity Index Input File對話框

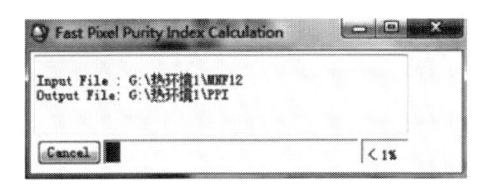

圖19-11　Fast Purity Index Calulation界面

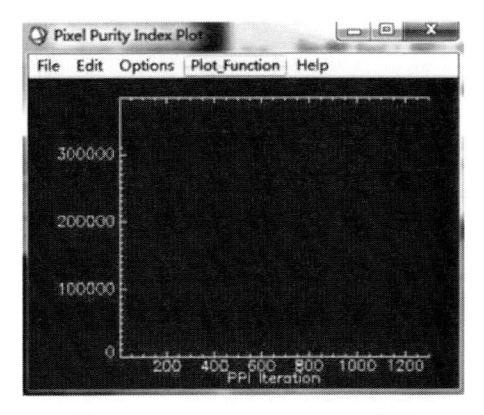

圖19-12　Pixel Purity Index Plot界面

圖 19-13　PPI 結果圖

圖 19-14　Band Threshold to ROI 對話框

圖 19-15　感興趣區顯示圖

3. n 維可視化（n-D Visualizer）選取端元

波譜可以被認為是 n 維散點圖中的點（其中 n 是波段數）。n 維空間中的點坐標由 n 個值組成，它們只是一個給定像元的每個波段中波譜輻射或反射值。這些點在 n 維空間中的分佈可以估計波譜的終端單元數以及它們的純波譜信號數。n 維觀察儀為 n 維可視化中選擇終端單元提供了一個交互式工具。n 維可視化用於連接 MNF 和要定位、識別的純淨像元指數，並收集數據集中最純的像元和極值波譜反應。在得到的 PPI 影像中通過設置閾值把用於選取端元的像元選擇出來，導入 n 維可視化中，在對話框中選擇 MNF 的前三波段，尋找散點圖中的拐角，再使用 ROI 工具，將包含拐角的像素繪製到感興趣區中。實驗操作三種端元類型，分別是植被、高反照率地物和低反照率地物。

（1）構建 n 維可視化窗口

在 ENVI 主菜單中，選擇 Spectral→n-Dimensional Visualizer→Visuzlize with New Data。在 n-Dimensiona Input File 對話框中，選擇 MNF 變換結果 MNF12 文件，點擊 OK

按鈕。出現 n-D Visualizer 界面（見圖 19-16）和 n-D Controls 界面（見圖 19-17），在 n-D Controls 界面中，選擇 1、2、3 波段，構建 3 維的散點圖。

圖 19-16　n-D Visualizer 界面

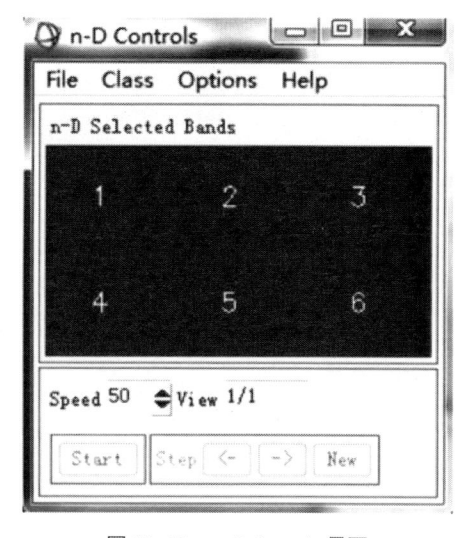

圖 19-17　n-D Controls 界面

（2）選取端元波譜

在 n-D Controls 面板中，單擊 Start 按鈕，在 n-D Visualizer 窗口中的點雲隨機旋轉，當在 n-D Visualizer 窗口中的點雲有部分聚集在一起時（見圖 19-18），單擊 Stop 按鈕。在 n-D Visualizer 窗口中，用鼠標左鍵勾畫「白點」集中區域，選擇的點被標示顏色。在 n-D Visualizer 窗口中，單擊右鍵選擇 Class→New 快捷菜單，重複選擇其他「白點」集中區域（見圖 19-19）。

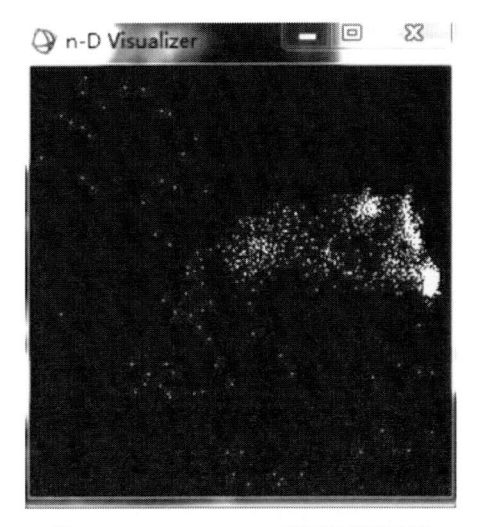

圖 19-18　n-D Visualizer 界面數據轉動圖

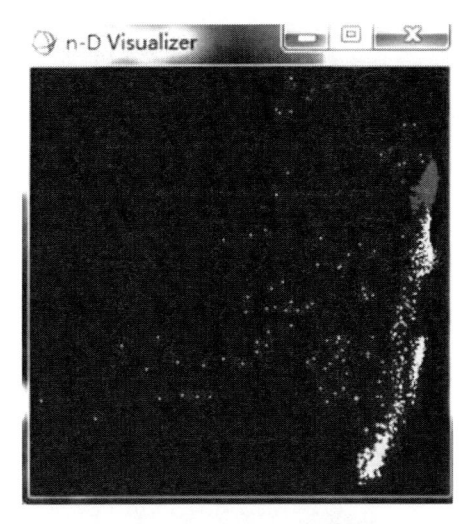

圖 19-19　n-D Visualizer 數據選取圖

（3）輸出端元波譜

在 n-D Controls 面板中，選擇 Options→Mean All，在 Input File Associated with n-D Scatter Plot 對話框中選擇原圖像（見圖 19-20），單擊 OK 按鈕。獲取的平均波譜曲線繪製在 n_D Mean 繪圖窗口中（見圖 19-21）。在 n_D Mean 繪圖窗口中，選擇 File→Save Plot As→ASCII，將端元波譜保存文本文件（見圖 19-22）。

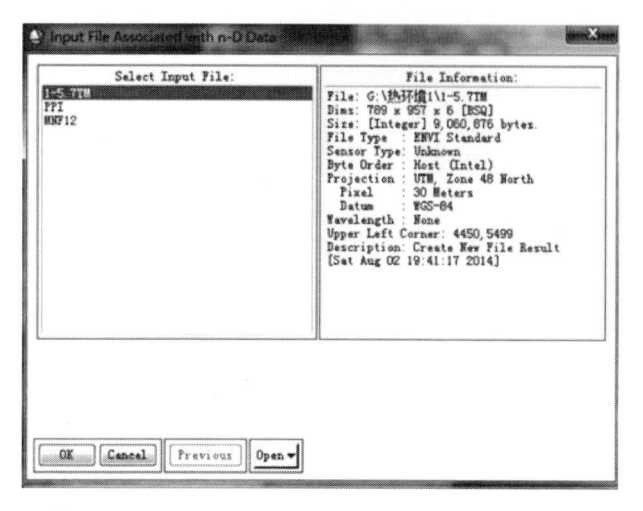

圖 19-20　Input File Associated with n-D Scatter Plot 對話框

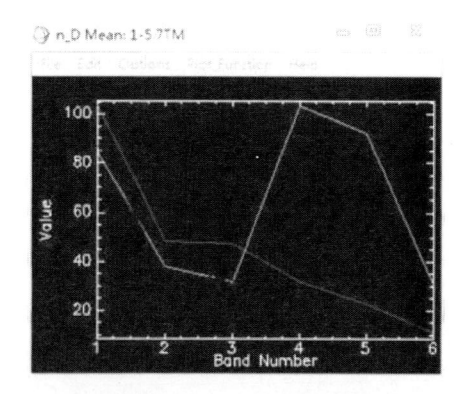

圖 19-21　n_ D Mean 窗口

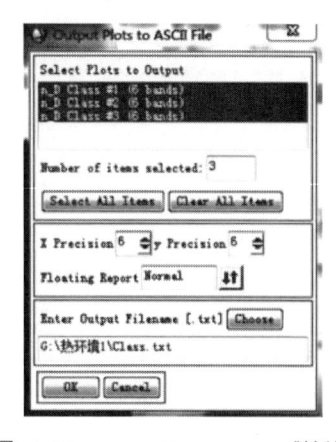

圖 19-22　Output Plots to Outout 對話框

4. 線性波譜分離

線性波譜分離根據地物的波譜特徵判定多波譜圖像中地物相對豐度，認為圖像中每個像元的反射系數是在這一像元點上每種地物的反射系數的線性組合。波譜分離的精度高度依賴於輸入的終端單元，且隨終端單元的改變而改變。

在 ENVI 主菜單中，選擇 Spectral→Mapping Methods→Linear Spectral Unmixing，在 Unmixing Input File 對話框中選擇 1-5.7TM.img 文件，點擊 OK 按鈕（見圖 19-23）。打開 Endmember Collection：Unmixing 對話框，選擇 Import→from ASCII file，選擇已保存的 class.txt 文件（見圖 19-24），打開 Input ASCII File 對話框，點擊 Select ALL Items，點擊 OK 按鈕。點擊 Select ALL，再點擊 Apply 按鈕，打開 Unmixing Parameters 對話框，輸出保存路徑及文件名 1-5.7TM_TM.img 的文件，點擊 OK 按鈕即可，查看結果（見圖 19-25、圖 19-26、圖 19-27 和圖 19-28）。

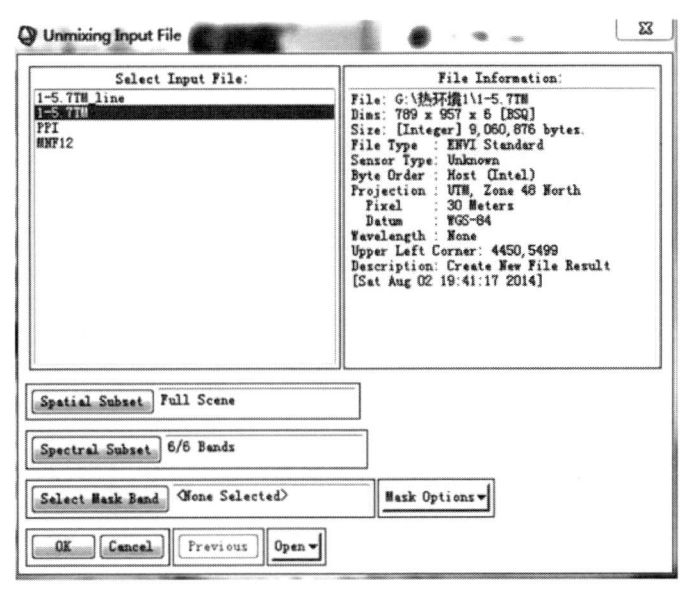

圖 19-23　Unmixing Input File 對話框

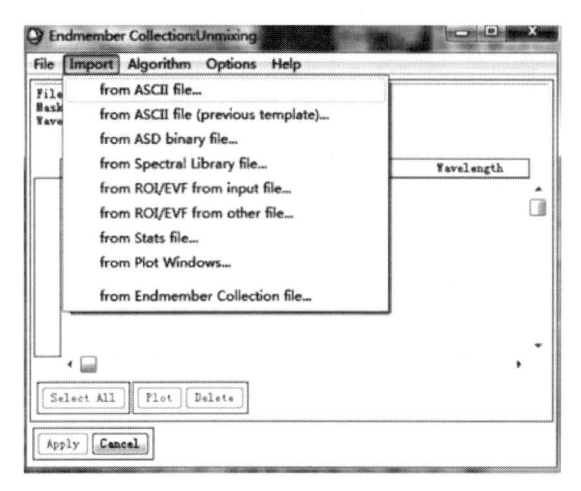

圖 19-24　Endmember Collection：Unmixing 菜單中 from ASCII file 工具

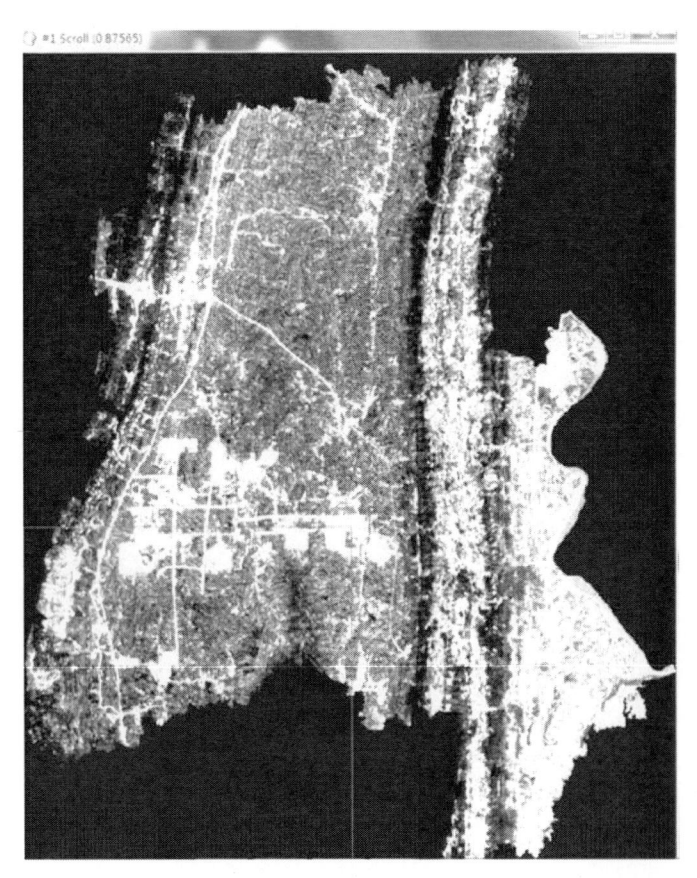

圖 19-25　反照地物蓋度圖

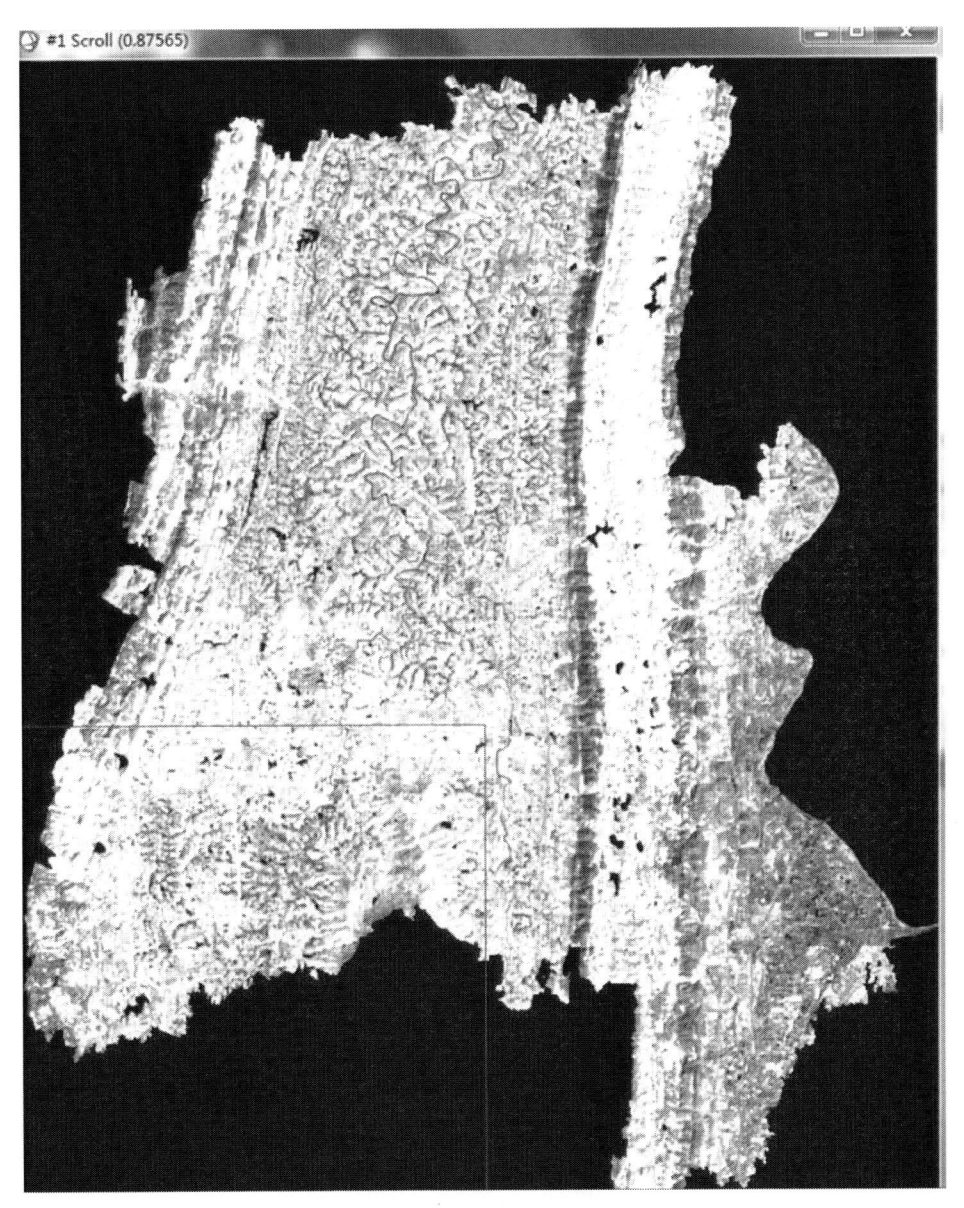

圖 19-26　低反照地物蓋度圖

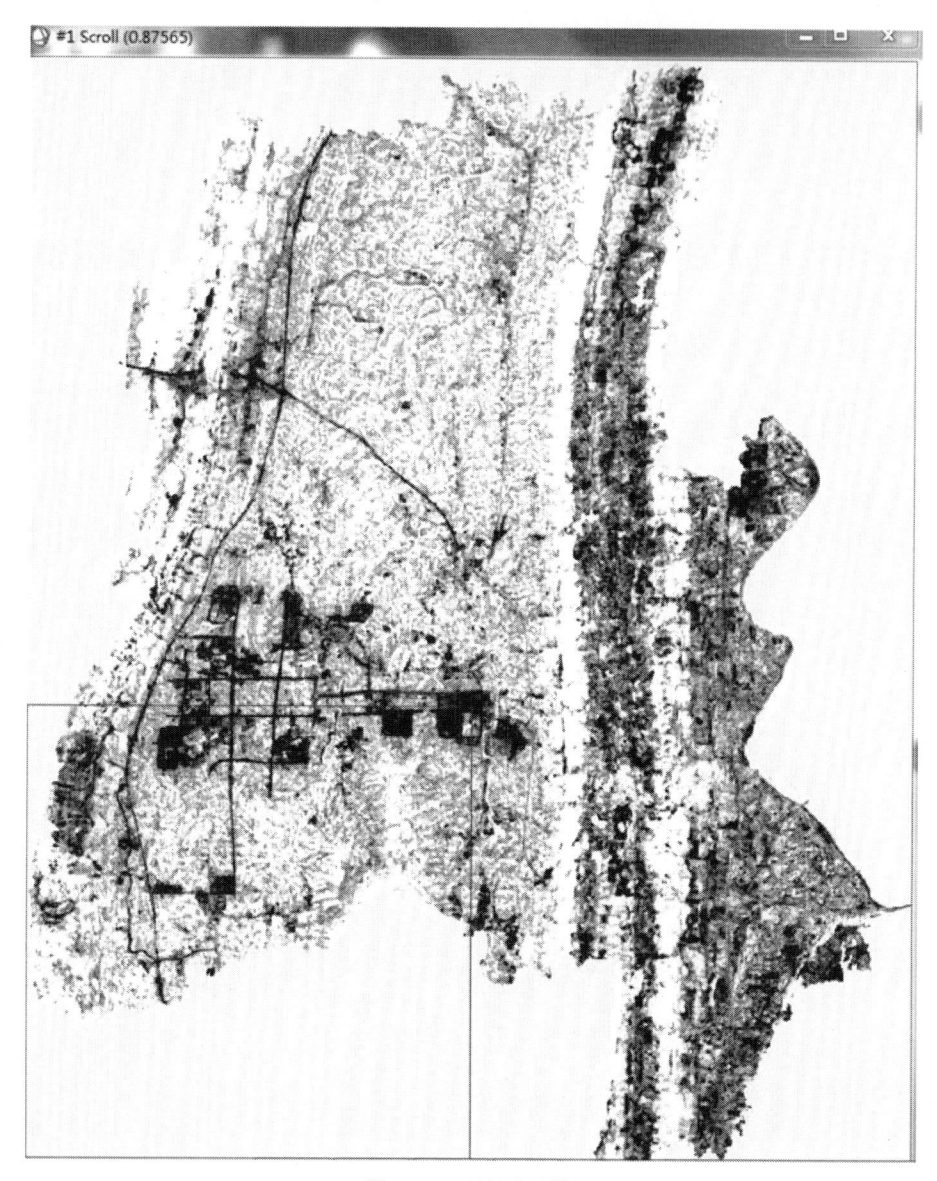

圖 19-27　植被蓋度圖

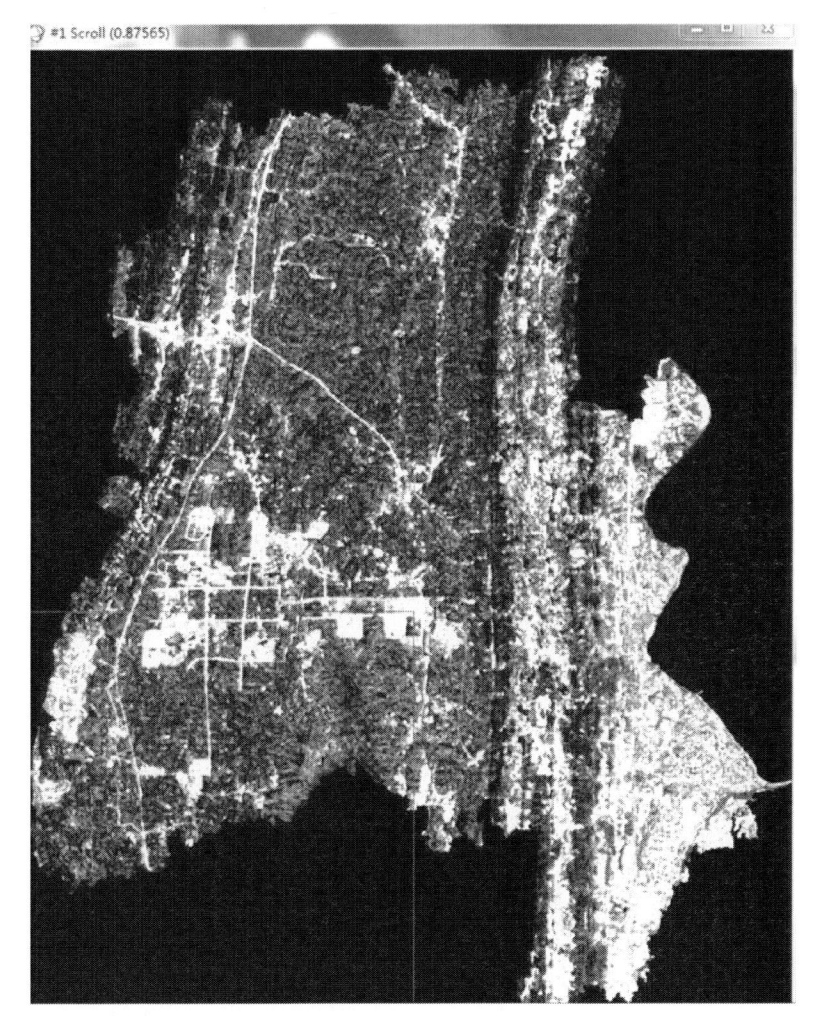

圖 19-28　均方根誤差圖

5. 計算不透水面率

不透水面可認為是高、低反照率之和。關於高反照率和低反照率的公式如下：

$$R_{imp,b} = f_{low}R_{low,b} + f_{high}R_{high,b} + e_b \tag{16}$$

$R_{imp,b}$ 是波段 b 中不透水面的反射率，f_{low} 和 f_{high} 分別是低反照率和高反照率地物的面積比例，$R_{low,b}$ 和 R_{high} 分別是低反照率和高反照率地物在 b 波段的反射率，e_b 是殘差。約束條件為 $f_{low}+f_{high}=1$，並且 $f_{low} \geq 0$，$f_{high} \geq 0$。

由於水體作為低反照率端元，所有在提取不透水面之前需要對水體進行掩膜。採用歸一化差異水體指數 MNDWI，公式如下：

$$MNDWI = (p_{green} - p_{mir})/(p_{green} + p_{mir}) \tag{17}$$

其中，p_{green} 和 p_{mir} 分別為綠光波段和中紅外波段的反射率。

在 ENVI 主菜單中，選擇 Basic Tools→Band Math，在打開的 Band Math 中輸入（b1-b2）/（b1+b2）即可（見圖 19-29），得到水體掩膜文件 1-5.7TM_ Mask。對高反射率與低反射率進行相加得到城市不透水率顯示圖（見圖 19-30）。

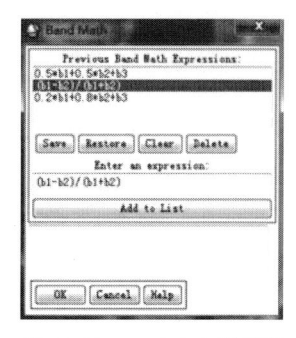

圖 19-29　Band Math 對話框

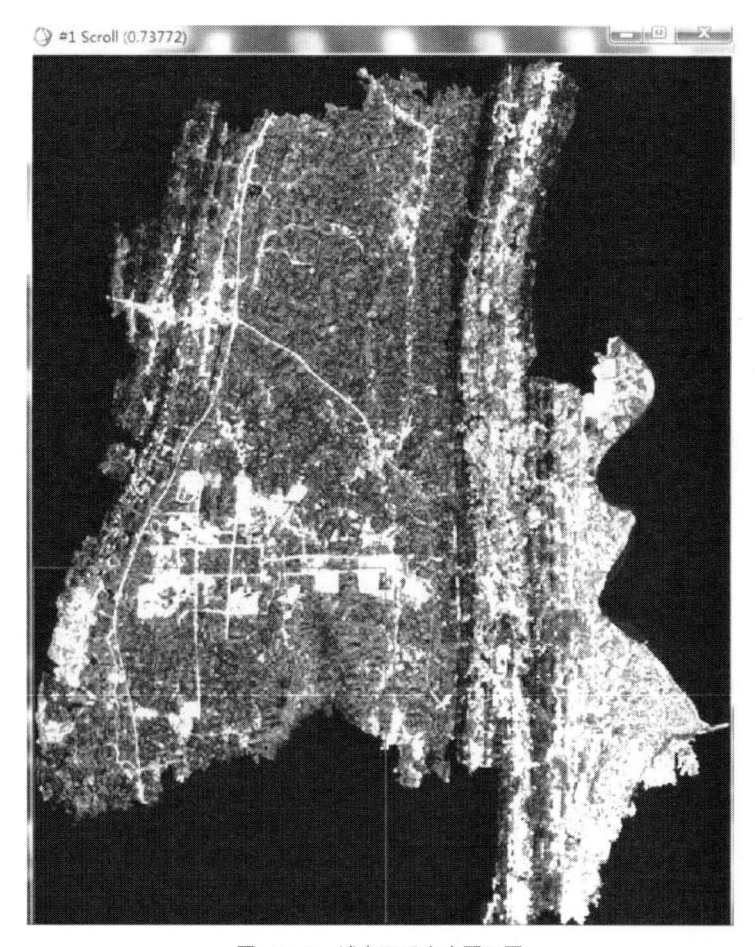

圖 19-30　城市不透水率顯示圖

6. 計算城市密度

將實驗區發展密度劃分為四個等級：不透水面率小於40%的為非城市地區，不透水面率在40%~60%的為低城市發展密度區，在60%~80%的為中城市發展密度區，大於80%的則為高城市發展密度區（見圖19-31）。選擇 Overlay→Density Slice，打開 Density Slice 對話框對城市不透水率影像進行類別劃分。

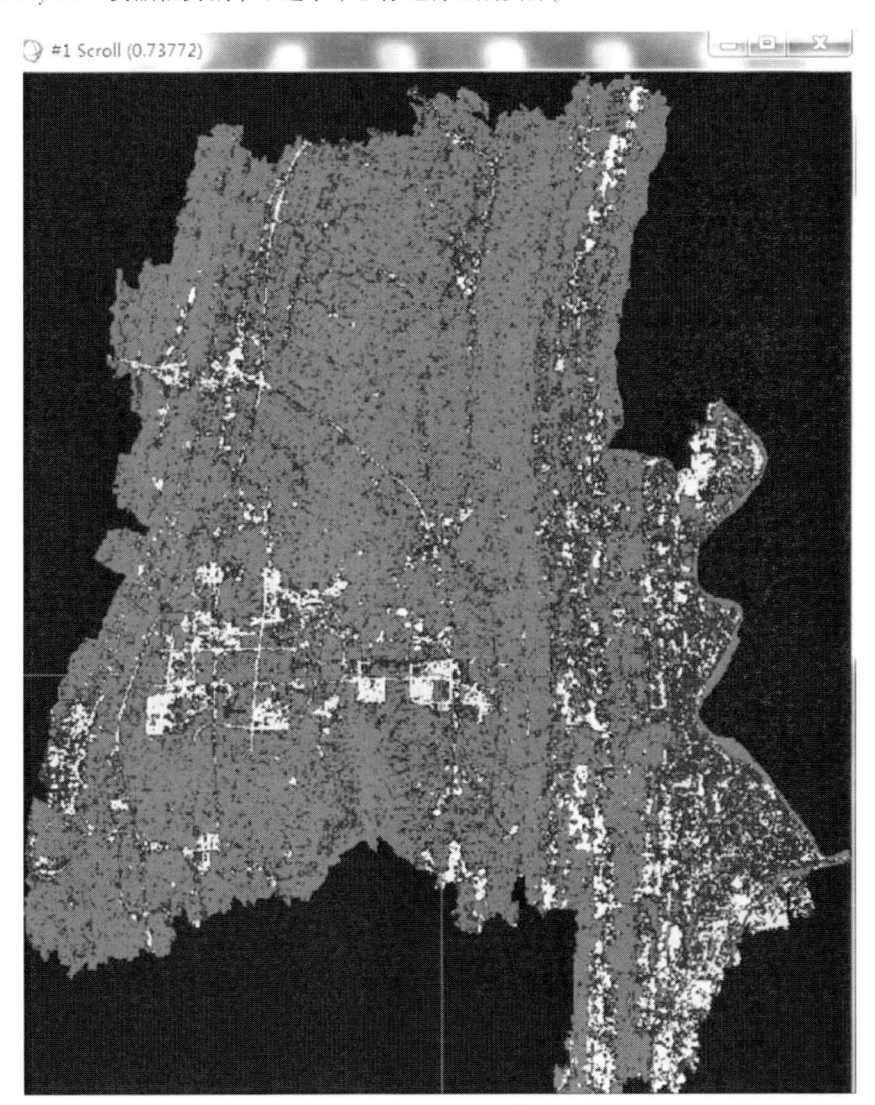

圖19-31　城市密度顯示圖

(二) 地表溫度的提取

實驗對於溫度的反演選用覃志豪的單窗口算法，反演的流程如圖19-32所示。

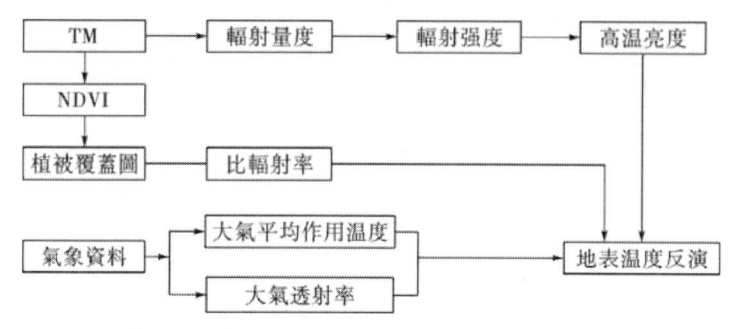

```
    ┌──────┐      ┌────────┐      ┌────────┐      ┌────────┐
    │  TM  │─────▶│ 輻射量度 │─────▶│ 輻射強度 │─────▶│ 高溫亮度 │
    └──┬───┘      └────────┘      └────────┘      └────┬───┘
       │                                                │
       ▼                                                │
    ┌──────┐                                            │
    │ NDVI │                                            │
    └──┬───┘                                            │
       ▼                                                │
    ┌────────┐    ┌────────┐                            │
    │植被覆蓋圖│───▶│ 比輻射率 │──────────────────────────┤
    └────────┘    └────────┘                            │
                                                        ▼
    ┌────────┐    ┌──────────────┐               ┌──────────┐
    │氣象資料 │───▶│大氣平均作用溫度│──────────────▶│地表溫度反演│
    └────┬───┘    └──────────────┘               └──────────┘
         │        ┌────────┐
         └───────▶│大氣透射率│
                  └────────┘
```

圖 19-32　基於 TM/ETM+ 的地表溫度反演技術流程圖

由於遙感衛星在接收地面熱紅外輻射過程中受到了來自大氣地表等諸多複雜因素的干擾，在進行地面真實溫度反演之前，首先要對圖像進行輻射校正和大氣影響校正。常用影像的像元值是經過量化的、無量綱的 DN 值。如果要進行遙感定量化分析，常用到輻射亮度值、反射率值、溫度值等物理量。傳感器定標就是獲得這些物理量的過程。

利用 TM 反演地表溫度要經過以下幾個步驟：

1. 計算 L6（L6 為遙感器接收的輻射強度）

在 ENVI 主菜單中，選擇 Basic Tools→Band Math，打開的 Band Math 在 Enter an expression 中輸入（15.303-1.238）*b1/255.0+1.238，點擊 Add to List。點擊 OK 按鈕（見圖 19-33）。在打開的 Variables to Bands Pairings 對話框中選擇，選中 b1 變量，在 Available Bands List 中選波段 6 影像 2007_ shapingba_ 6TM. img，在 Enter Output Filename 中輸入保存路徑及保存文件名 TM6_ L6. img，點擊 OK 按鈕（見圖 19-34），結果如圖 19-35 所示。

圖 19-33　Band Math 對話框

圖 19-34　Variables to Bands Pairings 對話框

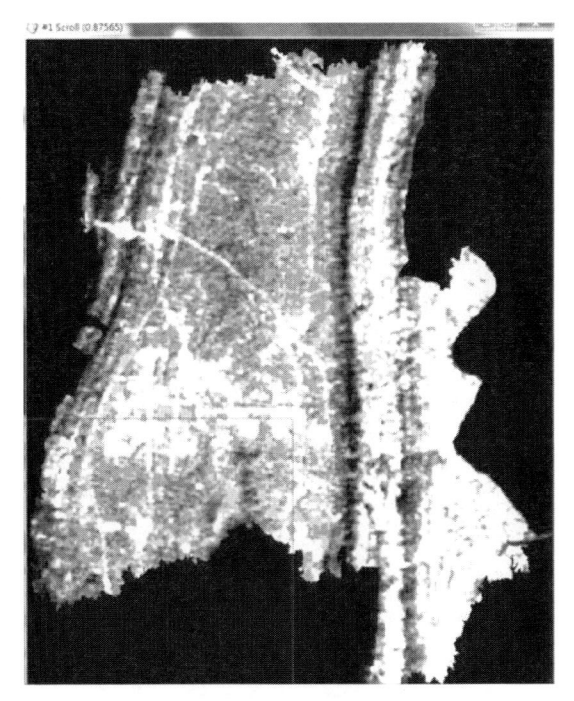

圖 19-35　L6 顯示圖

2. 計算 T6（T6 為像元亮度溫度）。

在 ENVI 主菜單中，選擇 Basic Tools→Band Math，出現 Band Math 對話框，在 Enter an expression 中輸入 1260.56/alog（1+607.76/b1），點擊 Add to List。點擊 OK 按鈕

265

（見圖 19-36）。在打開的 Variables to Bands Pairings 對話框中選中 b1 變量，在 Available Bands List 中選波段 6 影像 TM6_6TM.img，在 Enter Output Filename 中輸入保存路徑及文件名 TM6_L_T6.img，點擊 OK 按鈕（見圖 19-37），結果如圖 19-38 所示。

圖 19-36　Band Math 對話框

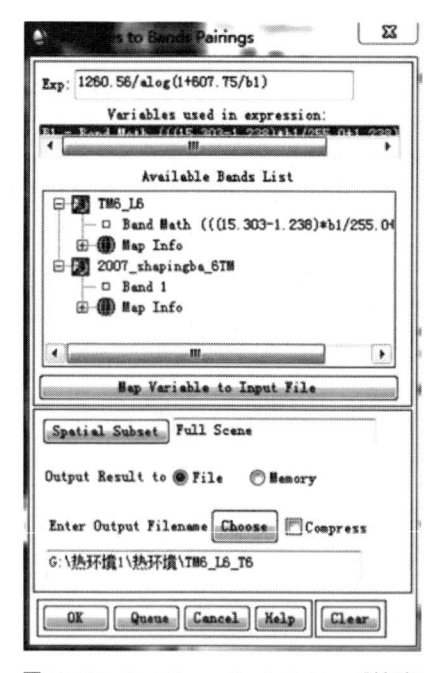

圖 19-37　Variables to Bands Pairings 對話框

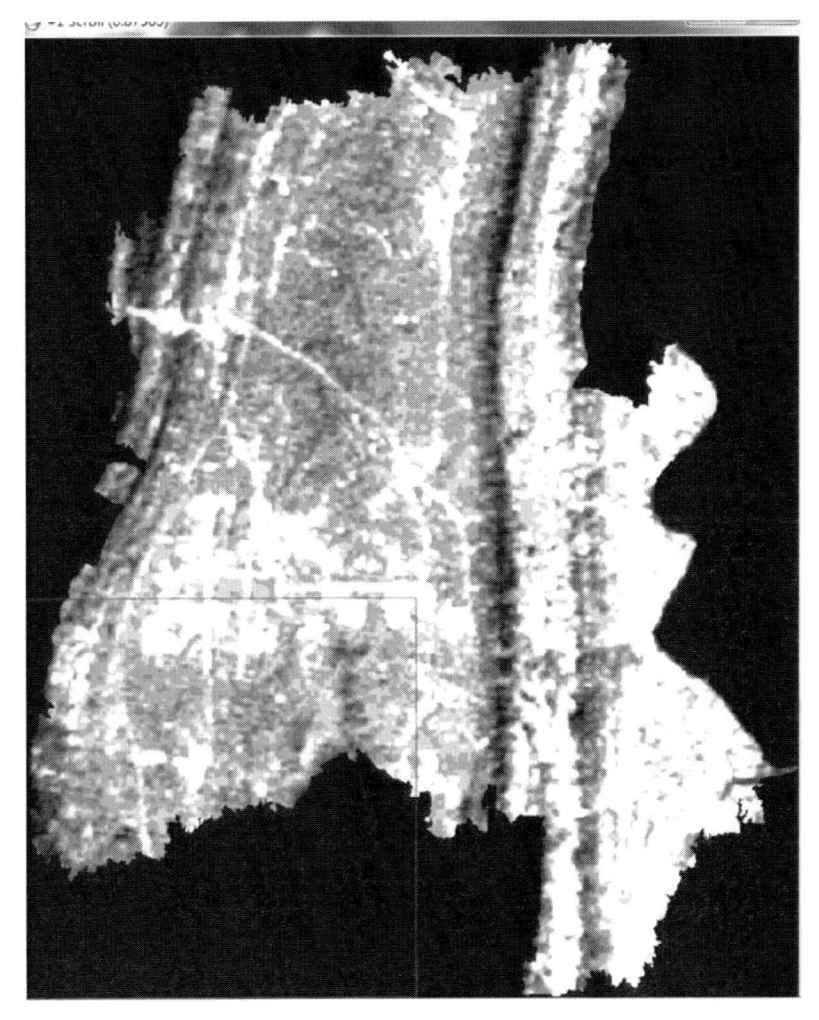

圖 19-38　T6 顯示圖

3. 計算 C6

（1）計算 Ta（Ta 為大氣平均作用溫度）

大氣平均作用溫度主要取決於氣溫分佈和大氣狀態。衛星過境時間較短，與其對應的即時大氣剖面數據和大氣狀態值難以獲取。通過分析標準大氣的水分含量和氣溫隨高程的變化規律，可以得出在標準大氣狀態下的大氣平均作用溫度與地面附近氣溫存在如下線性關係，對不同的地區，大氣平均作用溫度可以用下面各式獲取。其中 T_0 是當日氣象站數據資料獲取地面附近氣溫（一般的觀測數據是地面以上 2 米左右的高度）。重慶屬於中緯度地帶。

溫度換算：$T_0 = t + 273.15$

$T_a = 25.939,6 + 0.880,45 T_0$（美國 1976 平均大氣） (18)

$T_a = 17.976,9 + 0.917,15T_0$ （熱帶平均大氣） (19)

$T_a = 16.011,0 + 0.926,21T_0$ （中緯度夏季平均大氣） (20)

$T_a = 19.270,4 + 0.911,18T_0$ （中緯度冬季平均大氣） (21)

本圖為 9 月份拍攝，選取對於中緯度夏季平均大氣 $T_a = 16.011,0 + 0.926,21$，$T_0$ 取重慶市平均氣溫 25 攝氏度時 $T_a = 292.157,53$。

（2）計算 t_6（t_6 為大氣透射率）

大氣透射率可以根據大氣總水分含量來決定。當水分含量在 $0.4 \sim 3.0 \text{g/cm}^2$ 區間變動時，大氣透射率的估算方程可以通過表 19-1 的估計方程進行簡單推算。

表 19-1　　　　　　　　　　大氣透射率估算方程

剖面	水汽含量（g/cm²）	大氣透射率估算方程
高溫剖面	0.4~1.6	$t_6 = 0.974,290 - 0.080,07w$
	1.6~4.0	$t_6 = 1.031,412 - 0.115,36w$
低溫剖面	0.4~1.6	$t_6 = 0.982,007 - 0.096,11w$
	1.6~4.0	$t_6 = 1.053,710 - 0.141,42w$

大氣透射率的變化主要取決於大氣水分含量的動態變化，當研究範圍較小時，可以根據衛星過境時天氣狀況估計大氣水分含量。大氣的水分集中在對流層，對流層空氣柱中水汽總量也稱為可降水量，可降水量與地面水汽壓存在如下線性關係：

$w = 1.74e$ (22)

公式中 W 為大氣降水量，e 為地面水汽壓力，其中水汽壓值可以通過地面實測數據獲取。

這裡，取 $w = 2.0$，計算得到 $t_6 = 0.800,692$

（3）計算 e_6（e_6 為比輻射率）

研究區為重慶，地表類型主要是由各種建築物表面和分佈其中的綠化植被所組成，一般來說，城鎮像元的地表比輻射率也可類似地用公式（22）確定。

$e_6 = P_v R_v \varepsilon_v + (1-P_v) R_m \varepsilon_m + d\varepsilon$ (23)

式中，R_m 是建築表面的溫度比率；ε_m 是典型建築表面的比輻射率，$\varepsilon_m = 0.970$；ε_v 是典型植被的比輻射，$\varepsilon_v = 0.98$；P_v 是植被覆蓋圖。公式中的 P_v 和 d_ε 計算公式如下：

$P_v = (NDVI - NDVIs) / (NDVIv - NDVIs)$ (24)

式中，NDVIv 和 NDVIs 分別是圖像上的植被和裸土的 NDVI 的均值。

$NDVI = (B4-B3) / (B4+B3)$ (25)

式中，B4、B3 分別是 TM/ETM+ 的 4 和 3 波段的反射率。

NDVI 的值越大，地表越接近於植被葉冠完全覆蓋；NDVI 值越小，越接近於完全裸土；而 NDVI 介於植被與裸土之間時，表明有一定比例的植被葉冠覆蓋和一定比例的裸土交混現象。可以通過以下三個公式確定各像元的植被覆蓋度，即植被構成比例。

$d\varepsilon = 0.003,8P_v$　　$(P_v < 0.5)$ (26)

$d\varepsilon = 0.003, 8\ (1-P_v)\quad (P_v>0.5)$ \hfill (27)

$d\varepsilon = 0.001, 9\ (P_v = 0.5)$ \hfill (28)

根據這一變化，用如下公式估計植被、裸土和建築表面的溫度比率：

$R_v = 0.933, 2+0.058, 5P_v$ \hfill (29)

$P_s = 0.990, 2+0.106, 8P_v$ \hfill (30)

$P_m = 0.988, 6+0.128, 7P_v$ \hfill (31)

①計算 NDVI

在 ENVI 主菜單中，選擇 Basic Tools→Transform→NDVI（見圖 19-39），在打開的 NDVI Calculation Input File 對話框中選擇原始影像圖 2007_shapingba.img（見圖 19-40），在打開的 NDVI Calculation Parameters 對話框中輸入保存路徑及保存文件名 2007_shapingba_NDVI.img（見圖 19-41），點擊 OK 按鈕，結果如圖 19-42 所示。

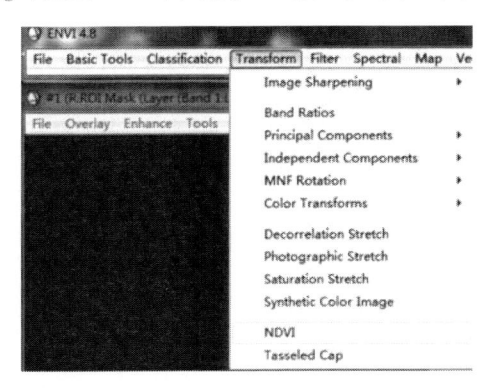

圖 19-39　ENVI 菜單中 NDVI 工具

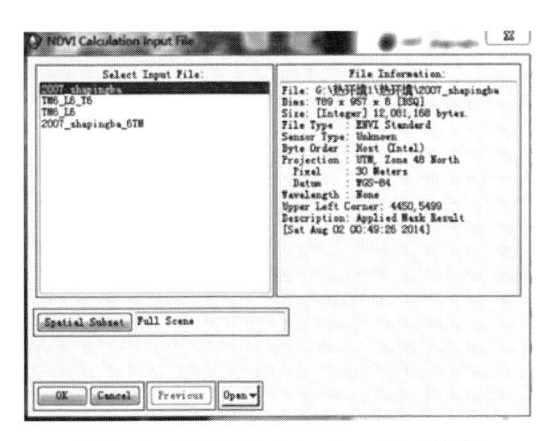

圖 19-40　NDVI Calculation Input File 對話框

圖 19-41　NDVI Calculation Parameters 對話框

圖 19-42　2007 年 NDVI 顯示圖

②NDVI 重採樣

在 ENVI 主菜單中，選擇 Basic Tools→ Resize Data（見圖 19-43），在打開的 Resize Data Input File 對話框中選擇 2007_ shapingba_ NDVI. img 文件（見圖 19-44），點擊 OK 按鈕，出現 Resize Data Parameters 對話框，在 xfac 和 yfzc 中均輸入 0.500000，按 Enter Output Filename 輸入保存路徑和保存文件名 2007_ shapingba_ NDVI_ Resize. img（見圖 19-45），點擊 OK 按鈕即可，查看結果（見圖 19-46）。

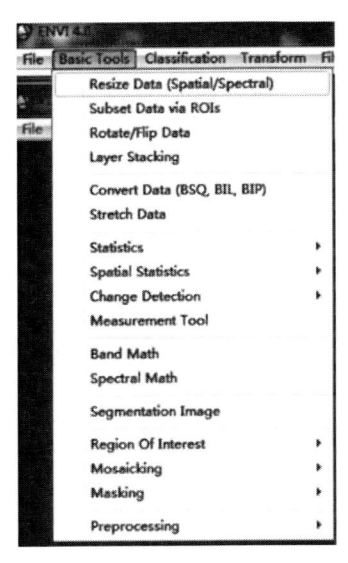

圖 19-43　ENVI 菜單中 Resize Data 工具

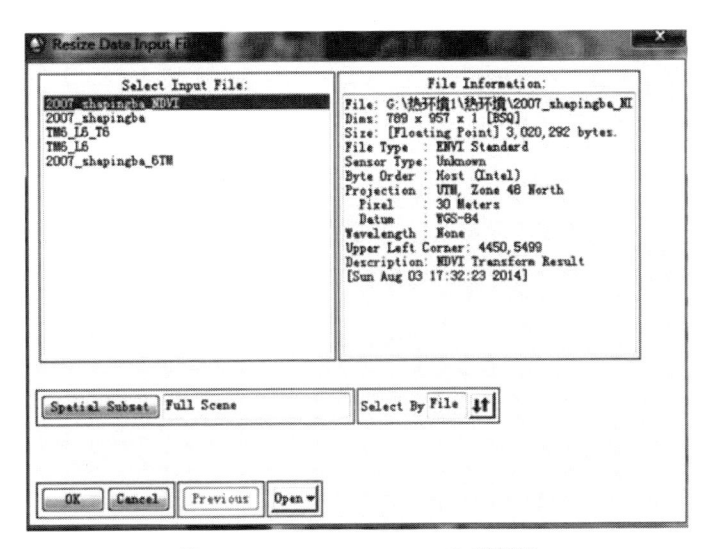

圖 19-44　Resize Data Input File 對話框

遙感與 GIS 應用實習教程

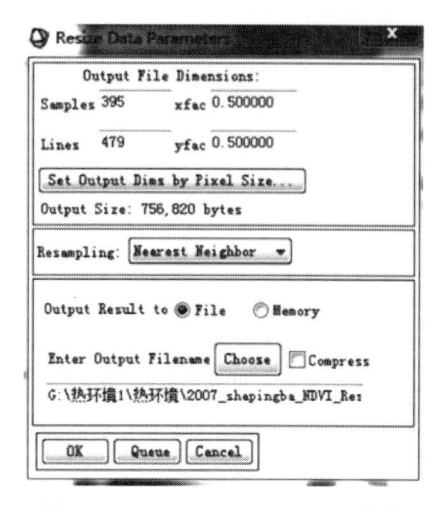

圖 19-45　Resize Data Parameters 對話框

圖 19-46　重採樣結果顯示圖

③植被覆蓋度計算

在 ENVI 主菜單中，選擇 Basic Tools→Band Math，打開 Band Math，在 Enter an expression 中輸入（b1 lt 0.0）＊0＋（b1 gt 0.7）＊1＋（b1 ge 0.0 and b1 le 0.7）＊（(b1-0.0) / (0.7-0.0)），點擊 Add to List。點擊 OK 按鈕（見圖 19-47）。在打開的 Variables to Bands Pairings 對話框中選中 b1 變量，在 Available Bands List 中選 2007_shapingba_NDVI_Resize.img 文件，在 Enter Output Filename 中輸入保存路徑及保存文件名 2007_shapingba_NDVI_Resize_vegetation.img，點擊 OK 按鈕（見圖 19-48），查看結果（見圖 19-49）。

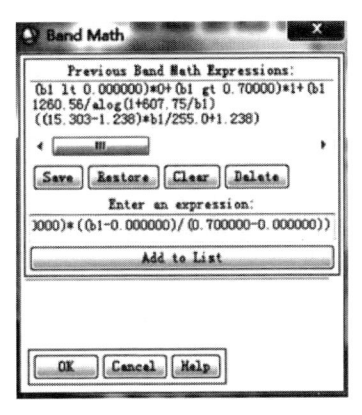

圖 19-47　Band Math 對話框

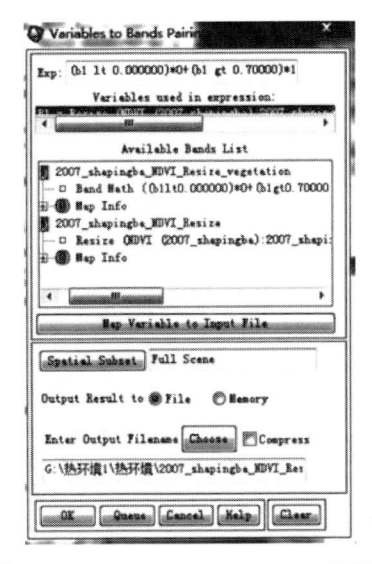

圖 19-48　Variables to Bands Pairings 對話框

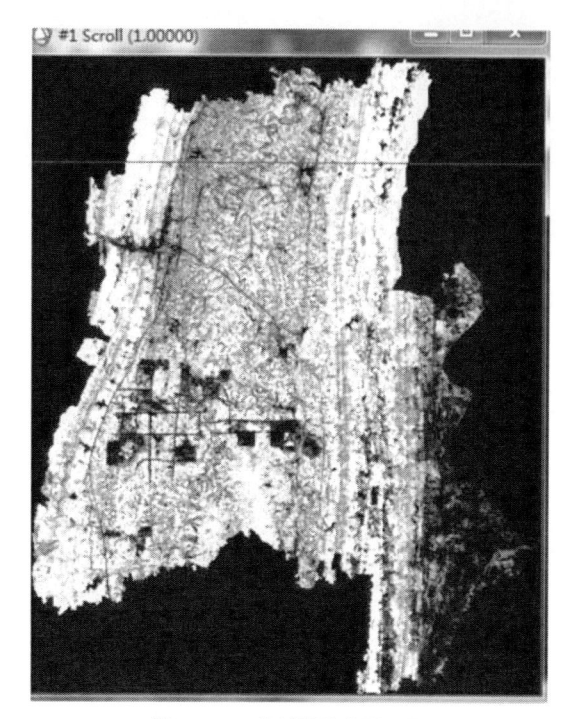

圖 19-49　植被覆蓋度顯示圖

④計算 e6

在 ENVI 主菜單中，選擇 Basic Tools→Band Math，打開 Band Math，在 Enter an expression 中輸入 b1＊（0.9332+0.0585＊b1）＊0.98+（1-b1）＊（0.9886+0.1287＊b1）＊0.970+0.0038＊b1，點擊 Add to List。點擊 OK 按鈕（見圖 19-50）。在打開的 Variables to Bands Pairings 對話框中選中 b1 變量，在 Available Bands List 中選 2007_shapingba_ NDVI_ Resize_ vegetation. img 文件，在 Enter Output Filename 中輸入保存路徑及保存文件名 e6. img，點擊 OK 按鈕（見圖 19-51），查看結果（見圖 19-52）。

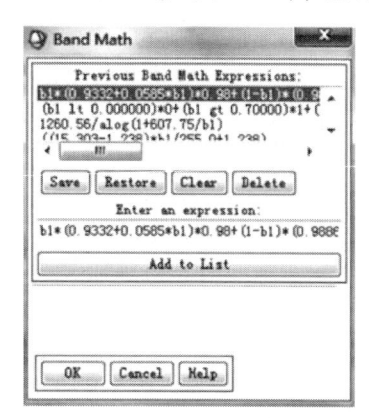

圖 19-50　Band Math 對話框

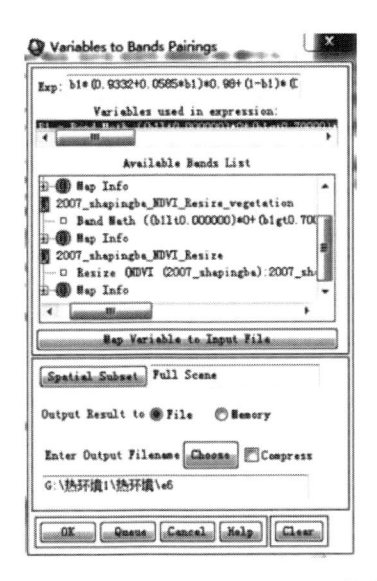

圖 19-51　Variables to Bands Pairings 對話框

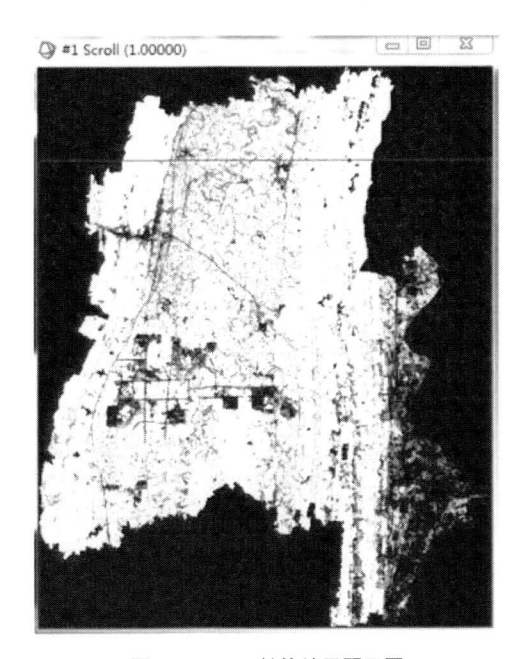

圖 19-52　e6 計算結果顯示圖

⑤計算 C6

在 ENVI 主菜單中，選擇 Basic Tools→Band Math，打開 Band Math，在 Enter an expression 中輸入 0.800692 * b1，點擊 Add to List。點擊 OK 按鈕（圖 19-53）。在打開的 Variables to Bands Pairings 對話框中選中 b1 變量，在 Available Bands List 中選 C6.img 文

件，在 Enter Output Filename 中輸入保存路徑及文件名 c6.img，點擊 OK 按鈕（見圖 19-54），查看結果（見圖 19-55）。

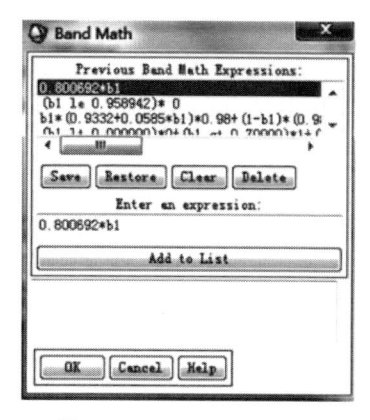

圖 19-53　Band Math 對話框

圖 19-54　Variables to Bands Pairings 對話框

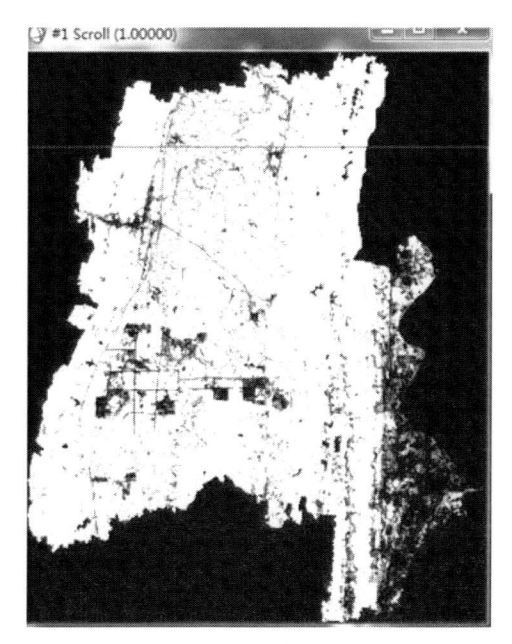

圖 19-55　C6 計算結果顯示圖

4. 計算 D6

在 ENVI 主菜單中，選擇 Basic Tools→Band Math，打開 Band Math，在 Enter an expression 中輸入 (1-0.800692) * (1+ (1-b1) *0.800692)，點擊 Add to List。點擊 OK 按鈕（見圖 19-56）。在打開的 Variables to Bands Pairings 對話框中選中 b1 變量，在 Available Bands List 中選 C6.img 文件，在 Enter Output Filename 中輸入保存路徑及保存文件名 D6.img，點擊 OK 按鈕（見圖 19-57），查看結果（見圖 19-58）。

圖 19-56　Band Math 對話框

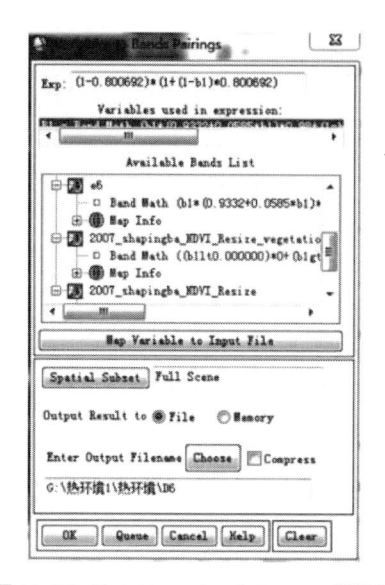

圖 19-57　Variables to Bands Pairings 對話框

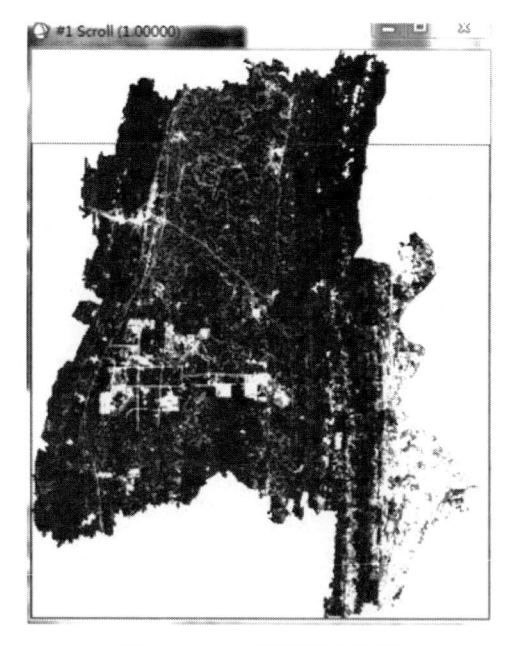

圖 19-58　D6 計算結果顯示圖

5. 計算 Ts

在 ENVI 主菜單中，選擇 Basic Tools→Band Math，打開 Band Math，在 Enter an expression 中輸入 -67.355351 * (1-b1-b2) + (0.458606 * (1-b1-b2) +b1+b2) * b3-b2 * 292.15753/b1-273.15，點擊 Add to List。點擊 OK 按鈕（見圖 19-59）。在打開的

Variables to Bands Pairings 對話框中選中 b1 變量，在 Available Bands List 中選擇 C6.img，選中 b2 變量，在 Available Bands List 中選擇 D6.img，選中 b3 變量，在 Available Bands List 中選擇 T6.img，在 Enter Output Filename 中輸入保存路徑及保存文件名 Ts.img，點擊 OK 按鈕（見圖 19-60），查看結果（見圖 19-61）。

圖 19-59　Band Math 對話框

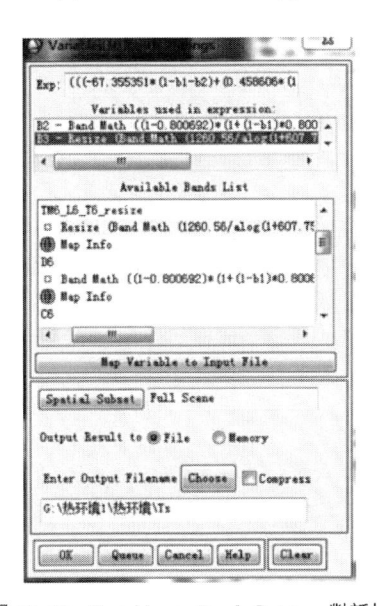

圖 19-60　Variables to Bands Pairings 對話框

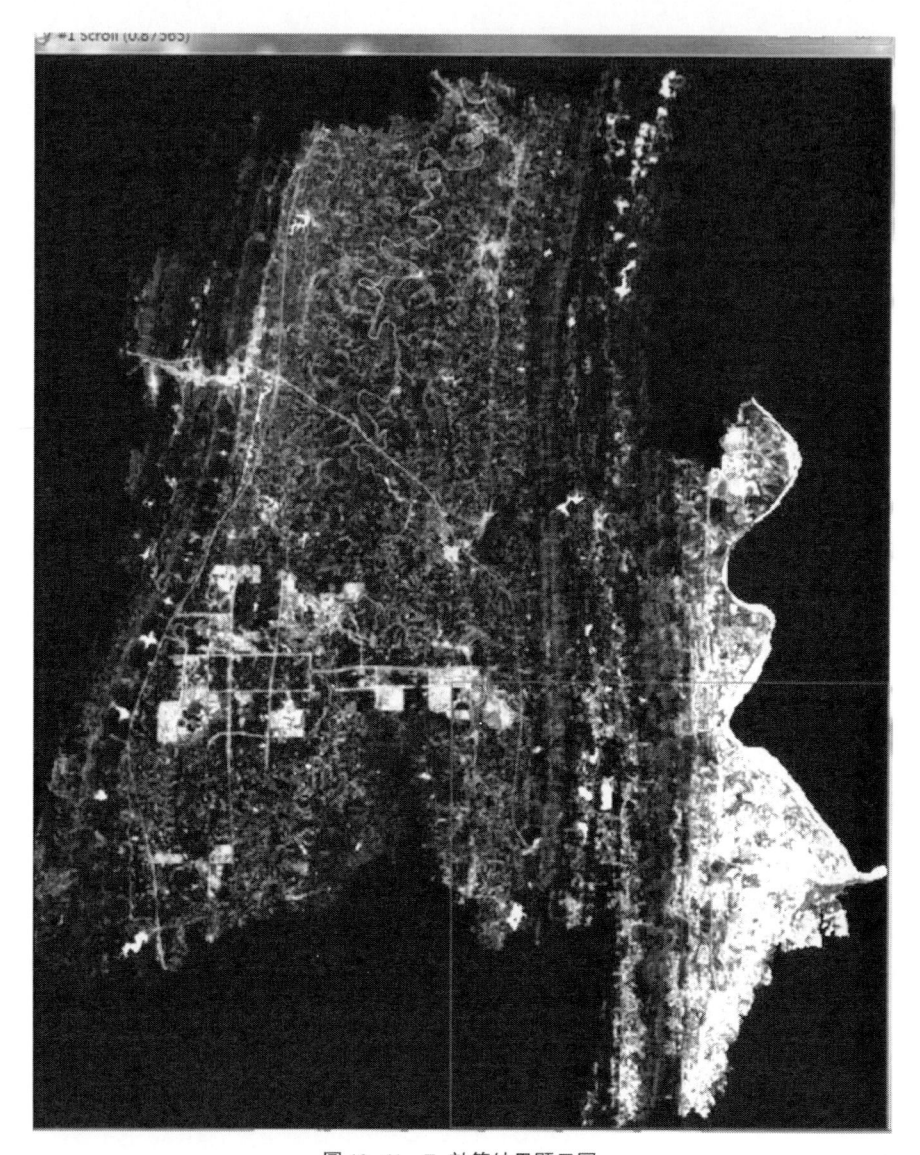

圖 19-61　Ts 計算結果顯示圖

(三) 城市綠地的提取

在 2007 年重慶 Google Earth 衛星影像圖上圈出每個調查樣地的區域範圍，並將衛星圖片導入 ArcGIS 10.2 軟件，提取各個樣地斑塊的面積和周長信息。

(1) 在 Arcmap 中打開沙坪壩區的矢量文件 Export_ Output（見圖 19-62），選擇 Arc-Toolbox→Conversion Tools→To KML→Layer To KML（見圖 19-63），出現 Layer To KML 對話框（見圖 19-64），在 Layet 中選擇 Export_ Output 文件，在 Outout File 中輸入保存途徑及文件名 shapingba. kmz，在 Layer Output Scale 中輸入 1，點擊 OK 按鈕即可。

圖 19-62　重慶市沙坪壩區矢量顯示圖

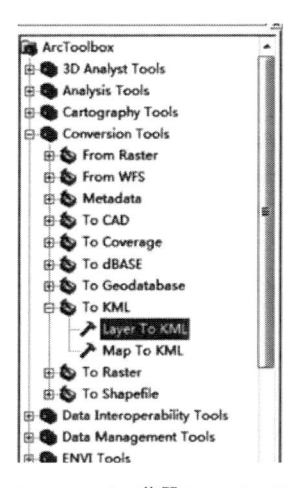

圖 19-63　ArcCatolog 菜單 Layer To KML 工具

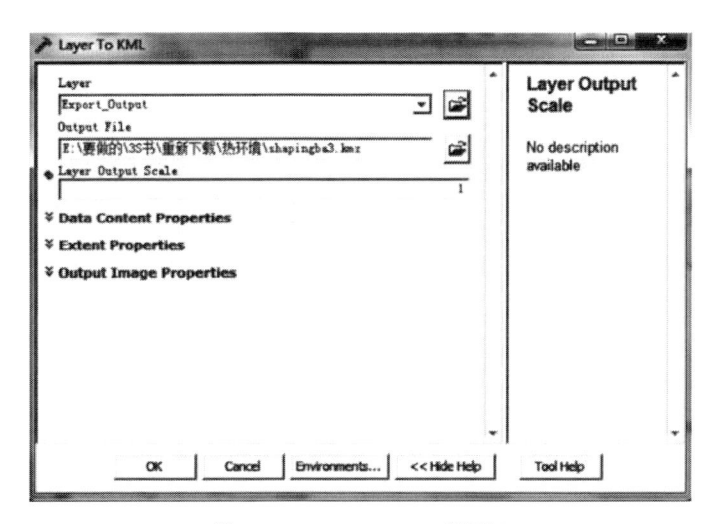

圖 19-64　Layer To KML 對話框

（2）打開 Google Earth 軟件，選擇文件→打開，在出現的對話框中選擇 shapingba.kmz 文件（見圖 19-65）。

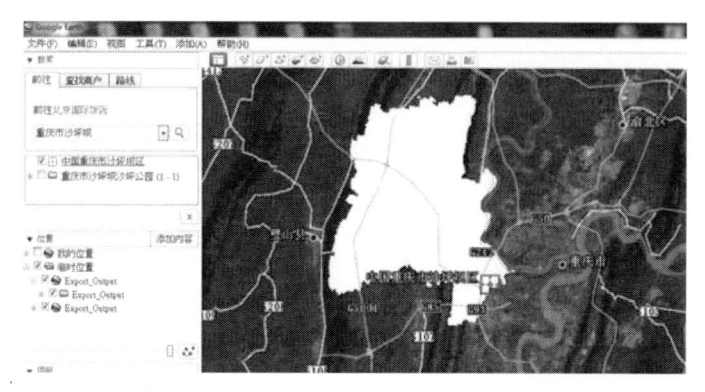

圖 19-65　沙坪壩區在 Google Earth 中的顯示圖

（3）在 Google Earth 中矢量化，新建多邊形（見圖 19-66），點擊按鈕後出現 Google Earth 編輯多邊形對話框（圖 19-67），在 Google Earth 中，當鼠標變成田字框時，按住鼠標左鍵不動，拖動確定研究區的形狀，完成後還可以用鼠標拖動邊界修改（見圖 19-68）。

圖 19-66　google earth 矢量化工具條

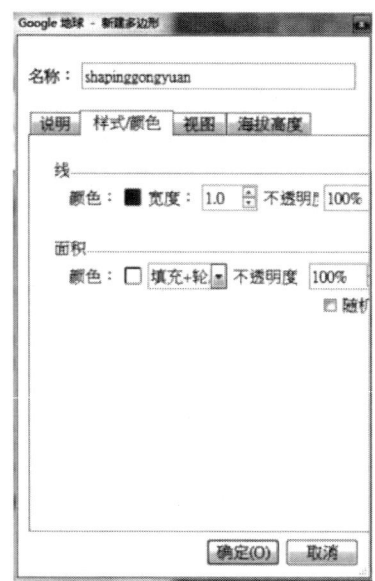

圖 19-67　新建多邊形對話框

圖 19-68　Google Earth 矢量結果圖

（4）保存 Google Earth 文件。右鍵點擊沙坪公園，點擊將位置另存為（見圖 19-69），在打開的保存文件對話框中選擇 KML 文件（見圖 19-70）。

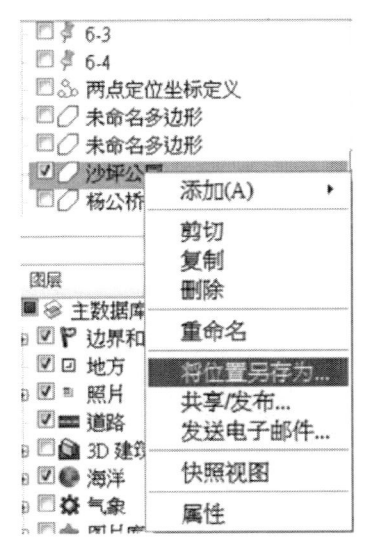

圖 19-69　Google Earth 菜單中矢量圖層保存工具

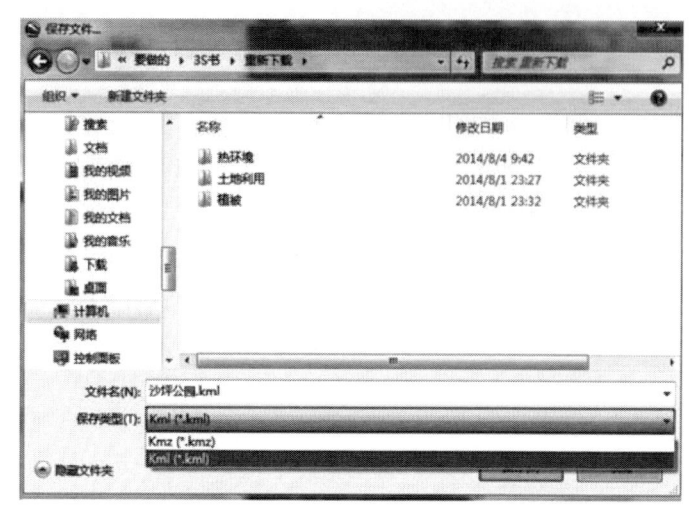

圖 19-70　保存文件對話框

（5）在 Arcmap 中打開 Google Earth 文件。打開 ArcToolbox→Data Interoperability Tools→Quick Import（見圖 19-71），雙擊 Quick Import 打開 Quick Import 對話框（見圖 19-72），點擊 Input Dataset 設置參數。打開 Specify Input Data Source 對話框（見圖 19-73），在 Fomat 中，選擇 Google Earth KML，在 Dateset 中輸入保存路徑，在 Coordinate System 中設置投影信息，點擊 OK 按鈕，導出的數據為 Geodatabase.gdb 格式，在 Arcmap 中加載即可（見圖 19-74）。

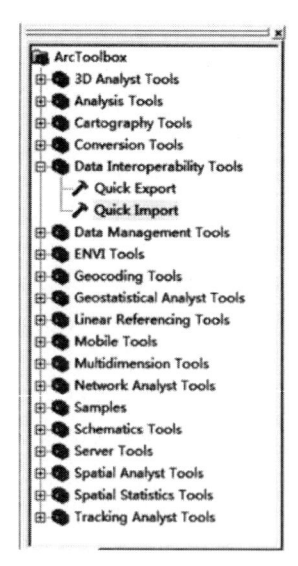

圖 19-71　ArcCatolog 菜單中 Quick Import 工具

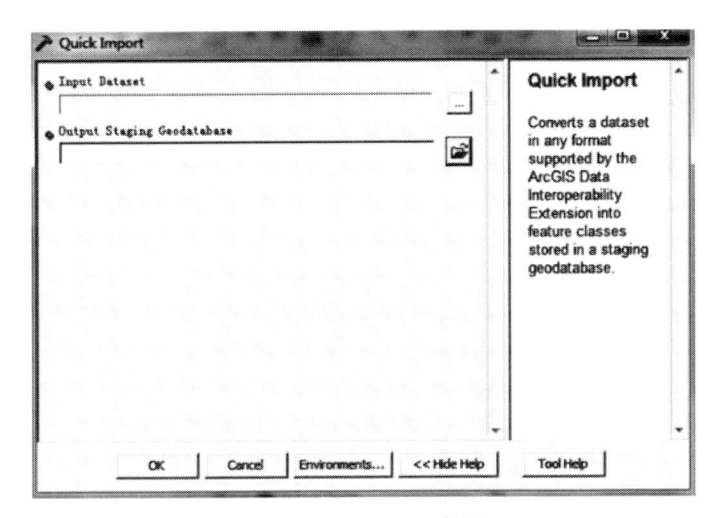

圖 19-72　Quick Input 對話框

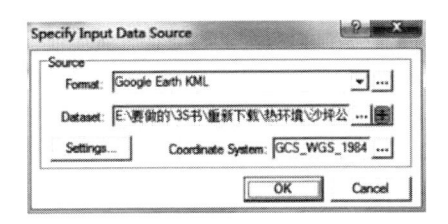

圖 19-73　Specify Input Data Source 對話框

圖 19-74　綠地添加后 Arcmap 中的顯示圖

（6）重複 3~5 操作。依次加載沙坪壩區三類共 7 塊綠地，分別為兩塊公園綠地：沙坪公園、平頂山公園；4 塊附屬綠地：蘭溪谷地、重慶師範大學、重慶大學 A 區、新

橋醫院；1塊立交綠地楊公橋立交（見圖9-75）。

圖 19-75 所有綠地添加后 Arcmap 中的顯示圖

（四）綠地對地表溫度的影響

1. 提取綠地緩衝區

在 Tools 菜單中，點擊 ⊢ 按鈕，打開 Buffer Wizard 對話框（見圖 19-76），在 The features of a layer 中選需要緩衝的文件，點擊「下一步」按鈕。在打開的 Buffer Wizard 對話框中，在 As multiple buffer rings 的 Number of 中輸入 5，在 Distance between 中輸入 60（見圖 19-77），即做 5 個以 60 米為單位的緩衝區。點擊「下一步」按鈕，打開緩衝的文件（見圖 19-78）。這樣，每個綠地的樣土上都形成了 5 個多邊形。

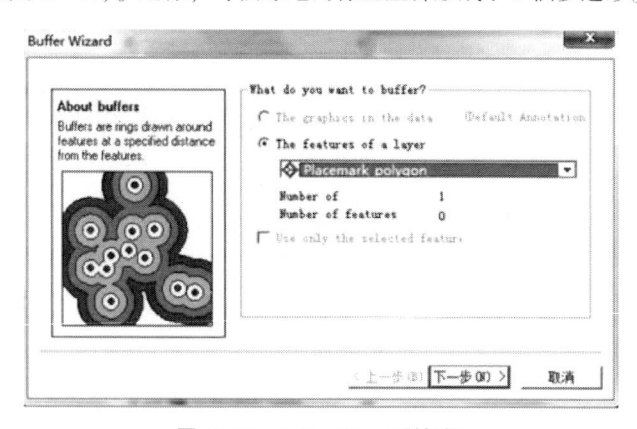

圖 19-76 Buffer Wizard 對話框

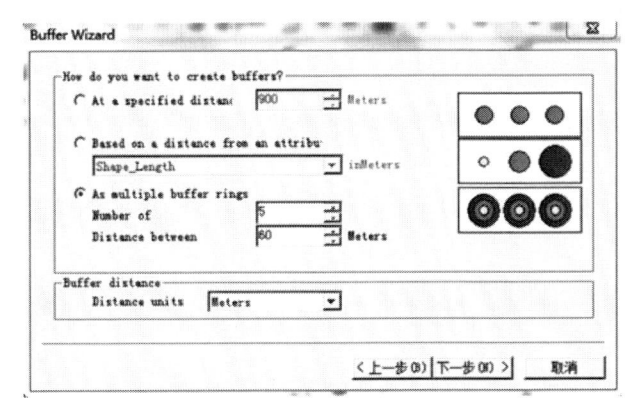

圖 19-77　Buffer Wizard 對話框

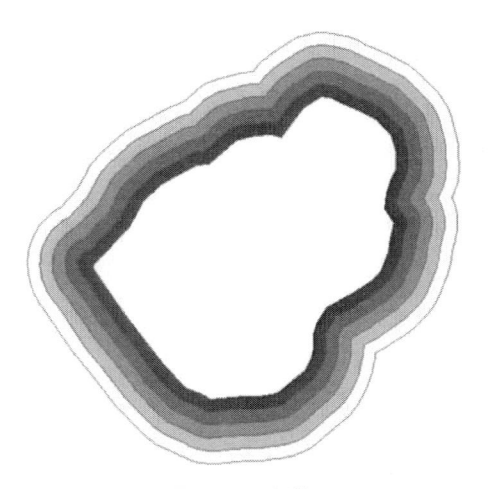

圖 19-78　緩衝區

2. 綠地緩衝區分析

在 Arcmap 中加載 Ts. tif 文件，選擇 ArcToolbox→Spatial Analyst Tools→Extraction→Ectract by Mask（見圖19-79），在 Input raster 中輸入裁減的柵格文件，在 Input raster or feature mask data 中輸入矢量文件，在 Output raster 中輸入保存路徑及保存文件名，點擊 OK 按鈕，得到各個綠地的 5 個多邊形提取的 2007 年地表溫度。然后選擇 Spatial Analysis Tools→Zonal→Zonal Statistics as table（見圖19-80），再在左下角數據欄處點擊 source，點擊表 Zonal Ts_ Buffer，即可得到屬性表。Count 屬性是柵格數目，Area 屬性是面積，即可做各個樣本區的緩衝區分析。

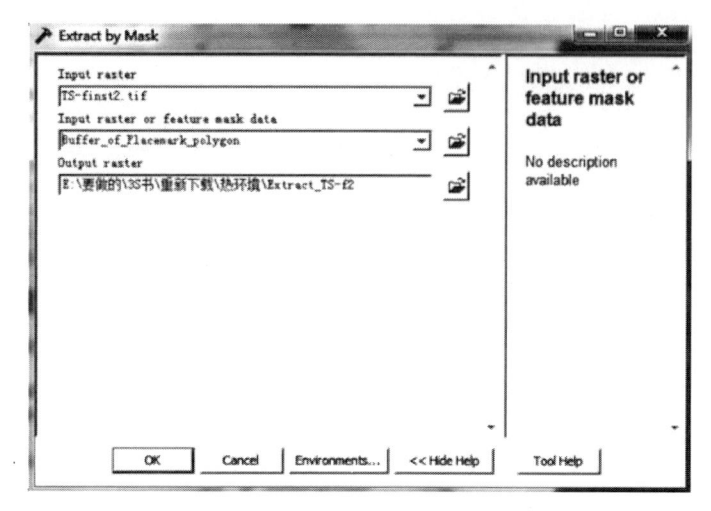

圖 19-79　Ectract by Mask 對話框

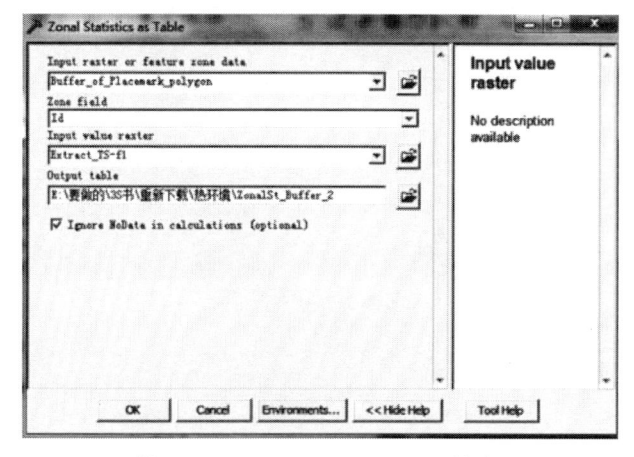

圖 19-80　Zonal Statistics as table 對話框

（五）城市密度、NDVI 和地表溫度的關係

在 Arcmap 中選擇 ArcToolbox→Spatial Analys Tools→Math→Combinatirial And（見圖 19-81），將上一步得到的城市密度圖和 NDVI 圖進行柵格疊加，選擇 ArcToolbox→Spatial Analysis Tools→Zonal→Zonal Statistics as table（見圖 19-82），對疊加圖進行 Zonal 分析，得到屬性表，即可對城市密度、NDVI 和地表溫度的關係做統計分析。

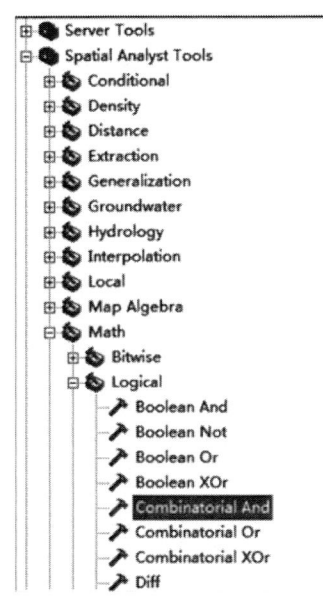

圖 19-81　ArcCatolog 菜單中 Combinatorial And 工具

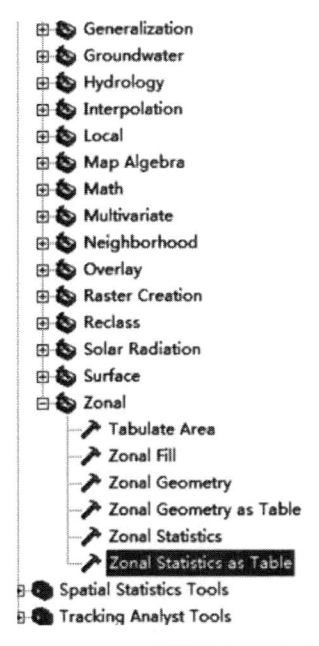

圖 19-82　ArcCatolog 菜單中 Zonal Statistics as Table 工具

四、問題思考

　　土地利用與城市熱島有什麼關係？城市河流對城市熱島有什麼影響？

國家圖書館出版品預行編目(CIP)資料

遙感與GIS應用實習教程 / 呂志強 編著. -- 第一版.
-- 臺北市：崧燁文化，2018.08

　面；　　公分

ISBN　978-957-681-487-7(平裝)

1.地理資訊系統

609.029　　　107012842

書　　名：遙感與GIS應用實習教程
作　　者：呂志強 編著
發 行 人：黃振庭
出 版 者：崧燁文化事業有限公司
發 行 者：崧燁文化事業有限公司
E-mail：sonbookservice@gmail.com
粉絲頁　　　　　　　網　　址：
地　　址：台北市中正區重慶南路一段六十一號八樓 815 室
8F.-815, No.61, Sec. 1, Chongqing S. Rd., Zhongzheng Dist., Taipei City 100, Taiwan (R.O.C.)
電　　話：(02)2370-3310　傳　真：(02) 2370-3210
總 經 銷：紅螞蟻圖書有限公司
地　　址：台北市內湖區舊宗路二段 121 巷 19 號
電　　話：02-2795-3656　　傳真：02-2795-4100　網址：
印　　刷：京峯彩色印刷有限公司（京峰數位）

　　本書版權為西南財經大學出版社所有授權崧博出版事業股份有限公司獨家發行電子書繁體字版。若有其他相關權利及授權需求請與本公司聯繫。

定價：500 元

發行日期：2018 年 8 月第一版

◎ 本書以POD印製發行